ELOGIOS A *DEZ TIPOS DE INOVAÇÃO*

"Há muito tempo admiro o trabalho de inovação de Larry Keeley e estou emocionado por ele ter compartilhado seus conceitos, *insights* e experiência com o mundo neste livro extraordinário. *Dez Tipos de Inovação* é uma leitura obrigatória para qualquer gestor seriamente interessado em desenvolver uma cultura de inovação, em vez de parar e esperar que uma ideia imaculada ocorra."
— **Roger L. Martin**, reitor, Escola de Administração Rotman

"Inovação não é para amadores e os avanços mais significativos não ocorrem por acaso. Os grandes inovadores seguem métodos disciplinados, e Larry Keeley delineia uma metodologia baseada em evidências que leva a inovação para muito além das tentativas de ajuste de produto. Na Mars, estamos investindo em técnicas de inovação sofisticadas e criando proposições distintivas e difíceis de copiar que sabemos que encantarão nossos consumidores e se manterão relevantes com o passar do tempo. *Dez Tipos de Inovação* oferece um excelente modelo que pode ajudá-lo a reconsiderar o papel que a inovação desempenha em sua empresa e mudará o caráter do diálogo sobre inovação de uma magia a uma ciência séria."
— **Ralph Jerome**, vice-presidente de inovação corporativa, Mars, Inc.

"*Dez Tipos de Inovação* se tornará um livro de 'instruções' indispensável sobre inovações de ruptura e oferece um roteiro praticável para mudanças transformativas em qualquer setor."
— **Dr. Nicholas F. LaRusso**, diretor médico, Centro de Inovação da Mayo Clinic

"Quando a inovação é definida apenas como um novo produto ou serviço, esse ponto de vista ignora um processo mais amplo e integrado que deve funcionar perfeitamente para a criação de um valor ideal. Diferentemente disso, *Dez Tipos de Inovação* aborda todo o ecossistema de inovação, de estruturas e processos organizacionais essenciais a aspectos fundamentais dos produtos e serviços que estão sendo lançados. Igualmente importante, este livro explora diversos elementos do impacto da inovação sobre a experiência total do cliente. Ele condensa três décadas de pesquisa em inovação em um modelo de ação, oferecendo um roteiro para orientar as equipes de criação à medida que elas se arriscam a explorar um novo território."
— **Dipak C. Jain**, reitor, INSEAD

"Doblin nos ajudou a concretizar nosso objetivo de lançar inovações transformacionais de maneira contínua e bem-sucedida para nossos clientes. *Dez Tipos de Inovação* oferece os *insights* necessários para você dar o primeiro passo em seu processo de inovação."
— **Curt Nonomaque**, presidente e diretor executivo, VHA

DEZ TIPOS DE INOVAÇÃO

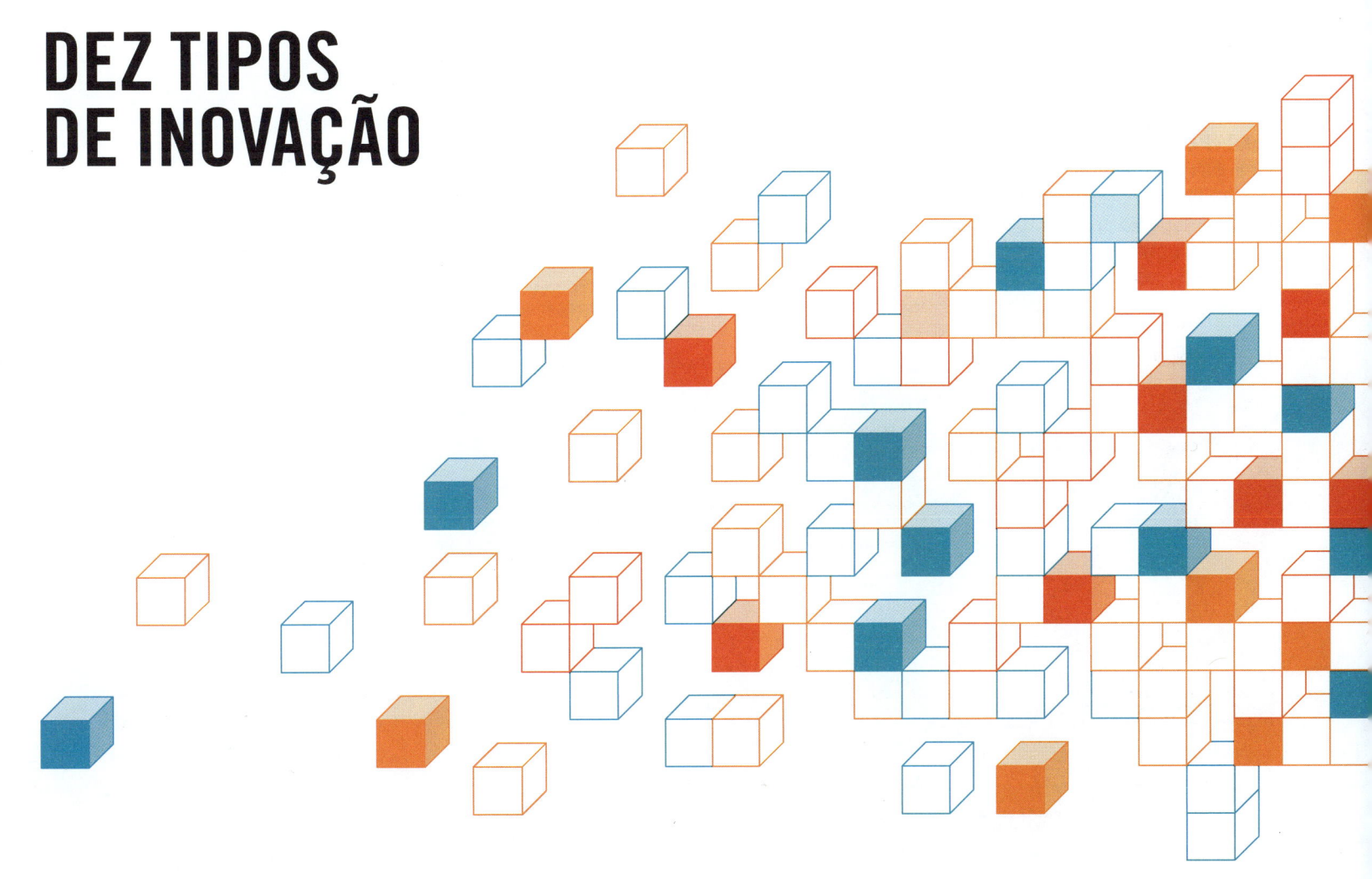

DEZ TIPOS DE INOVAÇÃO
A DISCIPLINA DE CRIAÇÃO DE AVANÇOS DE RUPTURA

Copyright © 2015 - DVS Editora. Todos os direitos para a língua portuguesa reservados pela editora.

TEN TYPES OF INNOVATION
THE DISCIPLINE OF BUILDING BREAKTHROUGHS

Copyright © 2013 Deloitte Development LLC. All rights reserved.

All Rights Reserved. This translation published under license with the original publisher John Wiley & Sons, Inc.

Nenhuma parte deste livro poderá ser reproduzida, armazenada em sistema de recuperação, ou transmitida por qualquer meio, seja na forma eletrônica, mecânica, fotocopiada, gravada ou qualquer outra, sem a autorização por escrito da editora.

Diagramação: Konsept Design e Projetos

Dados Internacionais de Catalogação na Publicação (CIP)
(Câmara Brasileira do Livro, SP, Brasil)

Dez tipos de inovação : a disciplina de criação de avanços de ruptura / Larry Keeley...[et al.] ; tradução Beth Honorato. -- São Paulo : DVS Editora, 2015.

Outros autores: Larry Keekey, Ryan Pikkel, Brian Quinn, Helen Walters
Título original: Ten types of innovation : the discipline of building breakthroughs.
Bibliografia
ISBN 978-85-8289-084-4

1. Criatividade nos negócios 2. Eficácia organizacional 3. Gestão de inovação I. Keeley, Larry. II. Pikkel, Ryan. III. Quinn, Brian. IV. Walters, Helen.

14-06524   CDD-658.4063

Índices para catálogo sistemático:

1. Inovação : Gestão : Administração de empresas   658.4063

DEZ TIPOS DE INOVAÇÃO

A DISCIPLINA DE CRIAÇÃO DE AVANÇOS DE RUPTURA

Tradução: Beth Honorato

LARRY KEELEY

RYAN PIKKEL, BRIAN QUINN, HELEN WALTERS

DVS EDITORA

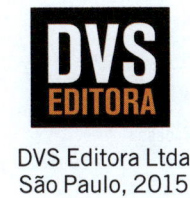

DVS Editora Ltda
São Paulo, 2015

PARTE UM

1 INOVAÇÃO
UMA NOVA DISCIPLINA ESTÁ SAINDO DO LABORATÓRIO

Ocasionalmente, uma nova ciência surge e muda radicalmente a forma como uma determinada área é conduzida. É exatamente isso o que está ocorrendo no momento na moderna atividade de inovação. Contudo, esteja atento: existem muitos mitos, e eles são excepcionalmente difíceis de erradicar.

CAPÍTULO 1
2 REPENSANDO A INOVAÇÃO
Erradique as crenças tradicionais, mude a lógica

PARTE DOIS

14 DEZ TIPOS DE INOVAÇÃO (10TI)
OS COMPONENTES BÁSICOS DOS AVANÇOS REVOLUCIONÁRIOS

No cerne de qualquer nova área de conhecimento com frequência se encontra um sistema simples e organizado — uma estrutura e uma ordem subjacentes que governam o que funciona e o que fracassa. É essa a contribuição do modelo Dez Tipos para a Inovação (10 TI). Compreendê-lo conscientemente torna a inovação mais fácil e eficaz.

CAPÍTULO 2
16 O MODELO DEZ TIPOS DE INOVAÇÃO (10TI)
Visão geral

CAPÍTULO 3
18 MODELO DE LUCRO
Como obter lucro

CAPÍTULO 4
22 REDE
Como se conectar com outras pessoas para agregar valor

CAPÍTULO 5
26 ESTRUTURA
Como organizar e alinhar seus talentos e ativos

CAPÍTULO 6
30 PROCESSO
Como utilizar sua característica inconfundível ou métodos superiores para realizar seu trabalho

CAPÍTULO 7
34 DESEMPENHO DE PRODUTO
Como desenvolver características diferenciadoras e funcionalidade

CAPÍTULO 8
38 SISTEMA DE PRODUTO
Como criar produtos e serviços complementares

CAPÍTULO 9
42 SERVIÇOS
Como apoiar e ampliar o valor de seus serviços

CAPÍTULO 10
46 CANAL
Como distribuir seus produtos a clientes e usuários

CAPÍTULO 11
50 MARCA
Como representar seus produtos e serviços e sua empresa

CAPÍTULO 12
54 ENVOLVIMENTO DO CLIENTE
Como estimular interações instigantes

58 PARTE DOIS: EM RESUMO
Esteja à altura

PARTE TRÊS
60 MAIS TEM / MAIOR PODER
ASSOCIE E COMPATIBILIZE OS TIPOS DE INOVAÇÃO PARA OBTER MAIOR IMPACTO
A utilização de mais tipos de inovação gera resultados mais sofisticados e surpreendentes — e de uma maneira que os concorrentes não conseguem identificar e copiar facilmente.

CAPÍTULO 13
62 VÁ ALÉM DOS PRODUTOS
Como não ser copiado facilmente

CAPÍTULO 14
78 A FORÇA DOS NÚMEROS
As inovações que utilizam uma combinação de tipos geram melhores retornos

96 PARTE TRÊS: EM RESUMO
Opere de um extremo a outro

PARTE QUATRO

98 IDENTIFICANDO AS MUDANÇAS
EXAMINE AS SITUAÇÕES QUE DÃO ORIGEM A INOVAÇÕES DE RUPTURA

As inovações que mudam os setores podem ser vistas como se tivessem surgido do nada. Na verdade, você pode observar os primeiros indícios que revelam quando grandes mudanças são essenciais — e em seguida tirar proveito delas.

CAPÍTULO 15
100 CUIDADO COM AS LACUNAS
Desvende seus pontos cegos

CAPÍTULO 16
104 CONTESTE AS CONVENÇÕES
Observe o que os concorrentes estão enfatizando — e em seguida faça opções diferentes

CAPÍTULO 17
118 RECONHECIMENTO DE PADRÕES
Observe como os setores e mercados mudam — e aprenda com aqueles que perceberam os sinais e reagiram

126 PARTE QUATRO: EM RESUMO
Mude o foco

PARTE CINCO

128 INOVAÇÕES DE PONTA
UTILIZE PLANOS MAIS ADEQUADOS PARA CRIAR AVANÇOS DE RUPTURA

As inovações sofisticadas têm componentes semelhantes em sua essência. Ao desconstruir e condensar o trabalho das inovações bem-sucedidas, os elementos básicos para novos conceitos vêm à tona.

CAPÍTULO 18
130 DECLARE A INTENÇÃO
A clareza sobre onde e como você inovará pode aumentar imensamente suas probabilidades de sucesso

CAPÍTULO 19
146 TÁTICAS DE INOVAÇÃO
Um conjunto de instrumentos que transforma os dez tipos em elementos básicos para a inovação

CAPÍTULO 20
154 UTILIZANDO O LIVRO DE JOGADAS DE INOVAÇÃO
Um conjunto de jogadas selecionadas (e a combinação de táticas que você precisará para implementá-las)

190 PARTE CINCO: EM RESUMO
Vá fundo

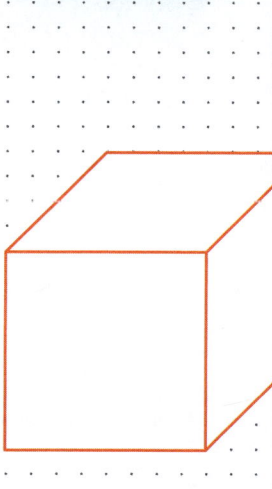

PARTE SEIS

192 ESTIMULANDO A INOVAÇÃO
IMPLEMENTE INOVAÇÕES EFICAZES DENTRO DE SUA ORGANIZAÇÃO
Todo mundo é a favor da inovação. Contudo, quase todas as organizações conspiram para destruí-la. Veja os princípios sobre o desenvolvimento de um sistema de inovação empresarial que promove, recompensa e gera resultados

CAPÍTULO 21
194 MÃOS À OBRA
Todo mundo teme o desconhecido. Veja como inovar mesmo assim

CAPÍTULO 22
202 PATROCINADORES E AUTORES
As grandes empresas garantem que a inovação não é facultativa

CAPÍTULO 23
206 IMPLEMENTANDO INOVAÇÕES
Não se preocupe com a cultura. Desenvolva uma capacidade sistemática

CAPÍTULO 24
218 EXECUÇÃO EFICAZ
Princípios para introduzir suas inovações no mercado no prazo e de acordo com o orçamento

234 CONCLUSÃO
Grandes mudanças a passos rápidos...

PARTE SETE

238 APÊNDICE
COLOCANDO OS PRINCÍPIOS EM PRÁTICA
Transcenda este livro para criar sua própria revolução em inovação.

240 **AGRADECIMENTOS**

242 **BIBLIOGRAFIA DE INOVAÇÃO**

246 **NOTAS E DADOS DE PESQUISA**

260 **CRÉDITOS DAS IMAGENS**

262 **SOBRE OS AUTORES**

264 **SOBRE A DOBLIN E MONITOR DELOITTE**

PREFÁCIO
SOBRE A INOVAÇÃO EFICAZ

Em meados de agosto de 2012, a classificação de aprovação do Congresso foi a menor de todos os tempos.[1] Isso diz alguma coisa — esse mesmo número não foi nem um pouco impressionante em épocas anteriores. Contudo, o Congresso dos Estados Unidos da América (EUA) não é a única instituição que enfrenta esse apoio tépido. As pessoas esperam muito pouca coisa nova a respeito das guerras e dos combates que estão sendo travados (seja no Iraque, no Afeganistão ou contra o terrorismo, as drogas, a pobreza e a ignorância). A promissora Primavera Árabe deu lugar a um pessimismo recorrente quanto ao progresso. Problemas de saúde arriscados estão barbarizando o mundo inteiro — atualmente o diabetes afeta mais de 8% dos norte-americanos — e outros distúrbios caros como a **obesidade**, as **doenças do coração** e o **câncer** são também novas epidemias. O custo da educação sobe como um desenfreado balão de hélio, embora existam cada vez menos evidências de que a educação gere um retorno real sobre o investimento para os estudantes. A polícia tem acesso a modelos estatísticos cada vez mais elaborados sobre o crime, mas ainda existem crimes em excesso. E o aquecimento global gera constantemente condições mais extremas e mais perigosas no mundo inteiro, ainda que, de acordo com metade de nossos "líderes" eleitos, o aquecimento ainda seja, oficialmente, apenas uma teoria que pode ser convenientemente negada.

E ainda assim...

Esperamos mais de nossos computadores, de nossos *smartphones*, aplicativos, redes e jogos. Passamos a esperar histórias corriqueiras e impressionantes sobre novos empreendimentos financiados por meio da terceirização em massa. Ouvimos constantemente a respeito de vidas que foram transformadas ao redor do mundo em virtude do Twitter ou da Kahn Academy ou sobre algumas descobertas revolucionárias na medicina. Esther Duflo e sua equipe no Laboratório de Ação contra a Pobreza, no MIT, estão sempre tentando decifrar problemas difíceis que afligem os pobres para encontrar soluções de eficácia comprovada, e subsequentemente a Fundação Gates ou outra instituição filantrópica com frequência financia em uma escala sem precedentes a solução transformacional encontrada.

A **narração** de histórias encontra-se em uma **nova idade de ouro** — seja em eventos ao vivo, no rádio ou em séries de televisão novas e surpreendentes que podem surgir em qualquer lugar no mundo e ser adaptadas às preferências globais. Existem especialistas em todos os lugares e eles são surpreendentemente fáceis de acessar e financeiramente viáveis. Aliás, parece claro que todo o conhecimento que temos lutado para acumular amplia-se de maneira constante e torna-se instantaneamente mais organizado, acessível e economicamente viável — seja por meio da magia de pequenos aplicativos simples e inteligentes ou de grandes dados gerenciados em nuvens cada vez mais inteligentes ou em *sites* de

---

1 Essa estatística deplorável é oferecida pela Gallup. Consulte a parte final deste livro para outros *links* para notas adicionais e dados de pesquisa.

financiamento coletivo (*crowdfunding*) utilizados para aproveitar ideias criativas no comércio ou na ciência.

Uma das maneiras de darmos sentido a essas situações antagônicas é nos vermos em uma era de transformação radical, em que as antigas instituições estão sendo contestadas à medida que surge uma série mais nova e mais ágil. Na história, raramente essas mudanças ocorrem sem derramamento de sangue, mas esta parece ser uma transformação radical na estrutura, nas fontes e na natureza do conhecimento.[2] Aliás, dentre os especialistas em inovação, esse período não é semelhante a nenhum outro. Pela primeira vez na história, temos condições de lidar com os problemas utilizando ferramentas e técnicas pioneiras.

O QUE VOCÊ FAZ QUANDO OS PROBLEMAS SÃO REAIS, AS APOSTAS SÃO ALTAS, O TEMPO É CURTO E AS RESPOSTAS ABSTRATAS SÃO INADEQUADAS?

Escrevemos este livro justamente para abordar esta questão: como você pode **inovar eficazmente**. Como você pode fazer o futuro se evidenciar um pouco mais à frente do que normalmente está programado. Como você pode oferecer às equipes que podem se dar ao luxo de fracassar os métodos consistentes dos quais elas precisam para ter êxito — independentemente de o problema que elas estão abordando ser pequeno ou grande, insignificante ou épico.

Parte da revolução em inovação está enraizada em segredos de ofício de alto nível: melhores métodos de inovar que são adequados para a resolução de problemas mais difíceis. Entretanto, a maioria das equipes fica imobilizada por utilizar técnicas simplórias que há muito já foram desacreditadas. Este livro faz parte de uma nova vanguarda, um pequeno grupo de pensadores proeminentes que veem a inovação como algo urgente e essencial, que sabem que ela precisa ser decifrada como uma disciplina que tem profundidade e está sujeita ao mesmo rigor aplicado a qualquer outra ciência de administração.

NOSSA JORNADA PARA CHEGAR A ESTE LIVRO

O livro *Dez Tipos de Inovação* passou por um longo período de gestação. Em linhas gerais, ele codifica, estrutura e simplifica três décadas de trabalho de uma de consultoria de Chicago, a Doblin, que fundei com Jay Doblin, um brilhante metodologista em *design*. Desde seus primórdios, em 1980, a Doblin tem feito uma pergunta predominante e aparentemente simples: "***Como possibilitamos que a inovação seja bem-sucedida, e não malsucedida?***".

Ao longo dos anos mantivemos três dimensões importantes em uma dinâmica tensão. Temos um lado teórico, no qual fazemos perguntas e procuramos respostas reais a questões difíceis sobre a inovação. Perguntas simples, mas essenciais, como "O *brainstorming* funciona?" (não funciona), e perguntas sistemáticas — por exemplo, "Como você pode de fato saber o que um usuário deseja quando esse usuário também não sabe?".[3] Temos um lado acadêmico, visto que vários de nós somos professores adjuntos

---

[2] Um livro inteligente e recente que postula essa teoria de uma maneira bem mais elaborada é *Too Big to Know*, de David Weinberger, um dos autores de *The Cluetrain Manifesto*, um livro mais antigo e sempre interessante.

[3] Isso permitiu que nos transformássemos em uma das primeiras empresas de consultoria do mundo com uma unidade de pesquisa de ciência social em tempo integral. A princípio tivemos como precursor o brilhante antropólogo cultural Rick E. Robinson, que acabou fundando (com John Cain) a influente empresa de pesquisa e-Lab.

no Instituto de Design de Chicago[4] e isso exige que expliquemos nossas ideias a profissionais jovens e inteligentes de uma maneira disciplinada e distintiva. E, em terceiro lugar, temos um lado aplicado, já que tivemos o privilégio de adaptar nossos métodos de inovação para vários dos maiores empreendimentos globais do mundo e *start-ups* (empresas iniciantes) que anseiam por se tornar empresas de liderança no futuro.

Desde o início, a própria Doblin tem sido interdisciplinar, associando ciências sociais, tecnologia, estratégia, biblioteconomia e *design* para formar uma mistura efervescente que sempre tentou combinar **análise**, decomposição de coisas difíceis, com **síntese**, composição de coisas novas. Em termos gerais, acreditamos que qualquer iniciativa de inovação eficaz necessita de ambas em abundância, costuradas como um todo perfeito.

A essência deste livro gira em torno de uma descoberta seminal da Doblin: de que existem (e sempre existiram) **dez tipos de inovação** (10 TI) distintos que precisam ser coordenados com certo cuidado para que se possa criar uma inovação revolucionária. Se você persistir na leitura deste livro, verá isso em breve. O que você precisa saber neste exato momento, desde o princípio, é que não se trata meramente de uma descoberta rarefeita. Além do modelo em si, também descrevemos o que você deve fazer para envolver esse método mais adequado de inovação com um número ainda maior de protocolos e processos.

NOSSA EQUIPE DE AUTORES

Existe um axioma na escrita que propõe que, quando temos um grupo de autores, o trabalho resultante tende a ser uma mistura rarefeita e comprometida. Qualquer filme em que figurem vários roteiristas é improvável que seja brilhante. Contudo, na Doblin, fazemos praticamente tudo em equipe. Isso procede da natureza singular da própria inovação: nenhum indivíduo por si só é capaz de saber o suficiente para decifrar difíceis desafios de inovação, e as melhores equipes congregam várias disciplinas distintas. E isso se aplica a este livro. Talvez seja favorável você conhecer a função que cada um de nós desempenhou para vislumbrar melhor quais são as contribuições que compõem qualquer síntese complexa.

Já há um bom tempo na presidência da Doblin, fui precursor de várias ideias e métodos que estão no cerne da eficácia em inovação, incluindo os **dez tipos**. Dediquei toda a minha carreira profissional à reflexão sobre como criar ferramentas e técnicas apropriadas — e sobre como nossos clientes poderiam utilizá-las mais eficazmente na prática. Passei mais de 30 anos aprendendo e pensando sobre o que determina o sucesso ou insucesso da inovação. Como autor principal deste livro, sou responsável pelos argumentos básicos apresentados no decorrer do texto e, portanto, o êxito ou o fracasso desse sistema de ideias deve-se a mim.

Ryan Pikkel é pós-graduado em inovação pelo Instituto de Design e é também um competente *designer*. Ele coordenou esta colaboração

[4] Essa proeminente escola de pós-graduação foi a primeira nos EUA a conceder o grau de pós-graduação em *design*.

com uma equipe judiciosa e talentosa formada por nossos colegas na Pentagram e se esforçou para que cada página deste livro ficasse clara, concisa e o máximo possível acessível. Além disso, ele é pessoalmente responsável pela criação dos incríveis **Cartões de Tática de Inovação**, que agora nos permitem codificar e desconstruir qualquer inovação importante — ou ajudá-lo a criar uma inovação sua com o auxílio de módulos consistentes e reutilizáveis.

Durante muitos anos, Brian Quinn foi um estrategista tradicional, que deixou a consultoria para se tornar roteirista e depois retornou para essa área — mas somente com a condição de que pudesse se concentrar na resolução de problemas de inovação para os clientes. Isso o torna um dos raros indivíduos que de fato conseguem integrar a maior parte dos componentes necessários para uma inovação eficaz — e ele fez isso repetidamente e confiavelmente para vários de nossos maiores clientes. Suas opiniões neste livro foram fundamentais para ajudar a tornar as ideias mais acionáveis para as empresas que precisam inovar.

Helen Walters era editora de inovação e *design* na revista *Bloomberg BusinessWeek*. Ela formou uma rede pessoal surpreendente que reúne profissionais e práticas do mundo inteiro. Obviamente, como jornalista, para ela é essencial tecer narrativas claras e respaldadas por fatos sólidos e entender bem os detalhes — uma habilidade indispensável para um livro que contém histórias em todas as páginas.

Concluindo, nosso trabalho foi materialmente amparado por Bansi Nagji. Embora ele não seja autor neste livro, desempenhou um papel importante no sentido de renovar e aprimorar o modelo Dez Tipos de Inovação. Em linhas gerais, Bansi transformou a inovação em uma prioridade estratégica na Monitor e continua a fazê-lo no momento como líder na Monitor Deloitte. A equipe é grata por seu apoio.

Nada disso talvez tenha importância para você enquanto leitor, visto que o êxito ou o fracasso deste livro depende do todo. Contudo, isso tem muita importância para nós enquanto equipe. Queríamos criar um livro capaz de revelar totalmente a disciplina emergente de inovação, tão notável e fundamental, porque hoje muitas pessoas veem que inovar é uma necessidade urgente. Elas sentem que é necessário substituir ideias e estruturas antigas. Elas imaginam que existam futuros mais originais e melhores no mundo, escondidos sob a argila, porém fora do alcance.

Bem, procure alcançá-los, é o que podemos dizer.

Comece aqui. Comece agora. Fomente sua própria revolução.

Mostraremos como!

Larry Keeley

DESCOBRIMOS O MODELO DEZ TIPOS DE INOVAÇÃO EM 1998. ESTE LIVRO EXPLICA O QUE APRENDEMOS DESDE ENTÃO.

A maioria das inovações fracassa. Isso não precisa ser assim. Você não deveria permitir.

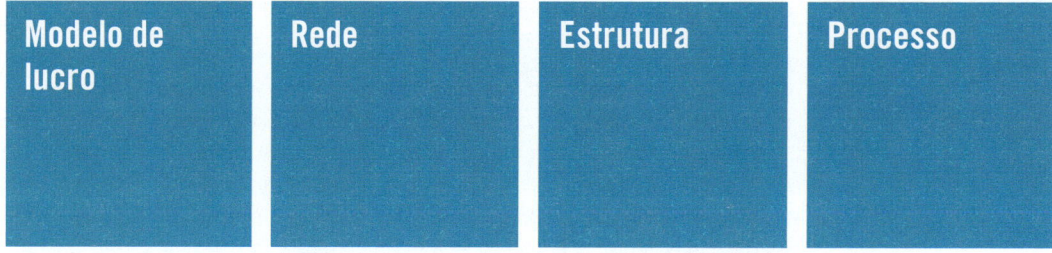

A inovação quase nunca fracassa por falta de criatividade. Quase sempre isso se deve à falta de disciplina.

O caminho mais certeiro para o insucesso é focalizar apenas os produtos. Os inovadores bem-sucedidos utilizam vários tipos de inovação.

Os inovadores bem-sucedidos analisam os padrões de inovação em seu setor. Em seguida, eles fazem escolhas conscientes e refletidas para inovar de diferentes maneiras.

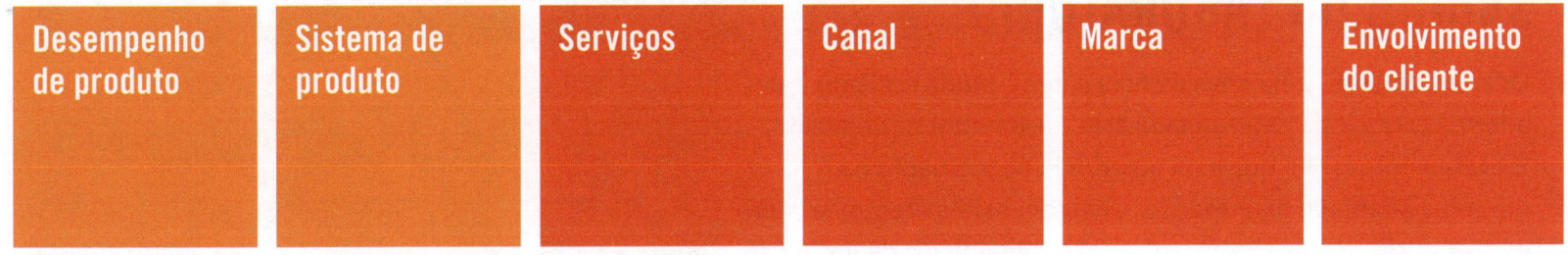

As inovações podem ser decompostas e analisadas. Quando você fizer isso, entenderá por que a maioria fracassa e poucas têm êxito.

As inovações podem ser desenvolvidas sistematicamente. Isso aumenta exponencialmente sua probabilidade de sucesso.

Sabemos que talvez você esteja cético neste momento. Ponha de lado sua descrença por enquanto. Depois que você passar algum tempo lendo este livro e aplicar seus conceitos ao seu trabalho, acreditamos que passará a considerar essas afirmações como leis emergentes da inovação.

PARTE UM

INOVAÇÃO

UMA NOVA DISCIPLINA ESTÁ SAINDO DO LABORATÓRIO

Ocasionalmente, uma nova ciência surge e muda radicalmente a forma como uma determinada área (segmento) é conduzida. É exatamente isso o que está ocorrendo no momento na moderna atividade de inovação. Contudo, esteja atento: existem muitos mitos, e eles são excepcionalmente difíceis de erradicar.

CAPÍTULO 1
REPENSANDO A INOVAÇÃO
ERRADIQUE AS CRENÇAS TRADICIONAIS, MUDE A LÓGICA

Quando o assunto é inovação, mesmo os executivos que apreciam profundamente essa área do conhecimento que a ciência de administração moderna desenvolveu em finanças, *marketing* ou logística parecem dispostos a tolerar contrassensos de todos os tipos.

Com muita frequência, a inovação é reduzida a uma série de sessões de *brainstorming* (tempestade de ideias), nas quais os facilitadores proclamam coisas como: "Pessoal, não existem ideias ruins!". (Na verdade, de fato existem ideias **indiscutivelmente ruins**.) Ou então a inovação pode ser separada do restante da empresa, em um laboratório ou unidade especial, em uma tentativa ineficaz de isolar os excêntricos em quarentena. Nesse ambiente, sentimo-nos como se fosse apropriado exacerbar a criatividade. Dispomos as pessoas em uma sala, adornamos as mesas com brinquedos, bolas e armas de brinquedo Nerf, notas *Post-it*, marcadores e comidas divertidas — tudo isso porque, supostamente, a inovação deve ser divertida. A utilização de notas adesivas e de marcadores pretos da marca tornou-se quase um fetiche,[1] um dos vários rituais em nosso culto coletivo à inovação.

Eis o problema — evidências demonstram que essas técnicas na verdade não produzem melhores resultados. Há vários anos, investigamos as iniciativas de inovação em setores como fabricação e serviços e 95% delas malograram. Uma olhada por alto na situação contemporânea da inovação indica que conseguimos uma pequena melhoria graças ao ambiente de trabalho, mas ainda fazemos muitas coisas que estão mais fundamentadas na esperança ou no hábito do que em **evidências**. Isso é inaceitável. Estamos atrasados em relação a uma revolução na forma de diagnosticar, desenvolver, estimular, eliminar riscos, lançar e ampliar uma inovação.

Nossa ambição é transformar a inovação em um método sistemático, conduzir esse campo de uma **arte de mistério** para algo mais voltado para uma **ciência disciplinada**. O modelo **Dez Tipos de Inovação (10 TI)** faz parte do alicerce dessa ambição. Sabemos que não estamos trabalhando em nada tão fundamental quanto o projeto do Genoma Humano nem de uma forma tão empiricamente comprovada como a tabela periódica (embora sejamos inspirados por essa última). A última coisa que estamos tentando fazer é mascarar a inovação com um manto diferente. Utilizamos analogias científicas ao longo deste livro para ajudar a evidenciar nossa ambição, e não para espelhar nossas afirmações.

Não obstante, nosso trabalho de longas décadas mostrou que o conceito de 10 TI aumenta comprovadamente nossos índices de acerto em inovação. Ele o ajudará a criar inovações que obtêm retornos desproporcionais e mais difíceis de serem copiados pelos concorrentes. Obviamente, ele não é infalível. A inovação depende de vários fatores que não poderíamos explicar em um único livro

1 Folheie as páginas dos livros e artigos sobre inovação que se encontram em sua estante e conte quantos deles contêm imagens de notas *Post-it* com vários rabiscos. Algumas vezes nós mesmos fomos culpados disso, mas agora os paramentos e ornamentos parecem atrair maior atenção do que os resultados obtidos.

[2] Welch fez esse comentário alguns meses depois que a GE figurou no primeiro lugar da lista da *BusinessWeek* das 100 Maiores Empresas em Valor de Mercado pelo segundo ano consecutivo.

(ou, na verdade, em **qualquer** livro). Não podemos prometer que você não enfrentará problemas e não podemos garantir sucesso (e qualquer pessoa que o fizer pode ser considerada mercenária e charlatã). Contudo, estamos convencidos de que, se você pensar em inovação de uma maneira mais sistemática, aumentará a probabilidade de criar **avanços revolucionários**.

Se você está lendo este livro, provavelmente concorda que hoje o mundo precisa muito mais de inovações do que jamais precisou. Estamos atravessando um dos períodos de mudança mais intensos que nosso pequeno planeta azul já testemunhou. Durante esses períodos, a capacidade de inovar — **evoluir**, **adaptar** e **melhorar** — é **indispensável**. Aliás, em meio à globalização comercial, à mudança de normas culturais e sociais e à maior escassez de recursos naturais, a continuidade de nosso sucesso enquanto espécie pode depender especificamente da inovação.

Para as empresas, isso significa que as organizações necessitam inovar a fim de sobreviver e prosperar. Nada dura para sempre e inúmeras companhias que fazem alarde em relação a uma inovação pecam por não dar sequência ao seu sucesso. Tal como Jack Welch, ex-diretor executivo da General Electric (GE), comentou de forma memorável em dezembro de 1997: "Não me sinto de forma alguma tranquilo em relação ao lugar em que estamos hoje."[2] Com isso ele queria dizer que, se você não estiver se mudando mais rápido do que o restante do mercado, você já está quase morto; só não parou de respirar ainda!

Mesmo as empresas com posições predominantes podem ser ultrapassadas por empresas que agem de acordo com regras diferentes. A Kodak, outrora poderosa, vivenciou uma história célebre antes de declarar falência em 2012. O que é preocupante é que seus executivos, diferentemente do que o pensamento convencional levaria a crer, não foram pegos de surpresa pelo surgimento da tecnologia digital. Aliás, eles foram os principais pioneiros na área de fotografia digital. Contudo, como sempre ocorre, essas "novas" áreas eram pouco importantes e facilmente rejeitadas — enquanto as vendas de filmes fotográficos e cinematográficos pagassem todas as contas.

Esse imperativo inexorável para uma inovação mais eficaz é a nossa de **existência**. Esse imperativo nos impulsionou nos últimos 30 anos a investigar o que funciona — analisar os sucessos de inovação e procurar padrões em seus *inputs* (insumos) e precursores. Isso exigiu que desmistificássemos nosso trabalho enquanto inovadores e documentássemos, o mais claramente possível, nossos métodos e seus resultados. Isso exigiu que estabelecêssemos uma taxonomia sutil e precisa para a inovação em todas as suas formas e transformações. Compartilhamos tudo isso para que assim possamos falar em uma linguagem mais comum e útil. Nosso objetivo aqui é codificar e esclarecer o que, segundo nossa experiência, faz a inovação funcionar, em vez de fracassar.

DEFINIÇÃO DE INOVAÇÃO

Por ser excessivamente empregada, mal utilizada, alardeada e exaltada, a palavra inovação basicamente perdeu seu significado. Com frequência confundimos resultado e processo e descrevemos tudo de forma ofegante, seja em relação a uma modesta ampliação de produto sejam em relação a um avanço que revoluciona o mercado. As definições que apresentamos aqui ajudam a criar uma interpretação matizada sobre o que os inovadores de fato fazem.

3 Para compreender essa questão com uma sutileza ainda maior, leia o influente artigo do tecnologista Bill Buxton, originalmente publicado na *BusinessWeek* em janeiro de 2008. Intitulado *The Long Nose of Innovation*, esse artigo mostra como as inovações revolucionárias tendem a ser reconstruídas de avanços técnicos que provavelmente estavam sendo processados há décadas nos laboratórios.

[1] INOVAÇÃO NÃO É INVENÇÃO

A inovação pode envolver invenção, mas ela exige também muitas outras coisas — como uma profunda compreensão sobre se os clientes necessitam dessa invenção ou a desejam, de que forma você pode trabalhar com outros parceiros para oferecê-la e até que ponto ela pode se amortizar com o passar do tempo.

[2] PENSE ALÉM DO PRODUTO EM SI

As inovações devem estar relacionadas a outros fatores além do produto (serviço) em si. Elas podem englobar novas formas de fazer negócio e obter lucro, novos sistemas de produtos e serviços e até novas interações e tipos de envolvimento entre a organização e seus clientes.

[3] POUCA COISA É DE FATO NOVA EM INOVAÇÃO

O biólogo Francesco Redi criou a máxima: "Todo ser vivo provém de um ser vivo." Com muita frequência, não reconhecemos que a maioria das inovações fundamenta-se em avanços anteriores. As inovações não precisam ser novas para o mundo — apenas para um mercado ou setor.[3]

[4] AS INOVAÇÕES PRECISAM GANHAR SEU PRÓPRIO SUSTENTO

Em poucas palavras, as inovações devem retornar um valor para você ou seu empreendimento, se quiser ter o privilégio de fazer outra inovação no futuro. Gostamos de definir viabilidade com base em dois critérios: a inovação precisa ser autossustentável e retornar seu custo ponderado de capital investido no seu desenvolvimento.

INOVAÇÃO[1] É A CRIAÇÃO DE UMA OFERTA[2] NOVA[3] E VIÁVEL.[4]

[1] **SABER ONDE INOVAR É TÃO IMPORTANTE QUANTO SABER COMO INOVAR**

A descoberta de petróleo ou a exploração de lítio depende muito mais de se saber onde procurar do que do conhecimento do processo em si. Identifique as oportunidades de inovação corretas e esteja extremamente consciente com relação à natureza da inovação que você pretende criar antes de iniciar o projeto.

A INOVAÇÃO REQUER A DOS PROBLEMAS QUE IM TRANSPOSIÇÃO SISTEMÁTI OFERECER [4] SOLUÇÕES SIM

[2] LIDE PRIMEIRO COM OS PROBLEMAS MAIS DIFÍCEIS

Não procure frutas que estão ao alcance de suas mãos. Em vez disso, concentre-se nos problemas grandes e espinhosos que não oferecem nenhuma resposta fácil. Isso não tem a ver com o que é fácil para você; tem a ver com a resolução de problemas para seus clientes. No processo de inovação, concentre-se nas partes mais difíceis de um conceito que você precisa compreender corretamente. As questões fáceis podem (e devem) ser deixadas para um momento posterior.

[3] RECUSE RESPOSTAS INCOMPLETAS

Se você tiver abraçado grandes desafios, seja paciente e se esforce para criar soluções abrangentes. Procure alternativas para resolver as tensões em vez de fazer concessões automaticamente. Isso exige que você se sinta confortável com a ambiguidade e espere pacientemente que as respostas venham à tona.

[4] NÃO CONTE ENQUANTO NÃO ESTIVER NO MERCADO

Você só finalizará o processo de inovação quando introduzir sua proposta no mercado e estiver gerando receitas. Ou, em contextos sociais ou governamentais, tiver ajudado os envolvidos e interessados de uma forma nova e mais adequada que consiga se sustentar com o passar do tempo.

[5] TORNE SIMPLES O QUE É COMPLEXO

É fácil pegar algo simples e torná-lo complexo: os políticos e advogados parecem fazer isso como meio de vida. Contudo, pouquíssimas inovações são defendidas e patrocinadas em virtude de sua complexidade. A maioria ganha notoriedade por oferecer soluções **inteligentes** e **simples** aos problemas mais **espinhosos**.

IDENTIFICAÇÃO[1] PORTAM[2] E SUA CA[3] PARA PLES[5] E INTELIGENTES

POR QUE VOCÊ PRECISA LER ESTE LIVRO.
SIM, VOCÊ DEVE LÊ-LO.

Exaltamos os inovadores talentosos de nossos tempos, seja Thomas A. Edison ou Steve Jobs —, mas com frequência somos levados a concluir que o sucesso de uma inovação depende de indivíduos extremamente talentosos. Evidências reais apontam para outra direção. Acontece que as equipes disciplinadas que utilizam métodos eficazes obtêm resultados 10 ou mesmo 20 **vezes** melhores do que as normas globais atuais.

A **inovação** é um **esporte de equipe** e não é uma área de domínio de gênios raros ou de alguns poucos escolhidos. Qualquer pessoa pode (e deve) inovar e, com a prática, qualquer pessoa pode aperfeiçoar suas habilidades de inovação. Em poucas palavras, não existe mais desculpa para não inovar.

Os executivos precisam compreender não apenas que eles **podem** esperar inovações de qualquer pessoa de sua organização — mas também que estão prestando um desserviço a si mesmos e à empresa quando **não** o fazem. As organizações mais inovadoras apoiam-se em sistemas de indivíduos e equipes interfuncionais internas. A inovação não é um trabalho apenas de cientistas, engenheiros ou profissionais de *marketing*; é um trabalho que envolve toda a empresa e sua liderança.

Utilizamos o modelo 10TI com empresas de grande e pequeno porte desde que o desenvolvemos pela primeira vez em 1998. A experiência mais superficial que nossos clientes terão com esse modelo é mais ou menos a seguinte: realizamos um *workshop* (oficina) para uma equipe de desenvolvimento. Essas pessoas são muito ocupadas. Muitas vezes, elas se ressentem por serem tiradas de sua vida regular a fim de conversar sobre inovação com consultores que certamente não conhecem nada a respeito da empresa delas. Há muitos murmúrios: "Afinal de contas, aonde esses *workshops* vão nos levar?".

E então começamos a colocar a mão na massa. Certamente, utilizamos algumas notas *Post-it*, mas as emparelhamos com algumas planilhas estruturadas e prescritivas que ajudam todos os que estão no recinto a saber o que devem fazer para gerar um grande conceito, e não centenas de ideias ruins. Inevitavelmente, a atmosfera do ambiente muda. Os *smartphones* são colocados de lado. As vozes ficam animadas. As perguntas ficam mais objetivas e mais pertinentes aos desafios atuais da equipe. A discussão muda dos atributos e da funcionalidade do produto para sistemas empresariais, plataformas e experiências. Nosso modelo é utilizado para desconstruir outras inovações e inspirar **inovações de ruptura**. As sessões terminam quando as equipes acreditam — e então comprovam por meio da implementação — que as inovações que elas conceberam terão sucesso.

O modelo 10TI não é uma panaceia. Contudo, é um grande salto em direção a uma inovação mais rigorosa e confiável.

Uma nova disciplina de inovação está surgindo atualmente porque:

As empresas precisam de novas descobertas e estratégias para impulsionar o crescimento e a sobrevivência.

Eficiência não é mais suficiente. O crescimento orgânico é essencial para a obtenção de resultados de ruptura.

O ritmo das mudanças exige maior flexibilidade e eficácia em inovação.

Hoje, clientes e analistas esperam (e exigem) inovações bem-sucedidas

OS ELEMENTOS DA INOVAÇÃO:
UM SISTEMA MODULAR QUE SUBSTITUI MITOS POR MÉTODOS

Os cientistas fazem uma distinção fundamental entre **descoberta** e **invenção**. Em poucas palavras, uma descoberta é algo real, quer você saiba disso ou não. Uma invenção só existe quando uma pessoa ou uma equipe a **concebe** e **desenvolve**.

Tome um par de átomos de hidrogênio e una-os a um átomo de oxigênio para obter uma molécula de água. Invariavelmente: nenhum mistério, nenhuma magia. Isso já ocorria muito antes de os seres humanos habitarem nosso planeta. Nesse caso, o desafio é descobrir essa estrutura, sua mecânica e suas propriedades — saber que ela se transforma em sólido a 0°C e em gás a 100°C etc.

No século XIX, o cientista russo Dmitri Mendeleev percebeu que as propriedades de algumas moléculas tendiam a ser recorrentes, que havia algum padrão estranho envolvido. Nessa época, havia 65 elementos conhecidos, os elementos básicos da Química, cada um com propriedades distintas. Mendeleev tinha o hábito de pegar os cartões marcados com o nome desses diferentes materiais e utilizá-los para jogar "paciência química" em longas viagens de trem. Sua obsessão por descobrir como os materiais estavam relacionados entre si o fez criar a **primeira tabela periódica real** em 1869. Foi então que obtivemos pela primeira vez o conceito de que os elementos poderiam ser estruturados para organizar e explicar seus pesos relativos e suas propriedades comportamentais. As linhas e colunas revelaram que o cobre comportava-se de uma maneira bastante semelhante à prata, mas nem um pouco semelhante ao sódio ou enxofre. A tabela periódica ajudou a explicar a essência real do funcionamento do mundo.

Na realidade, Mendeleev não conhecia inúmeros fatores que posteriormente foram cruciais para refinar o conhecimento moderno sobre esses elementos. Ele não tinha nenhum gás nobre, por exemplo: hélio, néon, argônio, criptônio etc. Entretanto, Mendeleev percebeu que faltavam elementos que logicamente precisavam estar ali e, por isso, deixou espaço para eles. Novas colunas podiam ser acrescentadas ao sistema sem que isso interferisse em sua estrutura básica. O que é particularmente útil nessa história é que o primeiro esboço da tabela periódica foi tão revelador, que orientou e acelerou o avanço da Química durante mais de 150 anos depois. Ele serviu de trampolim para uma **descoberta pragmática**, expondo os fundamentos do que deveriam ser as relações entre os elementos químicos. Uma teoria verdadeiramente simples e inteligente apreende as coisas de uma maneira correta o suficiente para estimular um avanço mais rápido — de muitas pessoas apenas vagamente organizadas. A tabela periódica de elementos químicos de Mendeleev ainda hoje sobrevive — ela é um dos exemplos quintessenciais de cientistas que tomam algo difícil e transformam em algo brilhante, simples e inteligente.

Com essa tabela, os químicos conseguiram compreender mais facilmente o mundo e realizar coisas difíceis de uma maneira confiável. E ela nos fez pensar em criar algo semelhante para o mundo da inovação.

Esquerda: Esboços iniciais da estrutura Dez Tipos durante seu processo de descoberta em 1998.

Abaixo: Estrutura original e categorização do modelo 10 TI, utilizado de 1998 a 2011.

A DESCOBERTA DE DEZ TIPOS DE INOVAÇÃO (10TI)

Em 1998, decidimos examinar o que, na verdade, as inovações bem-sucedidas tinham em comum. Ao fazê-lo, nosso objetivo era observar se poderíamos criar uma versão da **tabela periódica de elementos químicos para a inovação**.

Coletamos aproximadamente 2.000 exemplos das melhores inovações naquela época: segmento de computadores da Dell; sistema de produção da Toyota; segmento de barbeadores da Gillette; raquetes de tênis Prince acima do tamanho normal; a forma como você podia entregar um carro alugado na Hertz e obter uma nota fiscal instantânea de alguém com um dispositivo no cinto; e muitas outras. Chegamos até a incluir sucessos históricos, como o modelo T da Ford e o sistema rodoviário nacional dos EUA (sim, ele já foi inovador um dia, e não simplesmente um emaranhado de tráfego).

Em seguida, analisamos tudo e decompomos as inovações utilizando técnicas de reconhecimento de padrões e gerenciamento de complexidade. Trabalhamos para desmistificar nosso próprio trabalho enquanto inovadores. E nos esforçamos para documentar nossos métodos e os respectivos resultados. Em 2011, empreendemos uma iniciativa semelhante para testar e atualizar nossa análise, para verificar se nosso trabalho continuava válido em um ambiente de negócios extremamente diferente naquele momento.

Dessa análise empírica surgiu uma estrutura que constitui a essência deste livro. Alguma combinação dos 10TI é utilizada confiavelmente em qualquer proposta de inovação, e essa estrutura é uma versão da tabela periódica. As táticas que lhe apresentamos posteriormente neste livro são nossos elementos químicos, os quais podem ser favoravelmente associados para criar atos de inovação bem-sucedidos.

Acreditamos que se trata de uma estrutura que qualquer pessoa pode utilizar favoravelmente, desde um diretor executivo a um estagiário de administração, de qualquer setor e de qualquer empresa, grande ou pequena. Ela nos oferece uma forma de compreender as complexidades dos negócios modernos e é apresentada de uma maneira que esperamos que você considere simples e objetiva.

A DISCIPLINA DE CRIAÇÃO DE AVANÇOS DE RUPTURA

No cerne deste livro encontra-se nossa descoberta: todas as grandes inovações, ao longo da história, compreendem alguma combinação dos dez tipos básicos organizados em três categorias. Trata-se de nossa tabela periódica.

Você pode utilizar o modelo 10TI de várias maneiras para ajudá-lo em suas iniciativas de inovação. Ele pode funcionar como uma ferramenta de diagnóstico para avaliar como você está abordando internamente a inovação, pode ajudá-lo a analisar a concorrência e pode revelar possíveis lacunas e oportunidades para fazer algo diferente e aprumar o mercado.

A Parte Dois dá movimento ao modelo 10TI à medida que descrevemos cada um deles e compartilhamos vários exemplos gráficos e práticos aplicados na realidade. A Parte Três nos ajuda a demonstrar nossa principal filosofia: de que a inovação não tem a ver apenas com produtos e que utilizar vários tipos paralelamente pode ajudar a gerar resultados mais concretos e mais sustentáveis.

A Parte Quatro mostra como você utiliza o modelo 10TI para identificar sistematicamente oportunidades de mudança.

[4] Nós e outras pessoas continuamos a descobrir novas táticas. Estamos sempre nos esforçando para garantir que nosso compilação esteja completa — consulte a última lista em **tentypesofinnovation.com**.

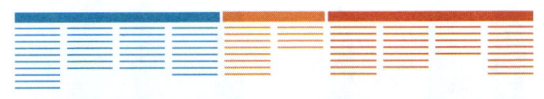

Até 2013, havia mais de 100 táticas de inovação — métodos específicos e conhecidos de acordo com os quais você pode utilizar o modelo 10TI.[4] Eles são como os elementos que aglutinam para formar moléculas; você pode utilizá-los para criar avanços de ruptura que o ajudarão a provocar um impacto real em seu setor.

A Parte Cinco cataloga todas as táticas. Nessa parte, mostramos como você mistura e correlaciona essas técnicas para criar inovações sofisticadas.

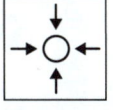 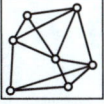  

A inovação é um esporte de equipe. Na verdade, uma organização que depende apenas de inovadores individuais está fadada ao fracasso. Compreender como é possível incorporar a inovação em sua organização — e criar uma capacidade de inovação interna robusta — é um imperativo para qualquer empresa que opera no mundo dinâmico do presente.

A Parte Seis decompõe essa questão, detalhando o que você (e seus líderes) precisam fazer para obter o que antes era impensável: o domínio da inovação enquanto disciplina, não como uma esperança ou um fenômeno.

PARTE DOIS

DEZ TIPOS DE INOVAÇÃO (10 TI)

OS COMPONENTES BÁSICOS DOS AVANÇOS REVOLUCIONÁRIOS

No cerne de qualquer nova área de conhecimento com frequência se encontra um sistema simples e organizado — uma estrutura e uma ordem subjacentes que governam o que funciona e o que fracassa. É essa a contribuição do modelo 10 TI. Compreendê-lo conscientemente torna a inovação mais fácil e eficaz.

CAPÍTULO 2
O MODELO DEZ TIPOS DE INOVAÇÃO (10 TI)
VISÃO GERAL

O modelo 10 TI é simples e intuitivo. É uma ferramenta útil que pode ser utilizada para diagnosticar e enriquecer a inovação na qual você esteja trabalhando ou para analisar a concorrência existente. Esse modelo facilita a identificação precisa de **erros de omissão** — a omissão de dimensões que tornarão um conceito mais consistente.

A estrutura 10 TI está organizada em três categorias codificadas por cores. Os tipos do lado esquerdo desse modelo são os mais enfatizados internamente e os que estão mais distantes dos clientes; à medida que você se move para a direita, os tipos se tornam cada vez mais nítidos e óbvios para os usuários finais. Utilizando uma comparação com o teatro, o lado esquerdo da estrutura representa os **bastidores**; o direito, o **palco**.

Vários entendimentos surgirão desse modelo ao longo deste livro — por exemplo, como utilizá-lo para identificar oportunidades e construir inovações sofisticadas e defensáveis.

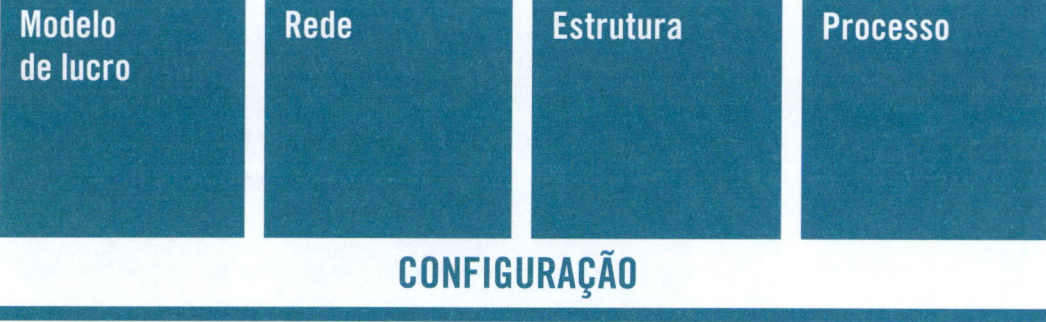

Esses tipos de inovação concentram-se nos trabalhos mais internos de um empreendimento e em seu sistema de negócio.

Não se trata de um cronograma de processo, nem de um sequenciamento ou hierarquia entre os tipos. Qualquer combinação entre os tipos pode se apresentar em uma inovação e, como ponto de partida, os inovadores podem focalizar qualquer tipo presente nessa estrutura.

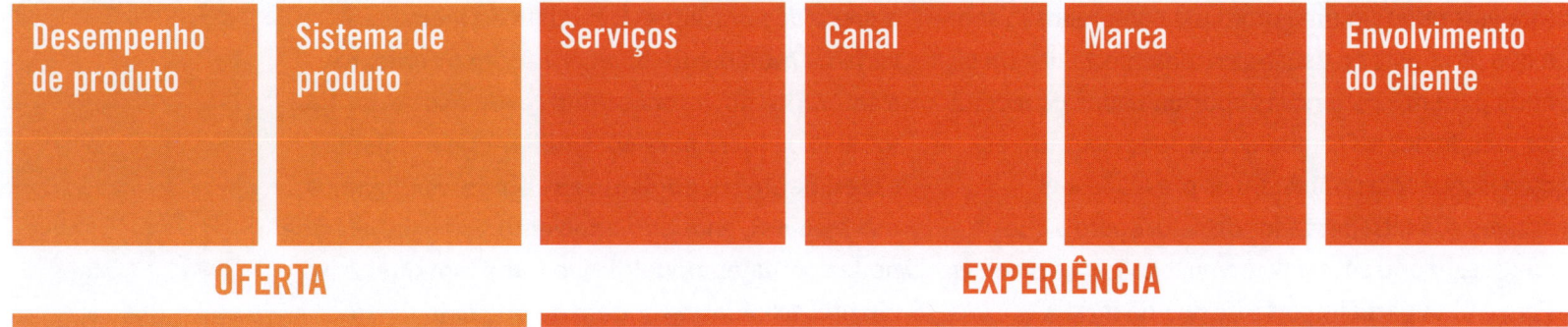

Esses tipos de inovação concentram-se em um produto ou serviço central de um empreendimento ou em um conjunto de produtos e serviços.

Esses tipos de inovação concentram-se mais nos elementos de um empreendimento e de seu sistema de negócio que estão voltados para o cliente.

CAPÍTULO 3
MODELO DE LUCRO
COMO OBTER LUCRO

Os modelos de lucro inovadores identificam uma nova forma de converter as propostas e outras fontes de valor de uma empresa em dinheiro. Os principais modelos refletem uma profunda compreensão sobre o que os clientes e usuários realmente valorizam e onde podem existir novas oportunidades de receita ou precificação. Os modelos de lucro inovadores com frequência contestam os pressupostos antigos e já ultrapassados do setor sobre o que oferecer, o que cobrar ou como recolher as receitas. Esta é uma parte importante do poder desses modelos: na maioria dos setores, o modelo de lucro predominante normalmente permanece incontestado durante décadas.

Exemplos comuns de inovações de modelo de lucro incluem preços especiais, caso em que as empresas descobrem como cobrar mais do que os concorrentes por um produto ou serviço, ou leilões, situação em que o mercado determina o preço dos produtos. O modelo de lucro ideal variará amplamente de acordo com o contexto e o setor. Um novo concorrente pode estruturar seu modelo de lucro para possibilitar que os clientes experimentem e adotem seus produtos (digamos, uso medido), enquanto uma empresa estabelecida pode combater modelos que impeçam que os clientes existentes mudem de opção (deixem de ser assinantes). Um fato incontestável: para ter êxito, os modelos de lucro — talvez mais do que qualquer outro tipo de inovação — devem estar alinhados com a estratégia abrangente e o propósito de inovação da empresa.

Se você trabalha para uma organização sem fins lucrativos ou governamental, talvez sinta que esse tipo de inovação evidentemente não se aplica a você. Aplica-se, mas a terminologia pode precisar de um ou dois ajustes. Talvez seja recomendável concebê-lo como um "modelo de valor", isto é, no sentido de como você mantém sua organização e cria valor para os interessados e envolvidos. Os mesmos princípios e táticas são úteis, ainda que o objetivo não seja maximizar os retornos financeiros.

Como identificar precisamente possíveis inovações de modelo de lucro:

A empresa obtém lucro diferentemente de seus concorrentes ou em relação à norma do setor (por exemplo, vendendo um serviço quando todos os demais vendem produtos)?

Existem diferenças significativas entre quem utiliza a inovação proposta e quem paga por ela? A empresa tem vários fluxos de receita de diferentes clientes?

As margens (particularmente as margens brutas) são significativamente mais altas ou mais baixas do que as dos concorrentes? Existem diferenças consideráveis nos custos variáveis ou fixos?

Os negócios geram caixa rapidamente (ou imediatamente)? As necessidades de capital de giro são baixas (ou mesmo negativas)?

GILLETTE

GILLETTE

O modelo de lucro "aparelho e lâminas de barbear" foi exaltado durante anos e adaptado a inúmeros outros setores, de impressoras e cartuchos até café em cápsula. A ideia central é simples — criar uma base instalada vendendo o componente permanente do sistema por um baixo custo (ou mesmo com algum prejuízo) e então desfrutar das receitas recorrentes vendendo os componentes descartáveis por um preço especial (e recompensador).

Tal como Randal C. Picker ressaltou, a Gillette a princípio utilizou o modelo de lucro oposto — cobrando um preço especial pelo aparelho de barbear e vendendo as lâminas por um preço reduzido.[1] O efeito disso foi instruir os consumidores de que eles poderiam descartar as lâminas em vez de afiá-las ou reutilizá-las, o que constituía a norma na virada para o século XX. Somente quando a patente da Gillette expirou em 1921,[2] acrescentou Picker, a empresa mudou seu modelo de lucro para monetizar sua saudável base instalada de aparelhos de barbear. Esse é um exemplo de evolução de um modelo de lucro de estímulo à adoção para a ampliação do ciclo de vida do produto — um componente vital do modelo de negócio — que impulsiona a inovação, tema que discutiremos mais adiante.

Posteriormente, o setor de aparelhos de barbear ficou paralisado em uma corrida armamentista de inovação de produtos — os cartuchos com duas lâminas foram suplantados pelos de três, depois quatro, depois cinco e assim por diante. Talvez quando os aparelhos com dez lâminas surgirem eles eliminem totalmente os fios de barba e acabem por completo com o ato de barbear. Contudo, enquanto isso não acontece, a Gillette,[3] agora parte da Procter & Gamble, voltou às suas raízes com a aquisição da rede de barbearias The Art of Shaving pela P&G.[4] Segundo Jessica Wohl, da Reuters, os aparelhos de barbear da marca podem utilizar cartuchos padrões da Gillette; o aparelho mais barato é vendido por menos de US$ 100, enquanto o mais caro chega a custar US$ 500.[5] O que é antigo volta a ser novo.

1 *The Razors-and-Blades Myth(s)*, de Randal C. Picker (Chicago: Faculdade de Direito da Universidade de Chicago, 13 de setembro de 2010); **http://tentyp.es/0am1IF**.
2 A aplicação original da patente de King C. Gillette para "aparelhos de barbear seguros" é uma leitura fascinante: **http://tentyp.es/SBULnb**.
3 A P&G comprou a Gillette por US$ 57 bilhões em 2005, como foi amplamente divulgado por noticiários como o *CNN Money*: **http://tentyp.es/VQYYr5**.
4 A P&G adquiriu a *The Art of Shaving* em 2009, tal como divulgado em *P&G Buys Art of Shaving retail Stores*, *Ad Age*, 3 de junho de 2009: **http://tentyp.es/Z5Vcv6**.
5 Jessica Wohl, em *P&G in Upscale Retail Game with The Art of Shaving*, *Reuters*, 24 de dezembro de 2009: **http://tentyp.es/12S45Jw**.

GEISINGER

O ProvenCare, um sistema de tratamento para cirurgias de revascularização do miocárdio (*coronary artery bypass grafts* — CABGs), utiliza um arrojado modelo de lucro: por uma única taxa ele oferece uma garantia de 90 dias pós-procedimento cirúrgico a um paciente CABG saudável. Se houver qualquer complicação nesse intervalo, a Geisinger cobre todos os custos de tratamento de acompanhamento. Essa garantia não é nem um pouco insignificante. Antes desse sistema, ocorriam complicações em 38% das vezes, em média.

HILTI

Estabelecida em Liechtenstein, a principal atividade da Hilti são ferramentas mecânicas para o setor de construção. A empresa desenvolveu o sistema Tool Fleet Management (Gerenciamento de Frotas de Ferramentas) da Hilti para ajudar a proteger os empreiteiros contra os custos ocultos da posse de ferramentas, como paralisações não programadas e furto ou roubo. Por uma taxa mensal, a Hilti aluga as ferramentas de substituição quando preciso, oferece atualizações quando disponíveis e cobre qualquer conserto necessário. Esse programa ajuda a otimizar o tempo on-site para os empreiteiros — e ofereceu um fluxo recorrente de receitas para a Hilti.

RESTAURANTE NEXT

Os clientes do restaurante compram lugares para se alimentar de forma antecipada. Foi isso que o *chef* Grant Achatz introduziu no seu restaurante Next em Chicago. Estimulando os clientes a pagar adiantado pelas refeições, o Next ganha juros sobre o capital de giro e restringe o risco de mesas vazias ou de cancelamentos de reserva (um problema endêmico nesse ramo de atividade). O segundo truque do Next: estabelecer o preço das refeições não de acordo com o quanto os clientes comem, mas com o horário. As reservas para os horários de jantar, em que há maior movimento, têm um preço especial, correspondente à hora de pico, enquanto aquelas para horários fora desse pico custam menos.

SCHIBSTED MEDIA GROUP

A empresa norueguesa de classificados *on-line* FINN.no possibilita que os usuários insiram gratuitamente qualquer anúncio e paguem um preço especial por inserções preferidas. Por exemplo, os clientes podem pagar uma taxa por posições proeminentes no *site* ou para fazer uma postagem múltipla (ou cruzada) de seus classificados em outros jornais da família de mídias da Schibsted.

CAPÍTULO 4
REDE
COMO SE CONECTAR COM OUTRAS PESSOAS PARA AGREGAR VALOR

No mundo hiperconectado do presente, nenhuma empresa consegue ou deve fazer tudo sozinha. As inovações de rede oferecem uma alternativa para as empresas tirarem proveito dos processos, tecnologias, produtos, serviços, canais e marcas de outras empresas — praticamente de todo e qualquer componente de um negócio. Essas inovações significam que uma empresa pode aproveitar seus próprios pontos fortes e, ao mesmo tempo, tirar proveito dos ativos e das capacidades de outras organizações. As inovações de rede também ajudam os executivos a compartilhar os riscos no desenvolvimento de novos produtos, serviços e empreendimentos. Essas colaborações podem ser breves ou duradouras e também podem ser formadas entre aliados íntimos ou mesmo entre concorrentes convictos.

As abordagens de inovação aberta, tais como prêmios ou terceirização em massa, são particularmente emblemáticas do quanto estamos interconectados hoje em dia e têm ajudado as empresas a aliciar alguns poucos escolhidos ou muita gente para solucionar desafios difíceis — como levar o voo espacial em órbita terrestre baixa para o setor privado ou recomendar "automagicamente" o filme perfeito ou ideal.[1] Outros exemplos de inovação de rede incluem a criação de mercados secundários para possibilitar a conexão entre clientes alternativos ou criar franquias para licenciar maneiras de pensar, capacidades e conteúdos exclusivos de uma empresa aos parceiros que pagam por isso.

1 Referem-se, respectivamente, ao Ansari X-Prize, desenvolvido para reconhecer novos *designs* de nave espacial, e o desafio da Netflix para os desenvolvedores criarem um algoritmo para melhorar o mecanismo de recomendações de filmes.

As inovações de rede não consistem em redes internas ou de tecnologia da informação; empregamos esse termo aqui em referência a parcerias, associações, afiliações e relacionamentos externos.

❓

Como identificar precisamente possíveis inovações de rede:

A empresa trabalha com outras organizações ou colaboradores imprevistos para desenvolver novas propostas que estimulam uma mudança nas operações normais e consagradas?

A organização formou qualquer parceria incomum — por exemplo, com companhias que parecem não correlacionadas com sua atual atividade ou com algumas concorrentes?

Inversamente, a empresa viabiliza as novas propostas de outros participantes emprestando-lhes seus canais, processos, marca ou outros ativos exclusivos?

A empresa colabora com seus fornecedores e/ou clientes para desenvolver, testar ou promover novos produtos?

HISTÓRIAS SOBRE INOVAÇÕES DE REDE

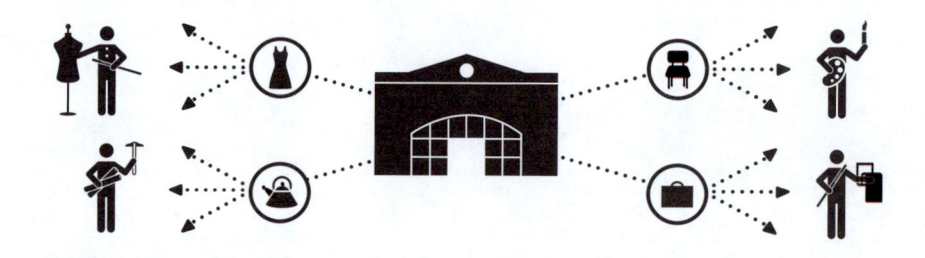

TARGET

A primeira loja Target foi aberta em Roseville, Minnesota, em 1962. Ela fazia parte de uma nova estratégia de varejistas de descontos da Dayton Company, uma loja de departamentos regional. De acordo com a explicação do primeiro presidente da empresa, Douglas Dayton, a Target foi concebida para **"associar o melhor do mundo da moda com o melhor do mundo dos descontos, uma loja de qualidade com mercadorias de qualidade oferecidas com desconto"**. Desde o início, as lojas pretendiam agradar e acolher toda a família com mostruários e vitrinas que facilitassem a compra.

Em 1999, a Target formou uma parceria com o arquiteto Michael Graves, que criou uma linha exclusiva de utensílios de cozinha para a loja. Desde essa época, a empresa trabalhou com mais de 75 *designers* de produtos e mais de 12 estilistas de moda mundialmente famosos para criar artigos oferecidos apenas na Target, dando uma polida na reputação e no alcance de ambas as partes.

Posteriormente, a Target ampliou sua inovação de rede para incluir parcerias com outros varejistas, como a Liberty de Londres, construindo lojas *pop-up* que ficam abertas apenas por um curto período. Essa foi uma estratégia deliberada para criar burburinho, atrair atenção e gerar vendas — e que teve um impacto nos resultados financeiros. A empresa divulgou que a colaboração de cinco anos com o estilista Isaac Mizrahi gerou um lucro anual de US$ 300 milhões, enquanto as bolsas da linha criada por Anya Hindmarch foram vendias totalmente *on-line* em apenas **dois minutos**. Essas **inovações de rede** ajudaram a Target não apenas a sobreviver, mas a prosperar — não obstante a concorrência intensa de outras grandes lojas.

GLAXOSMITHKLINE

A GSK desenvolveu relacionamentos de **"coinovação"**, assumindo desafios de P&D (pesquisa e densenvolvimento) em uma ampla variedade de domínios e abrindo-os para que outros a ajudassem a resolvê-los. Em 2011, ela se juntou à WIPO Re:Search, uma colaboração entre organizações do setor público e do setor privado que utiliza a **inovação aberta** para desenvolver novos tratamentos para doenças tropicais negligenciadas, como dengue e raiva.

NATURA

Em 2012, a Natura, gigante brasileira do setor de cosméticos, tinha uma equipe de P&D interna de aproximadamente 250 funcionários — modesta para uma empresa de US$ 3,4 bilhões em vendas. Entretanto, a Natura se supera por meio de uma sofisticada rede de relacionamentos com 25 universidades espalhadas pelo mundo. Os pesquisadores dessas instituições de ensino superior (IESs) contribuem para um conjunto de desafios em todas as áreas, desde ciência da pele a tecnologias sustentáveis. Em 2008, 50% do *pipeline* (fluxo) de produtos da empresa provinha de seu programa de inovação aberta, e essa taxa está subindo.

UPS E TOSHIBA

Essas duas empresas selaram um acordo que reuniu técnicos da UPS da divisão de logística da empresa, a USP Supply Chain Solutions, e os *laptops* Toshiba com defeito, enviados por clientes para assistência técnica, nos centros de remessa da UPS. Essa parceria complementar diminuiu o tempo de serviço para a Toshiba e ofereceu um novo fluxo de receitas para a UPS.

HOWARD JOHNSON'S

Pioneira na franquia moderna de restaurantes, Howard Johnson abriu 150 franquias em 1941. Seu sistema exigia que os operadores independentes pagassem uma licença para utilizar a marca, a comida, os suprimentos e o *design* físico de seu restaurante. Isso estimulou o rápido crescimento dessa cadeia de restaurantes — por um custo de tempo e dinheiro bem menor do que se ele tivesse tentado fazer tudo isso sozinho.

CAPÍTULO 5
ESTRUTURA
COMO ORGANIZAR E ALINHAR SEUS TALENTOS E ATIVOS

As inovações de estrutura concentram-se na organização dos ativos da empresa — físicos, humanos ou intangíveis — de formas exclusivas que possibilitem agregar valor. Elas podem abranger de tudo, desde os sistemas de gestão de talentos de ponta a configurações bem planejadas de equipamentos de capital pesados. Os custos fixos e as funções corporativas de um empreendimento também podem ser aprimorados por meio de inovações de estrutura, incluindo departamentos como recursos humanos (RH), P&D e TI. Teoricamente, essas inovações também ajudam a atrair talentos para a organização criando ambientes de trabalho extremamente produtivos ou estimulando um nível de desempenho que os concorrentes não conseguem alcançar.

Os bons exemplos de inovação de estrutura incluem desenvolvimento de sistemas de incentivo para estimular os funcionários a trabalhar em direção a uma determinada meta, padronização de ativos para diminuir os custos operacionais e a complexidade ou mesmo a criação de uma universidade corporativa para oferecer formação contínua e de alto nível. As inovações de estrutura podem ser particularmente difíceis para os concorrentes copiarem, porque elas costumam envolver mudanças organizacionais significativas e/ou investimentos de capital — e por isso muitas vezes elas oferecem um alicerce para um sucesso duradouro.

Tenha cuidado para não confundir inovações de estrutura com inovações de processo. Esses dois tipos com frequência estão intimamente relacionados, mas as inovações de estrutura referem-se à natureza de seus talentos e ativos e à forma como eles estão organizados. Quando você pensa sobre como os ativos estão de fato sendo utilizados na prática, provavelmente está pensando em uma inovação de processo.

❓

Como identificar possíveis inovações de estrutura:

A organização tem uma estrutura organizacional exclusiva ou incomum?

A companhia é conhecida por atrair os melhores talentos em determinada área ou função (por exemplo, marketing ou ciência dos materiais)?

A empresa utiliza ativos físicos de uma maneira extremamente diferente em relação aos concorrentes — por exemplo, uma padronização incomum ou uma multiplicidade de máquinas ou de outros equipamentos?

HISTÓRIAS DE INOVAÇÃO DE ESTRUTURA

WHOLE FOODS MARKET

As equipes são tudo na Whole Foods. A empresa é conhecida por sua radical descentralização gerencial. Todas as suas lojas são compostas de equipes autodirigidas que gerenciam os departamentos com uma autonomia incomum — tomam decisões sobre quais produtos devem ser estocados e como devem ser expostos. Mais importante, toda equipe também toma decisões sobre quem deve ser contratado. Para entrar em uma equipe é necessária a aprovação de dois terços dos membros atuais. Toda loja é avaliada como uma linha independente na demonstração de lucros e prejuízos e todas as equipes das lojas têm metas de desempenho bastante claras.

Ao descrever a estrutura da Whole Foods como uma "organização altamente confiável", o diretor executivo John Mackey escreveu em 2010 que "a organização em pequenas equipes entrelaçadas ajuda a garantir que a confiança fluirá em todas as direções da empresa — para cima, para baixo, dentro da equipe e entre as equipes".

Essa confiança estende-se para as informações que a Whole Foods compartilha entre suas equipes e lojas — que incluem dados detalhados sobre cada departamento e o volume de vendas e a lucratividade dos produtos. O nível de transparência chegou a tal extremo, que, a certa altura, todos os funcionários da empresa foram classificados como *insiders* (detentores de informações privilegiadas) pela Comissão de Valores Mobiliários (SEC). Entretanto, as informações também fomentam o desempenho. As equipes utilizam dados para compreender o que funciona na empresa como um todo, e são utilizadas avaliações por pares para comparar funcionários, equipes e lojas. Isso estimulou o surgimento de uma rede em que as equipes tentam constantemente superar umas as outras. Portanto, diferentemente do que ocorre em várias outras empresas varejistas, na Whole Foods as inovações descentralizadas são difundidas de maneira rápida, e não dolorosamente devagar (quando são).

Mackey é cofundador da empresa, criada em Austin, Texas, em 1980, com uma equipe de 19 pessoas. Em 2012, a Whole Foods empregou mais de 65.000 pessoas para trabalhar em mais de 310 lojas ao todo nos EUA, no Canadá e no Reino Unido. A empresa divulga que faturou mais de US$ 10 bilhões em 2011.

W. L. GORE

Desde a fundação da empresa em 1958, a W. L. Gore utilizou o modelo organizacional "treliça nivelada" (flat lattice). As equipes internas são mantidas deliberadamente pequenas para estimular contribuições e inovações de todos e as atividades são gerenciadas por meio de "comprometimentos", e não de ordens. Após um ano, todo funcionário se torna acionista.

SOUTHWEST AIRLINES

Até o momento em que comprou a AirTran, em 2011, a Southwest utilizou apenas um tipo de aeronave — o Boeing 737. Com essa aquisição, a empresa reduziu os custos dos serviços, otimizou as operações e permitiu que as equipes executem rapidamente reabastecimentos e recargas nos terminais de embarque dos aeroportos. Como as companhias aéreas só conseguem gerar receitas quando os aviões estão no ar transportando passageiros para algum lugar, todas essas características são fundamentais para a estratégia de baixo custo da Southwest.

TRINITY HEALTH

Os hospitais e clínicas que pertencem ao sistema da Trinity Health utilizam uma infraestrutura de TI padronizada e altamente integrada. Isso significa que os médicos têm acesso a uma única base de dados sobre os pacientes. Esses sistemas servem também de alicerce para outros programas, como iniciativas baseadas em dados para melhorar a qualidade de tratamento e a telemedicina para atender pacientes em clínicas rurais.

FABINDIA

Varejista de tecidos, roupas e produtos domésticos na Índia, a Fabindia é precursora do modelo Empresas Pertencentes à Comunidade, o que significa que os artesãos locais são donos e administram as empresas que fornecem artes e artesanatos para a Fabindia.

CAPÍTULO 6
PROCESSO
COMO UTILIZAR SUA CARACTERÍSTICA INCONFUNDÍVEL OU MÉTODOS SUPERIORES PARA REALIZAR SEU TRABALHO

As inovações de processo envolvem as atividades e operações que produzem os principais produtos ou serviços oferecidos por uma empresa. Nesse caso, a inovação exige uma mudança drástica em relação às "operações normais e consagradas", o que possibilita que a organização utilize capacidades exclusivas, funcione eficazmente, se adapte rapidamente e consiga as melhores as margens de lucro do mercado. As inovações de processo com frequência formam a competência central de uma empresa e podem incluir métodos patenteados ou registrados que uma geram vantagem durante anos ou mesmo décadas. Idealmente, eles são aquele "molho especial" que você usa e que os concorrentes simplesmente não conseguem reproduzir.

A produção enxuta (*lean*), por meio da qual os gestores reduzem as perdas e os custos em todo o sistema, é um exemplo famoso de inovação de processo. Outros exemplos incluem padronização de processo, quando se utilizam procedimentos comuns para diminuir o custo e a complexidade, e a analítica (análise) preditiva, que modela dados de desempenho do passado para prever resultados futuros — ajudando as empresas a projetar, precificar e garantir correspondentemente os produtos ou serviços que oferecem.

Uma inovação de processo deve incluir uma metodologia ou capacidade substancialmente diferente e superior em relação à norma do setor. Por exemplo, como a produção enxuta tornou-se padronizada, como ocorreu em vários setores, ela não pode mais ser considerada uma inovação — a menos que sua forma exclusiva de utilizá-la ofereça uma eficiência e vantagem de custo inigualáveis.

❓

Como identificar possíveis inovações de processo:

Em que a empresa é exclusivamente qualificada em termos operacionais ou em relação aos produtos, serviços e plataformas que ela oferece?

A empresa tem um grupo de patentes em torno de uma tecnologia, metodologia ou processo específico?

Os custos variáveis ou o capital de giro da empresa são consideravelmente inferiores aos dos concorrentes ou quando comparados com os padrões do setor?

HISTÓRIAS SOBRE INOVAÇÕES DE PROCESSO

ZARA

A primeira loja Zara foi aberta no centro de La Coruña, na Espanha, em 1975. Hoje administrada pela empresa *holding* Inditex, essa varejista de roupas e acessórios reimaginou a cadeia de suprimentos da moda. De acordo com Miguel Helft, ela acelerou o processo de uma peça de roupa entre a prancheta de desenho e a seção de produção: "Em apenas três semanas, as roupas estão nos cabides das lojas de Barcelona, Berlim e Beirute".[1] Além disso, suas lojas encontram-se em localizações sofisticadas nas principais áreas de compra, para se conectar facilmente com a base pretendida de clientes à frente da moda: em 2011, a Zara pagou US$ 324 milhões na compra de um espaço na Fifth Avenue em Nova York.[2]

Tal como Suzy Hansen detalhou em uma extensa análise sobre a empresa para a *The New York Times Magazine*,[2] a empresa utiliza um sistema de produção integrado e eficiente de *design*, produção, logística e distribuição que possibilita um curto tempo de resposta e que os gerentes das lojas mantenham um nível mínimo de estoque. Seus estilistas podem rever rapidamente os problemas de produção e reagir a mudanças de tendência de moda. Além disso, os fornecedores e distribuidores estão cuidadosamente localizados em diversos pontos do planeta para terem eficiência, enquanto o sistema de logística interna da Zara está configurado para que o tempo entre o momento que os pedidos são recebidos nos centros de distribuição e o instante em que a mercadoria de fato é entregue às lojas seja o mais curto possível.

Os funcionários processam um fluxo ininterrupto de informações provenientes das lojas, que transmitem os desejos e necessidades dos clientes para a equipe de criação de 200 pessoas da Zara. De acordo com Hansen, "os gerentes recebem ligações da China ou do Chile para saber o que está vendendo e depois se reúnem com os estilistas e decidem se existe uma tendência". Novos figurinos chegam às lojas duas vezes por semana. Isso evidencia que a Zara utiliza sua cadeia de suprimentos a seu favor, visto que ela maximiza os giros de estoque e possibilita que a empresa responda a tendências emergentes rapidamente.

1 *Fashion Fast Forward*, de Miguel Helft, *Business 2.0*, maio de 2002: **http://tentyp.es/XGKPsM**.
2 *How Zara Grew into the World's Largest Fashion Retailer*, de Suzy Hansen, *The New York Times Magazine*, 9 de novembro de 2012: **http://tentyp.es/12bPkkU**.

HINDUSTAN UNILEVER

Os produtos vendidos tradicionalmente em frascos grandes ou em embalagens que permitem que eles sejam utilizados várias vezes foram decompostos e vendidos em pequenos sachês de uso único. Isso agradou grande parte da população indiana que não tem recursos nem propensão a comprar produtos em grande quantidade.

ZIPCAR

O sistema FastFleet não apenas eliminou a necessidade de vários atendentes e possibilitou o acesso automático dos motoristas aos carros, mas permitiu que a Zipcar controlasse como seus carros estavam sendo utilizados. Isso significou que a administração da empresa de compartilhamento de automóveis poderia equilibrar o estoque e identificar possíveis problemas rapidamente em qualquer um dos veículos.

TOYOTA

O famoso sistema de produção "enxuta" dessa montadora de automóveis diminuiu a perda e o excesso, estimulando uma surpreendente eficiência e melhorias contínuas em produtos e processos em toda a empresa.

IKEA

A IKEA desenvolveu móveis *flat pack* (monte você mesmo) sem nenhuma variação por região nem país. Seus produtos incluíam os mesmos componentes e instruções independentemente do lugar em que eram comprados, ajudando, portanto, a otimizar os processos de produção internos da empresa.

CAPÍTULO 7
DESEMPENHO DE PRODUTO
COMO DESENVOLVER CARACTERÍSTICAS DIFERENCIADORAS E FUNCIONALIDADE

As inovações de desempenho de produto abrangem o valor, os atributos e a qualidade do que uma empresa oferece. Esse tipo de inovação envolve produtos totalmente novos e também atualizações e extensões de linha que agregam considerável valor. Com muita frequência, as pessoas confundem desempenho de produto com o resultado total de uma inovação. Isso certamente é importante, mas sempre vale lembrar que esse fator é apenas um dos dez tipos de inovação. Pense, por exemplo, em qualquer produto ou atributo que você tenha percebido — seja o torque ou a resistência dos caminhões, escovas de dente mais fáceis de segurar e usar e mesmo os carrinhos de bebê para empurrar. Tudo isso acaba se transformando muito rapidamente em uma corrida insana para se igualar ou superar os concorrentes. As inovações de desempenho de produto que oferecem uma vantagem competitiva de longo prazo são a exceção, e não a regra.

Contudo, essas inovações podem fascinar os clientes e impulsionar o crescimento de empresas. Exemplos comuns desse tipo de inovação são: simplificação, para facilitar o uso de determinado produto; sustentabilidade, para oferecer produtos que não prejudicam o ambiente; ou customização, para adaptar um produto a especificações individuais.

Embora o componente "serviços" seja um tipo distinto, as empresas de serviços também podem e devem inovar utilizando o tipo de inovação de desempenho de produto. Para isso, considere como é possível mudar determinados atributos e a funcionalidade de um serviço — oferecendo um nível de qualidade que os concorrentes não conseguem oferecer igual, finalizando atribuições com uma velocidade inigualável, disponibilizando opções exclusivas e flexibilidade ou proporcionando outras formas de desempenho.

❓

Como identificar precisamente possíveis inovações de desempenho de produto:

A empresa fabrica um produto notavelmente superior que tem uma participação de mercado prevalecente ou consegue uma vantagem consideravelmente superior?

Os produtos da empresa têm funcionalidade e atributos exclusivos que atraem os clientes?

Em contraposição, os produtos da empresa são visivelmente mais simples e fáceis de usar do que os dos concorrentes?

Os seus produtos têm um estilo único ou são voltados para nichos e públicos específicos de uma maneira que o produtos dos concorrentes não conseguem se equiparar?

HISTÓRIAS SOBRE INOVAÇÕES DE DESEMPENHO DE PRODUTO

OXO GOOD GRIPS

A inspiração para os utensílios OXO Good Grips ocorreu depois que Sam Farber viu sua mulher, Betsey, que sofria de artrite, descascando maçãs. Esse empreendedor aposentado do setor de utilidades domésticas concluiu que poderia fazer algo melhor. Trabalhando com uma empresa de *design* de Nova York, a Smart Design, e fundamentado nos princípios de **design** universal, em abril de 1990 Farber lançou a linha OXO Good Grips de utensílios favoráveis ao usuário.

Esses utensílios tinham um preço especial. O descascador de batatas, por exemplo, era cinco vezes mais caro do que a versão comum em metal. Mas os produtos tornaram-se tão populares, que seu apelo transcendeu o público pretendido de enfermos ou de pessoas com incapacidades de movimento e atraiu um público bem mais amplo de pessoas que simplesmente se interessavam por culinária doméstica e queriam aprimorá-la.

Hoje pertencente à Helen of Troy, a empresa tem mais de 850 produtos no mercado, e foram criados produtos da linha OXO Good Grips para todos os ambientes da casa. Os *designs* incluem um prato giratório para saladas que pode ser usado com uma única mão, copos de medição de líquidos que podem ser lidos de cima para baixo, chaleira cuja tampa se abre automaticamente quando inclinada para despejar o líquido etc. Por meio de um acordo de licença, hoje existe até uma seringa cirúrgica na linha OXO Good Grips.

DESEMPENHO DE PRODUTO

DYSON

A tecnologia Dual Cyclone do primeiro aspirador de pó da Dyson levou 15 anos — e precisou de mais de 5.000 protótipos — para ser desenvolvida e lançada. Com um design transparente inovador, que dispensava o uso de sacos, o aspirador mostrava às pessoas exatamente a quantidade de poeira que estava sendo aspirada do chão. No prazo de 22 meses, ele se tornou o aspirador mais vendido no Reino Unido.

MARS

Com o My M&M's, as pessoas podem acrescentar mensagens, logotipos ou imagens a balas M&M de cores específicas — personalizando o produto e possibilitando novos usos para seus clássicos chocolates.

INTUIT

O popular software TurboTax elimina cálculos manuais e formata os resultados de maneira automática para que os contribuintes de impostos norte-americanos possam imprimir facilmente ou enviar eletronicamente suas declarações de imposto de renda.

CORNING

O Corning® Gorilla® Glass, um tipo de vidro resistente, delgado e resistente a arranhões, foi desenvolvido especificamente para *smartphones*, *tablets*, PCs e TVs. Em 2012, ele foi utilizado por 33 marcas importantes em mais de um bilhão de dispositivos ao redor do mundo.

CAPÍTULO 8
SISTEMA DE PRODUTO
COMO CRIAR PRODUTOS E SERVIÇOS COMPLEMENTARES

As inovações de sistema de produto estão fundamentadas em ideias para associar e ou agrupar determinados produtos e serviços a fim de criar um sistema robusto e escalonável. Isso é estimulado pela interoperabilidade, modularidade, integração e outras formas de criar conexões valiosas entre produtos e serviços que, de outra forma, seriam distintos e díspares. As inovações de sistema de produto ajudam-no a criar ecossistemas que atraem e fascinam os clientes e defendem a empresa dos concorrentes.

O agrupamento de produtos, ou a colocação e venda de vários produtos relacionados em um único pacote, é um exemplo comum de inovação de sistema de produto. No século XXI, principalmente as empresas de tecnologia utilizaram esse tipo de inovação para criar plataformas que incentivam outras empresas a desenvolver produtos e serviços para elas — como lojas de aplicativos, *kits* para desenvolvedores e APIs (*Application Programming Interface*). Outras inovações de sistema de produto incluem extensões para os produtos existentes, associações de produtos e serviços e produtos e serviços complementares — os quais, individualmente, funcionam muito bem por si sós, mas tornam-se bem melhores em conjunto (mesmo para produtos tão modestos quanto pasta de amendoim ou uma geleia).

As inovações de sistema de produto podem incluir itens que você não possui nem produz. Na verdade, com frequência é mais recompensador (e bem mais divertido) encontrar alternativas para outras pessoas criarem produtos e serviços que agregam valor aos seus.

?

Como identificar precisamente possíveis inovações de sistema de produto:

A empresa faz vários produtos que se associam mutuamente de uma maneira exclusiva?

distintos que podem também ser integrados ou comprados em pacote?

As demais organizações concorrentes estão criando produtos que se interligam com os da sua empresa — ou até dependa delas para funcionar?

A empresa oferece produtos e serviços

HISTÓRIAS DE INOVAÇÕES DE SISTEMA DE PRODUTO

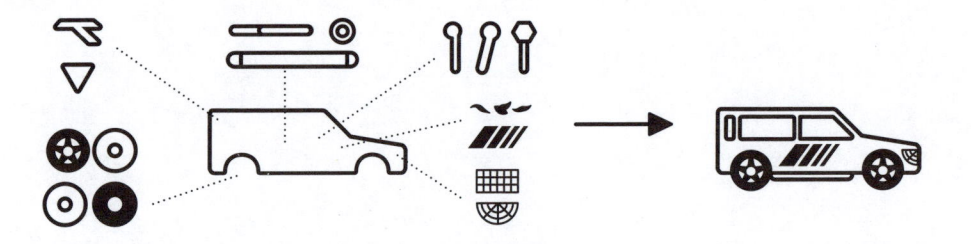

SCION

A marca *Scion* saúda os motoristas com um *slogan* altivo: *"Scion: built by passion, not by committee"* ("Scion: criado pela paixão, e não por um comitê"). Trata-se de uma referência à possibilidade de os proprietários praticamente poderem criar o carro exato que desejam dirigir. Essa submarca da Toyota foi criada para atrair motoristas mais jovens e a empresa desenvolveu um sistema sofisticado que permite que eles personalizem os veículos. Os clientes selecionam como base um dentre cinco carros *Scion* e depois escolhem complementos e acessórios, inclusive itens não apenas da Toyota, mas também de fabricantes de acessórios como a Alpine Audio. Um *site* específico foi criado para peças de reposição, como faróis de néon, compressores, pilares B de fibra de carbono e centenas de outros acessórios — para que assim os clientes possam continuar personalizando seus carros bem antes de tirá-los do estacionamento da concessionária.

A marca *Scion* conseguiu oferecer carros customizados e peças de reposição como um sistema integrado que representa mais um estilo de vida do que apenas um veículo. Outros produtos oferecidos são: músicas, artes e vídeos selecionados pela *Scion*; aplicativos digitais; eventos de corrida patrocinados pela *Scion*; e muitas outras ampliações da experiência com essa marca.

MICROSOFT

Inicialmente, os programas que passaram a integrar o MS Office eram oferecidos como produtos individuais. Agora oferecidos em pacote, esse sistema integrado tornou-se um conjunto de produtividade amplamente utilizado por empresas do mundo inteiro.

MOZILLA

Essa organização sem fins lucrativos ganhou proeminência com o Firefox, um navegador Web desenvolvido para uma plataforma de código aberto que permite que desenvolvedores independentes criem centenas de *plug-ins* separados. Em 2012, mais de 450 milhões de pessoas ao redor do mundo utilizavam o Firefox.

OSCAR MAYER

Lunchables são pacotes de bolachas, queijos e sobremesas também vendidos separados pela Oscar Mayer. Eles tornam os lanches para escola mais fáceis para os pais prepararem e mais divertidos para as crianças comerem.

ELFA

O *designer* sueco Arne Lydmar criou a *Elfa* em 1948 para oferecer uma solução de armazenamento inteligente. Com base em três componentes centrais (um sistema de gavetas, um sistema de prateleiras e portas de correr), a possibilidade de personalização dos móveis é muito grande.

CAPÍTULO 9
SERVIÇOS
COMO APOIAR E AMPLIAR O VALOR DE SEUS SERVIÇOS

As inovações de serviços garantem e aumentam a utilidade, o desempenho e o valor aparente de um produto ou serviço. Elas tornam um produto (serviço) mais fácil de experimentar, usar e apreciar; elas revelam atributos e funcionalidades que os clientes de outra forma ignorariam; e elas corrigem problemas e amenizam atribulações na vida dos clientes. Quando bem concebidas, elas possibilitam que produtos (serviços) até mesmo insípidos e comuns promovam experiências irresistíveis pelas quais os clientes voltam a buscar incessantemente.

Exemplos comuns de inovações de serviços são: melhorias no uso do produto, planos de manutenção, suporte ao cliente, informações e instruções, garantias e proteções. Embora os seres humanos com frequência ainda ocupem um lugar privilegiado aqui, esse tipo de inovação é cada vez mais oferecido por meio de interfaces eletrônicas, comunicações remotas, tecnologias automatizadas e outros meios surpreendentemente impessoais. A área de serviços pode ser o componente mais notável e proeminente na experiência dos clientes ou uma rede de segurança invisível que os clientes percebem, mas nunca enxergam.

Se o que você oferece é em si um serviço, seus atributos e funcionalidades serão classificados como desempenho de produto (não obstante a palavra "produto"). As inovações de serviços englobam o suporte e as melhorias complementares em torno de itens centrais.

❓

Como identificar precisamente possíveis inovações de serviços:

Os clientes vibram com as interações que mantêm com a empresa — particularmente naquelas ocasiões em que as coisas não funcionam e a empresa de alguma forma faz com que tudo fique certo?

A empresa implementou sites, linhas telefônicas de assistência ou outros métodos que ressaltam outros atributos ou aplicações do produto ou que facilitam o uso de seus serviços?

A empresa oferece qualquer garantia, proteção ou outras formas de compromisso em torno dos itens centrais?

Existem comunidades sólidas que exaltam os serviços, ajudam os clientes a se conectar com usuários com mentalidade semelhante ou ampliam e melhoram sua experiência?

HISTÓRIAS SOBRE INOVAÇÕES DE SERVIÇOS

ZAPPOS

Estabelecida em 1999, a Zappos definiu um novo referencial de excelência para o atendimento ou suporte ao cliente no varejo *on-line*. Na Zappos, *Deliver "WOW" through service* (algo como "Provoque uma profunda impressão por meio de um serviço") é o primeiro dos dez valores essenciais da empresa.

Os funcionários de atendimento ao cliente da Zappos têm autonomia para fazer praticamente qualquer coisa necessária para garantir que os usuários tenham uma ótima experiência. Isso inclui enviar flores aos clientes ou passar horas ao telefone para que eles encontrem exatamente os produtos que desejam ou que as suas reclamações sejam resolvidas. Quando a Zappos se depara com a falta de estoque de um item necessário, seus empregados solicitam excepcionalmente o produto de um concorrente e o enviam em 24 h para que chegue a tempo.

A empresa Amazon achou que esse tremendo apelo de serviço valia US$ 1,1 bilhão quando adquiriu a Zappos em 2009. Atualmente, a empresa gera um volume de vendas brutas anuais de mais de US$ 1 bilhão e exibe milhões de produtos de milhares de marcas de roupas e calçados, que vão desde roupas para o dia a dia a roupas sofisticadas da alta-costura.

O sucesso da empresa deu origem à *spin-off* (empresa que nasce de uma outra) de consultoria Zappos Insights, que oferece assessoria a outras empresas para a implementação de seus métodos e de sua cultura centrada no cliente.[1]

[1] Esse é um excelente exemplo de inovação de modelo de lucro para um varejista *on-line*.

SERVIÇOS

HYUNDAI

Lançado em meio à severa recessão de 2009, o programa Assurance garantia que os clientes que comprassem ou financiassem um novo veículo Hyundai desistissem tanto do carro quanto dos pagamentos se eles perdessem o emprego durante o primeiro ano de posse.

MEN'S WEARHOUSE

Essa empresa de vestuário masculino prometeu que qualquer calça, terno, smoking ou casaco esportivo comprado em suas lojas nos EUA poderiam ser passadas gratuitamente e indefinidamente, um valor agregado perfeito para os viajantes de negócios (e para aqueles que detestam passar roupa).

7-ELEVEN

Essa cadeia de lojas de conveniência ofereceu uma ampla variedade de serviços complementares em suas lojas no Japão. Possibilitou que seus clientes pagassem contas pessoais de cartões de crédito e celulares, ofereceu serviços postais e até concedeu um espaço para que os clientes deixem ou recebam encomendas.

SYSCO

Com mais de US$ 43 bilhões em receitas anuais, a Sysco é uma das maiores distribuidoras de alimentos na América do Norte. Para elevar seu valor em um setor relativamente comoditizado, os executivos criaram o Business Reviews, um serviço de consultoria gratuito para ajudar os clientes a criar cardápios ou planejar logística de cozinha.

CAPÍTULO 10
CANAL
COMO DISTRIBUIR SEUS PRODUTOS A CLIENTES E USUÁRIOS

As inovações de canal englobam todas as formas pelas quais você conecta os produtos e serviços da empresa com seus clientes e usuários. Embora o comércio eletrônico tenha surgido como uma força predominante nos últimos anos, canais tradicionais como as lojas físicas continuam fundamentais — particularmente em relação à criação de experiências de imersão. Os inovadores qualificados nesse tipo de inovação com frequência encontram alternativas variadas, mas complementares, de distribuir seus produtos e serviços aos clientes. Seu objetivo é garantir que os usuários possam comprar o que desejam, quando e como desejam, com o mínimo atrito e custo e o máximo prazer.

As inovações de canal são particularmente sensíveis ao contexto do setor e aos hábitos dos clientes. As lojas-conceito podem ser uma inovação de canal extremamente valiosa por criar espaços inconfundíveis que exibem a marca e os produtos e/ou serviços da empresa, enquanto as lojas *pop-up* podem ser úteis para uma exibição breve e destacada durante os feriados. Em contraposição, a venda direta por meio de canais eletrônicos ou outros meios pode diminuir os custos gerais indiretos, maximizando as margens de lucro e a vantagem de custo. De outra forma, você pode procurar uma distribuição indireta ou o *marketing* multinível, os quais recrutam terceiros para assumir o encargo de promover e/ou distribuir um produto ou serviço ao cliente final.

Você talvez perceba uma sobreposição entre as inovações de canal e de rede. Esse tipo de inovação refere-se à forma como você distribui seus produtos e/ou serviços e ao ponto de contato em que se realiza esse intercâmbio, e não à entidade com a qual você trabalha para levar seu produto ao mercado.

❓

Como identificar precisamente possíveis inovações de canal:

A empresa oferece seus produtos e/ou serviços aos clientes e usuários de uma maneira que desafia ou suplanta o que é comum em seu setor?

A organização utiliza diferentes canais de maneira complementar — por exemplo, exibe produtos em pontos de venda, mas os vende por meio de canais diretos ou virtuais?

Os clientes falam a outras pessoas sobre suas interações memoráveis com a empresa?

Outros participantes — por exemplo, parceiros, clientes e até os concorrentes — ajudam a empresa a vender ou distribuir seus produtos?

HISTÓRIAS SOBRE INOVAÇÕES DE CANAL

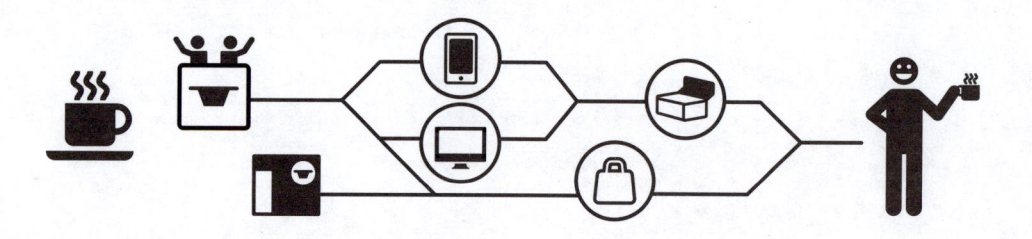

NESPRESSO

A Nespresso foi fundada na Suíça como uma marca para entusiastas do café. Essa tecnologia icônica de cápsula prende os clientes ao sistema desde o princípio (uma inovação de desempenho de produto e de sistema de produto). A Nespresso utiliza e integra um admirável conjunto de canais para garantir que os clientes obtenham essas cápsulas o mais facilmente possível. A empresa tem mais de 270 lojas de varejo exclusivas e cafeterias próprias ao redor do mundo, opera quiosques em lojas com as quais mantém parceria, como Macy's e Bloomingdale's, e oferece também o Nespresso Club, um eficiente canal direto on-line para novos pedidos de café (como alertas por e-mail para lembrar os clientes que em breve o produto se esgotará).

Desde 1996, a Nespresso também fornece soluções *business to business* (de empresa para empresa), em parceria com hotéis como The Ritz-Carlton e Hyatt Hotels & Resorts, 650 *chefs* de categoria e companhias aéreas como British Airways, Lufthansa e Qantas Airways. A Nespresso Chef Academy oferece aos melhores chefs a oportunidade de participar de aulas e estudar todos os aspectos do café. Há também o programa Nespresso Coffee Sommelier para *sommeliers* profissionais que desejam aprender a harmonizar o café com alimentos e vinho. Esses canais impulsionam as vendas de cápsula de café e criam ainda mais oportunidades para a empresa apresentar sua tecnologia de café exclusiva a novos clientes.

NIKE

As lojas NIKETOWN foram concebidas principalmente para oferecer uma experiência de imersão comovente aos clientes. Com frequência, as lojas contam com esteiras para que os "corredores" possam experimentar os tênis. Os funcionários são contratados por seu porte atlético ou ainda por serem esportistas praticantes. Assim, é comum um contratado recente, como aconteceu na loja de Chicago, ter jogado basquete profissionalmente.

M-PESA

A joint venture formada em 2007 entre o gigante do setor de celulares Vodafone e a Safaricom possibilitou que os habitantes do Quênia depositassem, enviassem e transferissem dinheiro utilizando o celular e mensagens simples de SMS (*Short Message Service*). No final de setembro de 2012, esse serviço tinha mais de 16 milhões de usuários e 70 milhões de agentes em oito países da África.

AMAZON

O serviço *on-demand* Whispernet no Kindle é uma rede sem fio fechada gratuita para os clientes. Isso permite que os usuários comprem e façam *download* de livros eletrônicos — prontos para serem lidos em menos de 60 s.

XIAMETER

O gigante de especialidades químicas Dow Corning lançou um canal de vendas pela *Web* em 2002. Sua instrução era oferecer aos clientes uma nova forma de comprar silício. Os clientes preocupados com o custo e que não precisavam de suporte técnico ou orientações podiam escolher entre milhares de opções de produto, o nível de preço certo para eles e firmar compromissos de preço e volume utilizando um modelo simples, mas eficaz e sem supérfluos, que era operado lado a lado com a empresa matriz.

CAPÍTULO 11
MARCA
COMO REPRESENTAR SEUS PRODUTOS E SERVIÇOS E SUA EMPRESA

As inovações de marca ajudam a garantir que os clientes e os usuários reconheçam, lembrem-se e optem por seu produto e/ou serviço em detrimento daqueles oferecidos pelos concorrentes ou de substitutos. As melhores comunicam uma "promessa" que atrai os consumidores e transmite uma identidade distinta. Normalmente, elas resultam de estratégias cuidadosamente elaboradas e implementadas em vários pontos de contato entre a empresa e os clientes, como comunicação, propaganda, interações de atendimento, ambientes de canal e conduta de funcionários e parceiros de negócio. As inovações de marca podem transformar *commodities* em produtos premiados e conferem significado, intenção e valor aos produtos e/ou serviços e à empresa.

As inovações de marca incluem extensões que oferecem um novo produto ou serviço sob a mesma estrutura de marca existente. De outra forma, elas podem fazer uma empresa significar uma grande ideia ou um conjunto de valores, expressando esses pontos de vista transparentemente e consistentemente. Em contextos *business to business*, as inovações de marca não se limitam ao fabricante final nem ao fabricante de um produto que tem contato com o cliente; o *branding* (atribuição de marca) de componentes e a conscientização dos clientes sobre o valor desses componentes podem gerar preferência e poder de barganha.

A inovação de marca não diz respeito simplesmente a uma campanha ou estratégia de marketing bem-sucedida, e é mais complexa do que a simples criação de uma nova marca. Ela exige que a marca seja concebida e expressa de uma maneira distinta em relação aos concorrentes e relevante para os clientes.

❓

Como identificar precisamente possíveis inovações de marca:

A empresa tem uma identidade extraordinariamente distinta ou expressiva, particularmente em comparação com os seus concorrentes?

Os clientes e usuários da empresa se consideram parte de uma comunidade ou de um movimento distinto que gira em torno da marca?

A marca da empresa é utilizada por outros parceiros de negócio — incluindo fornecedores, clientes ou até mesmo concorrentes?

A empresa ampliou uma determinada marca para um conjunto extraordinariamente diverso de negócios ou utilizou sua marca para promover a integração e conectividade entre os produtos e/ou serviços que oferece?

HISTÓRIAS SOBRE INOVAÇÕES DE MARCA

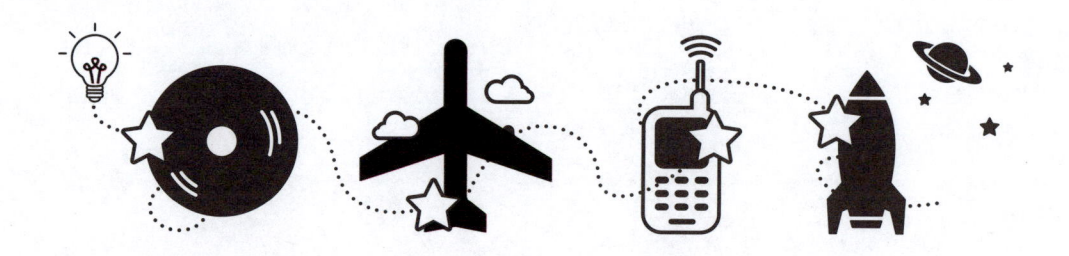

VIRGIN

Concebida em 1970 como uma empresa de venda pelo correio de discos baratos, a primeira Virgin Record Shop aberta por Richard Branson foi na Oxford Street, em Londres, em 1971. No ano seguinte ele abriu o primeiro estúdio de gravação residencial — e daí em diante a história se resume a música. Branson envolveu-se para sempre com o ramo musical, lançando Tubular Bells, de Mike Oldfield, pelo selo Virgin Music em 1973 e notoriamente contratando a banda Sex Pistols em 1977.

A essa época, a Virgin se considerava um "grupo de investimento internacional". Hoje ela inclui empresas conhecidas, como Virgin Atlantic Airways e Virgin Active, e emprega aproximadamente 50.000 pessoas ao todo, em 34 países. A receita de marca global em 2011 girou em torno de US$ 21 bilhões.

As empresas são autônomas e cada uma tem o poder global da marca Virgin. Isso significa também que empreendimentos menos bem-sucedidos, como a Virgin Cola, não destroem a empresa matriz.

O portfólio da Virgin estende-se para um conjunto surpreendentemente diverso de setores, como telefonia móvel, transporte, serviços financeiros, mídia e *fitness*. De modo geral, os líderes da empresa procuram esferas importantes, mas já um pouco desgastadas e desinteressantes — presumindo que eles conseguem injetar uma dose providencial de prazer. Uma iniciativa extremamente visível nos últimos anos é a Virgin Galactic, um empreendimento orquestrado de Branson para criar viagens espaciais comerciais.

TRADER JOE'S

Essa cadeia de supermercados utiliza poucas marcas nacionais; em vez disso, ela cria marcas próprias de "destino" cortando intermediários e procurando diretamente fornecedores que ofereçam alimentos, bebidas e utilidades domésticas exclusivas.

INTEL

A marca Intel Inside elevou o *branding* dos processadores da empresa, um dos componentes mais importantes dos computadores — aumentando o valor percebido de qualquer produto que exiba a marca em relação a alternativas não caracterizadas.

AMERICAN HEART ASSOCIATION

A certificação Heart Check Mark é concedida a produtos alimentícios que atendem a perfis nutricionais específicos (Os fabricantes precisam pagar para receber esse selo de aprovação).

METHOD

Os produtos ecológicos de cuidados com o lar dessa marca evitam substâncias químicas prejudiciais e são suficientes para dar um toque de limpeza à sua casa. Ao mesmo tempo, as campanhas da empresa convidam os clientes a se associar à comunidade People Against Dirty ("Pessoas Contra a Sujeira").

CAPÍTULO 12
ENVOLVIMENTO DO CLIENTE
COMO ESTIMULAR INTERAÇÕES INSTIGANTES

As inovações de envolvimento do cliente referem-se à interpretação das aspirações enraizadas dos clientes e usuários e à utilização das constatações decorrentes para desenvolver conexões significativas entre eles e a sua empresa. As grandes inovações de envolvimento do cliente oferecem amplas vias de exploração e ajudam as pessoas a encontrar alternativas para tornar determinadas partes de sua vida mais memoráveis, gratificantes e prazerosas — e até mesmo mágicas.

Cada vez mais vemos a ocorrência dessas inovações no espaço das mídias sociais, visto que muitas empresas estão mudando da comunicação *broadcast* ("eletrônica", rádio e TV) para promover interações mais orgânicas, autênticas e mútuas. Vemos igualmente empresas que estão utilizando a tecnologia para oferecer uma simplicidade graciosa em áreas incrivelmente complexas, facilitando a vida dos clientes e tornando-se parceiros confiáveis nesse processo. Entretanto, como sempre, a tecnologia é apenas uma ferramenta. Mesmo os gestos mais simples, como uma embalagem elegante e intuitiva, podem ampliar e melhorar a experiência que os clientes têm com uma empresa — bem depois de terem feito a compra.

A inovação de envolvimento do cliente com frequência está incorporada em alguns dos outros tipos de inovação (notadamente de marca e serviços) e sua identificação pode ser difícil. Tudo bem. Concentre-se no ponto de interação com os consumidores e em como você pode se conectar com eles e empolgá-los.

❓

Como identificar precisamente possíveis inovações de envolvimento do cliente:

A empresa abordou alguma coisa hermética, difícil ou complexa e a tornou fácil para os usuários utilizarem?

Os produtos e/ou serviços oferecidos pela empresa ganharam identidade e vida própria?

Os produtos e/ou serviços da companhia fornecem uma identidade exclusiva, prestígio ou percepção de reconhecimento aos usuários?

Os clientes falam sobre como um produto ou serviço tornou-se parte de sua vida?

HISTÓRIAS SOBRE INOVAÇÕES DE ENVOLVIMENTO DO CLIENTE

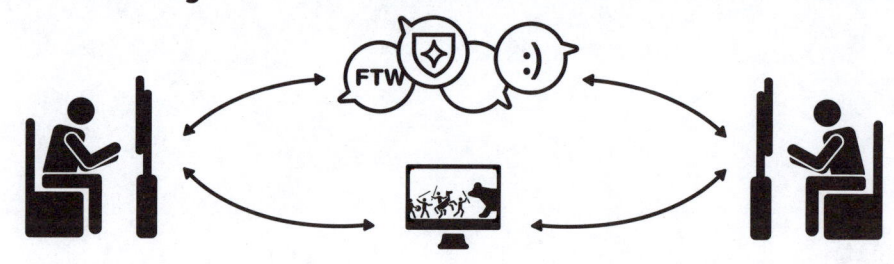

BLIZZARD ENTERTAINMENT

Ao lado de outros jogos de interpretação de papéis on-line bem-sucedidos e maciçamente distribuídos, o World of Warcraft (WoW) foi concebido para desafiar milhões de jogadores mesmo quando eles se envolvem profundamente. Grande parte do conteúdo do jogo está estruturada para estimular a colaboração entre os jogadores, que se associam em grupos virtuais de pessoas reais para derrotar inimigos ardilosos e perigosos, tudo isso para avançar para estágios progressivos do jogo.

Desde o princípio, os fundadores da Blizzard enfatizaram a importância de enfocar jogadores envolvidos de uma maneira eficaz e irresistível. "Tudo o que fazemos na Blizzard Entertainment baseia-se no sucesso das experiências de jogo que oferecemos aos jogadores", diz a declaração de missão da empresa. O jogo inclui inúmeras alternativas para os jogadores se conectarem e se comunicarem entre si, desde seus fóruns *on-line* de tráfego intenso aos sofisticados recursos de bate-papo durante o jogo.

Seguindo essa simples filosofia, a empresa desfrutou de um sucesso de bilhões de dólares. O WoW tem mais de 11 milhões de assinantes no mundo inteiro, ao passo que sua página *on-line* de jogos, Battle.net, recebe milhões de jogadores todos os dias. A quarta ampliação, World of Warcraft: Mists of Pandaria, foi lançada em setembro de 2012 e vendeu 2,7 milhões de cópias na primeira semana que foi colocada à venda.

Observação importante: Os jogadores não são obrigados a jogar juntos, mas os jogos foram concebidos especificamente para que alguns dos prêmios mais procurados possam ser acessados apenas por aqueles que se associam com outros.

As associações de auxílio mútuo (guildas) levam a questão de recrutamento incrivelmente a sério e os jogadores se organizam de acordo com habilidades, conquistas e estilos de jogar. Além disso, as guildas desenvolvem logotipos próprios e estratégias de jogo e as principais equipes criam painéis complexos para codificar, explorar e tomar conhecimento de dezenas de milhares de novos avanços e ideias que são lançados constantemente.

ENVOLVIMENTO DO CLIENTE

MINT.COM

Esse sistema de gestão financeira *on-line* faz com que o complexo pareça simples ao atualizar automaticamente as informações sobre as contas pessoais dos usuários, marcar e categorizar compras, identificar oportunidades de economia e criar orçamentos automaticamente.

FAB

Proeminentes especialistas em design selecionam os objetos colocados à venda no *site* — criando um ponto de vista exclusivo e voltado para o design e forjando uma sensação de confiança nos clientes de que esse é o espaço que se deve visitar para obter a próxima novidade.

FOURSQUARE

O *mayorship* é concedido aos usuários que mais se "registram" regularmente em uma localização específica utilizando esse serviço de geolocalização. A briga decorrente por status e reconhecimento gerou uma competição acalorada entre os consumidores — e os espaços disputam essa clientela.

APPLE

Assim, a gigante dos computadores e de outros dispositivos eletrônicos costuma exibir, pela primeira vez, ou seja, lançar novo *hardware* e *software* a desenvolvedores e afiliados na World Wide Developers Conference (WWCD). Essa conferência permite que os parceiros da Apple experimentem as novas tecnologias da empresa e ofereçam *feedback*. Em 2012, os ingressos para a WWDC (que custavam US$ 1.599 cada) foram todos vendidos em menos de duas horas.

PARTE DOIS: EM RESUMO
ESTEJA À ALTURA

Ao utilizar o modelo 10TI, lembre-se destas duas ideias fundamentais:

1. NÃO DEFINA UM ESCOPO MUITO AMPLO

Tentar utilizar o modelo 10TI para analisar toda a organização não produzirá outra coisa senão deixá-lo insano. Em vez disso, concentre-se em uma plataforma específica dentro da empresa. Por exemplo, não tente examinar minuciosamente o Google como um todo; você obterá muito mais percepções se focar o Search ou Gmail (Obviamente, em alguns casos, como Zipcar ou Netflix, a empresa é a plataforma e, portanto, a única unidade disponível para análise. Não se apavore. Não há problema nisso, também).

2. MANTENHA UM NÍVEL DE EXIGÊNCIA APROPRIADAMENTE ALTO NO PROCESSO DE RECONHECIMENTO DE INOVAÇÕES

Visto que essa estrutura cobre essencialmente todo o espectro de negócios, você pode se sentir tentado a dar crédito a você mesmo apenas porque está fazendo **algo** dentro de um tipo de inovação. Não faça isso. Analise cuidadosamente o que você está fazendo e não confunda atividade com inovação. Seja realista, eleve o seu nível de exigência e esteja sempre ciente: a verdadeira diferenciação não ocorre facilmente. Entretanto, lembre-se de que as inovações não precisam ser novas para o mundo inteiro — **somente para um mercado específico**.

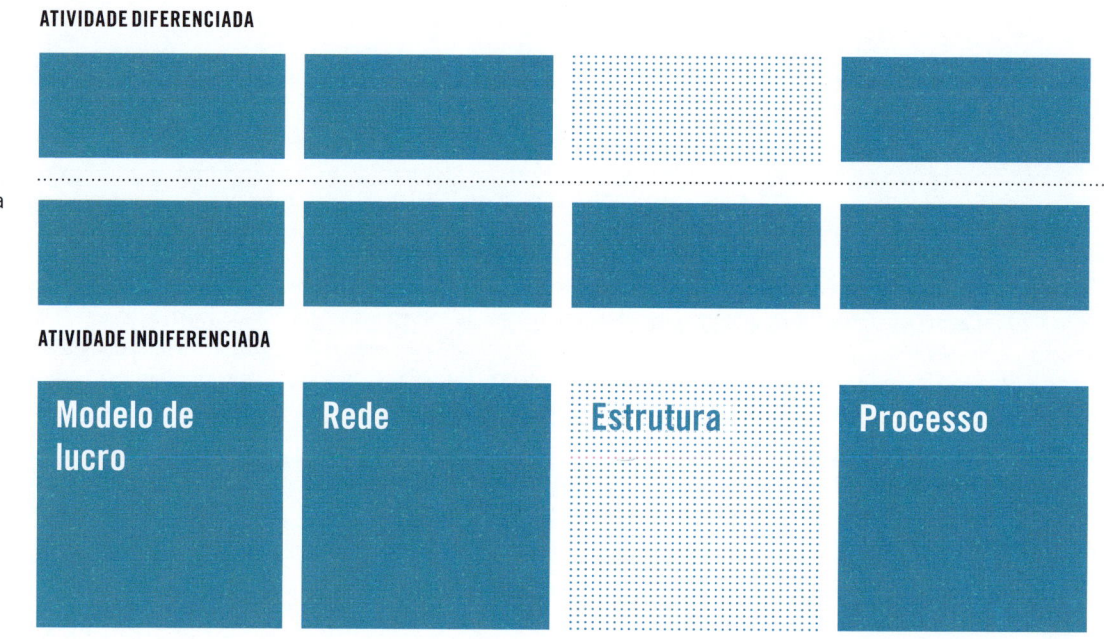

ATIVIDADE DIFERENCIADA

ATIVIDADE INDIFERENCIADA

| Modelo de lucro | Rede | Estrutura | Processo |

PARTE DOIS: EM RESUMO

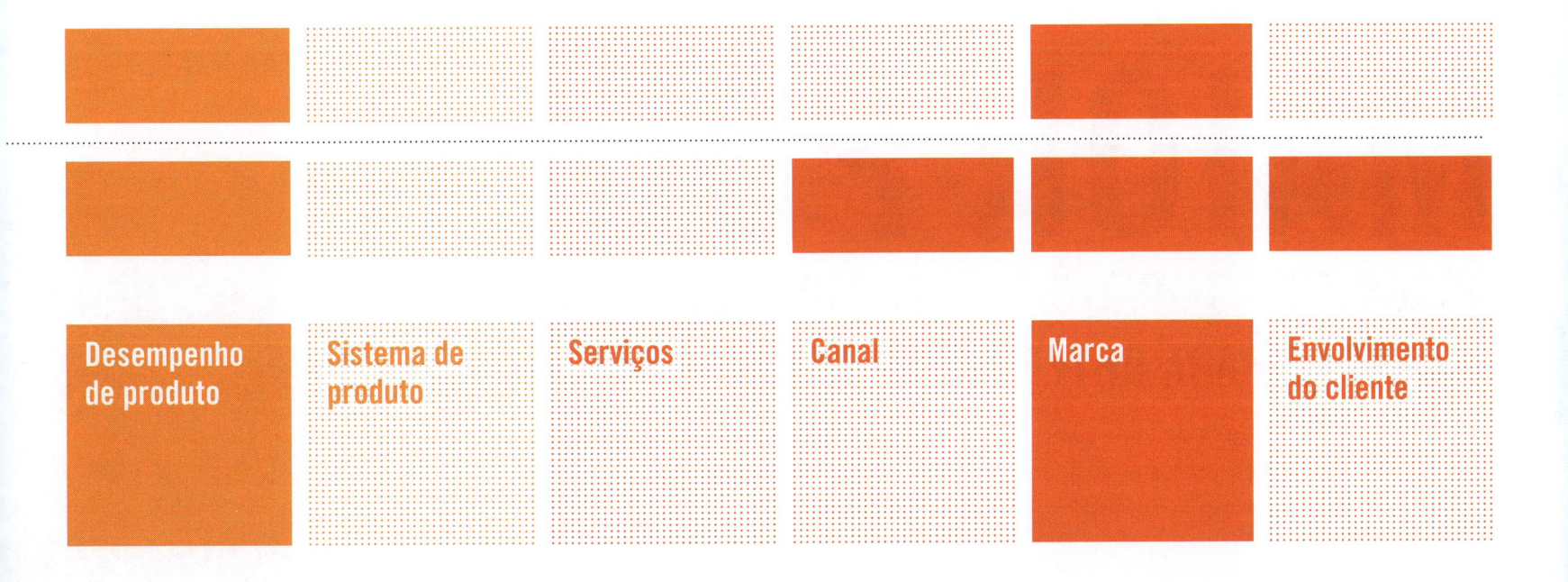

| Desempenho de produto | Sistema de produto | Serviços | Canal | Marca | Envolvimento do cliente |

PARTE TRÊS

MAIS TEM MAIOR PODER

ASSOCIE E COMPATIBILIZE OS TIPOS DE INOVAÇÃO PARA OBTER MAIOR IMPACTO

A utilização de mais tipos de inovação gera resultados mais sofisticados e surpreendentes — e de uma maneira que os concorrentes não conseguem identificar e copiar facilmente.

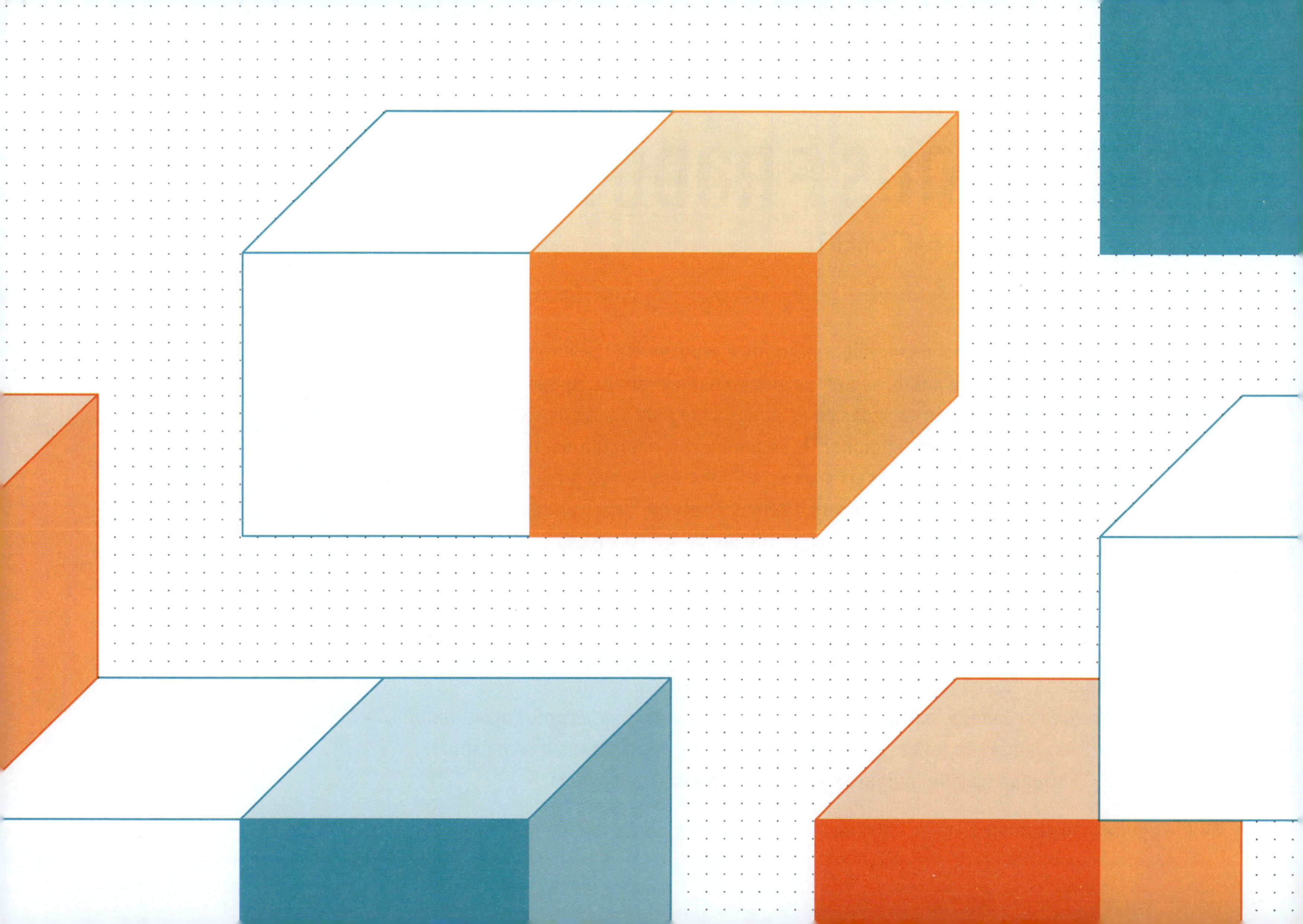

CAPÍTULO 13
VÁ ALÉM DOS PRODUTOS
COMO NÃO SER COPIADO FACILMENTE

Passe pelo corredor de cereais de um supermercado e provavelmente verá mais de 130 caixas diferentes de flocos de milho, sementes oleaginosas, pipocas ou diversas formas de grão inflado com quantidades variadas de açúcar. Passe pela seção de sabões e verá um paredão de sabões em pó e líquidos, branqueadores, amaciantes, removedores de manchas etc. em uma extensão de seis metros. Vá para a seção de produtos para cuidados bucais e provavelmente encontrará 42 tipos diferentes apenas da pasta dental Crest. E depois tente escolher uma escova de dente. Xi! Isso é espantoso!

Contudo, se você fosse a praticamente qualquer uma das maiores do mundo que fabricam os produtos hoje vendidos nos supermercados, descobriria que a maior parte do que elas estão tramando ainda diz respeito a mais variações desses produtos e extensões de linha. *"Com certeza venderemos ainda mais se introduzirmos uma variação de produto de manga, não acha? E se fizéssemos batatas chips com sal marinho rosa do Havaí?"* Mudanças como essas são fáceis nas grandes empresas — elas não exigem que as fábricas sejam reequipadas —, e por isso elas são comuns.

Existe apenas um problema: como estratégia de inovação, é praticamente inútil!

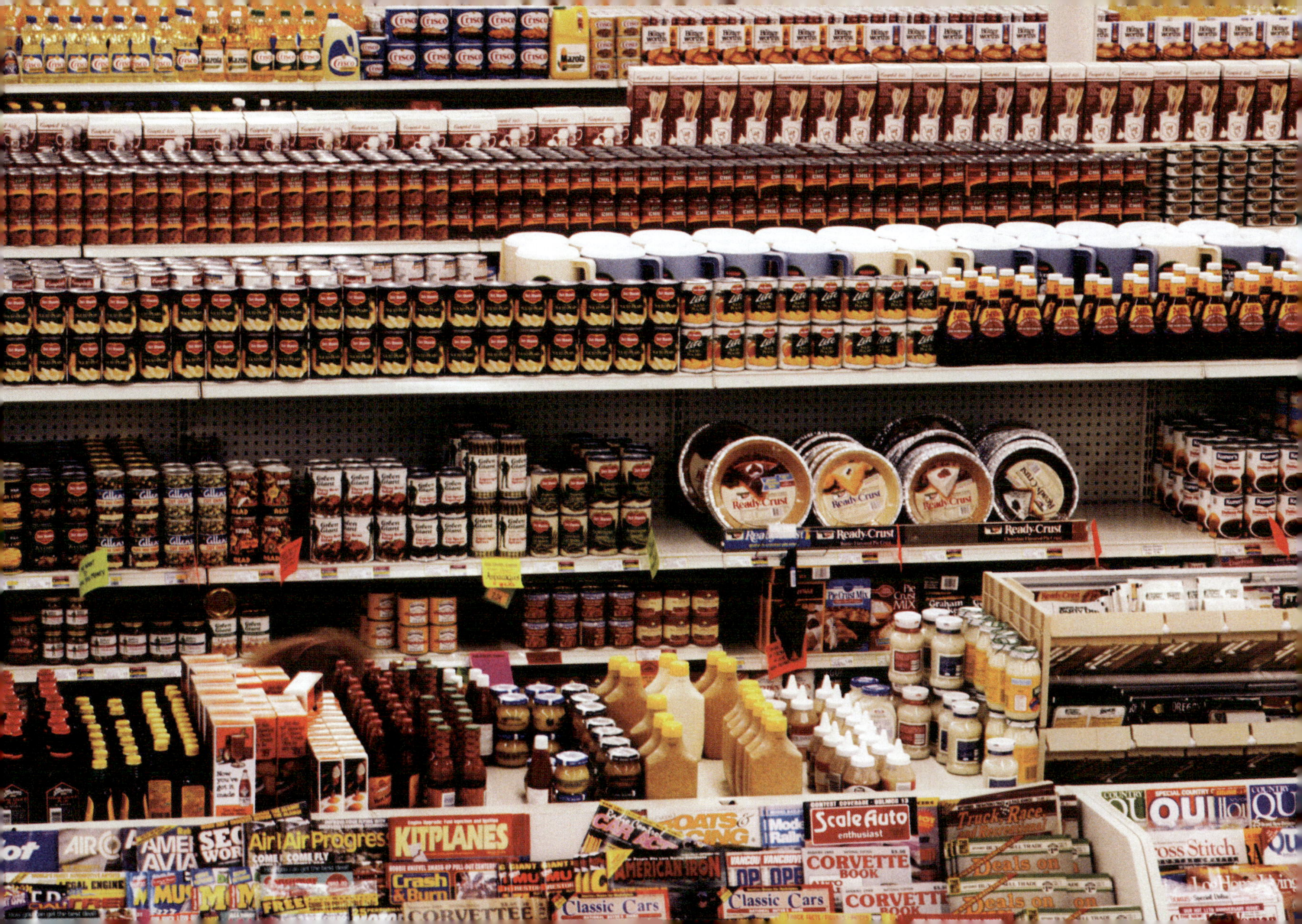

POR QUE APENAS O DESEMPENHO DO PRODUTO NÃO É SUFICIENTE

Não há nada errado na inovação de desempenho de produto *per se*. Na verdade, dependendo do setor ou do contexto, essa inovação pode ser necessária para superar a saturação dos produtos existentes. Quando um PC é desenvolvido pela primeira vez com *chips* especiais para lidar com imagens gráficas ou incluir um recurso biométrico pequeno que o inicializa de forma segura apenas com as impressões digitais, os usuários valorizam esses avanços. Entretanto, se você utilizar somente isso, essa progressão constante de novas funções e recursos será insuficiente para uma diferenciação e sucesso contínuos. Hoje, praticamente toda categoria é hiperdisputada. Além disso, os fornecedores só podem ter êxito se conseguirem vender um pequeno ingrediente especial ou uma bugiganga funcional a todos os participantes do mercado em um ecossistema, e não apenas a um deles. Isso significa que qualquer efeito exclusivo é imediatamente corroído.

Lembre-se de que o desempenho geral de uma empresa corrói-se inexoravelmente por meio do fenômeno conhecido como **custo da complexidade**. As guerras das camionetes ilustram essa tendência.[1] Há várias décadas, a solução para promover uma camionete tem sido afirmar que a sua é mais **viril** do que a de qualquer outro. Resistência e torque são fundamentais, e a potência e o poder de tração são detalhados por uma voz em *off* em *basso* **profundo**. Para dramatizar o quanto essas camionetes são resistentes, vemos anúncios que as exibem sendo jogadas de penhascos, dirigidas através de túneis flamejantes e molestadas por robôs em casamatas subterrâneas. É certamente um alívio saber que esses veículos requintados sobreviverão a tais provações, mas felizmente essas situações raras vezes surgem na vida real. Quando todas as camionetes são imensamente viris, a inovação que ajuda o motorista ou proprietário a fazer algo mais é o que conta.

Atualmente, quase qualquer *design* pode ser suplantado em tempo recorde, seja no setor têxtil ou tecnológico. Lance qualquer novo dispositivo e a engenharia reversa rapidamente aparecerá *on-line* mostrando os componentes utilizados, com especulações claras sobre os fornecedores e os custos de cada um.[2] Vinte mil produtos foram introduzidos na Feira Internacional de Eletrônicos de Consumo de 2013, incluindo dezenas de novos *ultrabooks*, TVs de OLED (*organic light-emitting diode*), *smartphones* da última geração e impressoras 3D. Sempre há espaço no mundo para *designs* bem pensados, mas quem estaria disposto a apostar em quantos deles terão sucesso no mercado? É seguro afirmar que uma grande porcentagem deles terá não mais que uma vida curta e problemática.

---

1 Outro exemplo provém das cadeias maiores de supermercados ou drogarias, que cobrarão "taxas de espaço" para inserir qualquer produto em seu sistema de computador e colocá-lo na prateleira. Acrescente uma essência de gaultéria à sua pasta de dente, fabrique-a em três tamanhos, e terá de pagar três novas taxas de espaço para que uma loja mantenha essas três variações em estoque. Multiplique isso por duas dúzias de cadeias que utilizam essas práticas, e verá rapidamente que está nadando contra a corrente quando tenta entrar no mercado com várias centenas de novas extensões de linha por ano.

2 O iFixit é apenas um dentre vários *sites* que faz isso cotidianamente com dispositivos da Apple.

A Apple representa a apoteose da avidez por dispositivos ou "engenhocas". Contudo, com uma regularidade confiável, isso se soma ao seu arsenal de objetos tecnológicos maravilhosamente projetados, fazendo com que os conhecedores de tecnologia desfaleçam no momento correto. Entretanto, os produtos da Apple são somente a ponta de uma lança de inovação que foi cuidadosamente criada do começo ao fim. Antes mesmo de se tornar diretor executivo, Tim Cook ganhou aplausos pela forma como ele promoveu eficiências em todas as partes da cadeia de suprimentos da Apple. Por exemplo, muitos analistas acreditam que a empresa tem uma vantagem de custo considerável em memória *flash* em virtude do gerenciamento de sua cadeia de suprimentos. A plataforma do iTunes e das lojas App permitiu que ela gerasse um valor enorme em um ecossistema de desenvolvedores e selos musicais ávidos por se conectar com o público da Apple. Isso torna qualquer desses dispositivos que se conectam com esse ecossistema muito mais valioso e atraente. Vinte e cinco bilhões de músicas foram baixadas até fevereiro de 2013, uma indicação de um modelo de negócio lucrativo para os padrões de qualquer um.

Portanto, embora a Apple crie produtos bonitos, a questão é que existe muitos outros fatores relacionados ao seu sucesso do que o "mero" desempenho do produto ou o *design* industrial.

Isso não quer dizer que o desempenho do produto não seja importante. Na verdade, você deve desafiar sua equipe a acrescentar outros tipos de inovação para obter uma vantagem competitiva maior e mais sustentável.

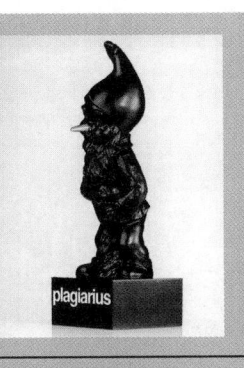

O prêmio Plagiarius é um gnomo preto com nariz de ouro, para significar "lucros ilícitos obtidos com imitações".

A Aktion Plagiarius é uma pequena organização de Solingen, Alemanha, que informa o público a respeito do impacto negativo das falsificações e dos plágios não apenas sobre a economia, mas também sobre pequenas empresas e designers individuais. Todos os anos, a Aktion promove uma competição para indicar e envergonhar alguns dos plagiadores mais ultrajantes. Os vencedores são muitos e com frequência audaciosos. Uma imitação do ventilador Air Multiplier, de James Dyson, criada por uma empresa da China, ganhou o prêmio em 2012. O ventilador tem o anel em forma de O icônico do design desse inventor britânico, mas uma base mais buliforme e controles grosseiros.

Algumas vezes o que está em jogo é muito mais do que uma questão de orgulho ou dinheiro. Alguns equipamentos médicos foram habilmente copiados em outros lugares; mas quem se arriscaria a especificar a qualidade da engenharia aplicada à funcionalidade do equipamento em si? Na premiação de 2008, foi descoberto que a cópia de uma torneira originalmente criada pela Dornbracht continha 200% mais chumbo do que a lei alemã permitia.

**INOVAÇÕES VENCEDORAS
VÁ ALÉM DOS PRODUTOS**

Ainda hoje, muitos inovadores proeminentes são conhecidos pelo desempenho e pelos atributos de seus produtos — embora um exame mais cuidadoso de suas iniciativas revele muitos outros tipos de inovação em jogo.

[1] "A Starbucks sempre foi transparente com relação ao seu desejo de se tornar o terceiro espaço social para seus clientes", afirmou Alice G. Walton, em *Starbucks' Power Over Us Is Bigger Than Coffee: It's Personal*, Forbes, 29 de maio de 2012: http://tentyp.es/X5pcB6.

MICROSOFT > PC

Parte do motivo de Bill Gates e seus sócios terem conseguido criar a Microsoft foi o fato de conhecerem desde o início o poder da concessão de licenças. Essa prática foi responsável pelo desenvolvimento de sistemas como o *MS Office*, uma plataforma de *software* integrada que sobrevive em várias encarnações desde agosto de 1989.

STARBUCKS > CAFÉ

A Starbucks pode ter uma escala imensa (em julho de 2012, a empresa operava 17.651 lojas em 60 países). Contudo, tal como Alice G. Walton ressaltou na *Forbes,* desde o início a empresa pretendia se tornar muito mais do que apenas um cafeteria.[1] Ao oferecer um "terceiro espaço" entre o lar e o ambiente de trabalho, a empresa construiu uma comunidade de consumidores regulares.

AMAZON > LIVROS

O gigante do *e-tail* (varejo eletrônico) de Seattle pode ter iniciado suas atividades vendendo livros, mas se diversificou rapidamente para testar e cumprir sua declaração de missão: "Ser a empresa mais centrada no cliente da Terra em que as pessoas podem encontrar e descobrir qualquer coisa que desejam comprar *on-line*". Em 2012, a empresa trabalhou com mais de dois milhões de vendedores externos.

VIRGIN > MÍDIA

A Virgin, de Richard Branson, diversificou-se consideravelmente desde seus dias iniciais como selo musical independente. O Virgin Group agora inclui empresas da marca no mundo inteiro, em uma variedade de setores, do setor de celular ao de transporte e do setor de mídia ao musical.

A seguir, falaremos sobre algumas das inovações especiais — desconstruindo cada uma para mostrar os tipos de inovação em jogo.

FORD
INVENÇÃO DE UM SETOR

O modelo T foi o destaque para a inexperiente Ford Motor Company no início do século XX. Ele transformou a Ford na Apple dos dias de hoje, e Henry Ford no equivalente a Steve Jobs. Os livros de história ressaltam a simplicidade do *design* do carro e da linha de montagem móvel. E ambos foram importantes, especialmente porque ajudaram a possibilitar que os **trabalhadores** tivessem esperança de **comprar** o carro que estavam construindo e, assim, ajudando a construir a classe média norte-americana.

O que os livros com frequência ignoram é que havia **87 empresas de automóvel** na época. Se não fossem as inovações, Henry Ford provavelmente não teria conseguido fazer com que sua empresa sobrevivesse. Na verdade, ele só conseguiu ver o sucesso quando lançou uma ideia de inovação radical: em vez de vender os carros diretamente para os clientes, ele os **vendeu às concessionárias**, criando um novo modelo de negócio e uma estrutura mais adequada de fluxo de caixa. As concessionárias ajudaram a incentivar a demanda e o envolvimento em nível local — e elas utilizavam seu crédito e caixa para comprar os carros por atacado, diminuindo as necessidades de capital e os riscos da Ford.

O modelo T foi lançado em 1908, quando vendeu 10 mil unidades, rendendo mais de US$ 9 milhões.

Modelo de lucro	Rede	Estrutura	Processo
Desejando fabricar um veículo de alta qualidade e baixo custo, a Ford transformou o modelo T de US$ 850 no automóvel barato mais confiável. Ao mesmo tempo, Henry Ford exigiu 50% de pagamento à vista, diferentemente de outros fabricantes de da época.	Henry Ford pretendia controlar toda a sua cadeia de suprimentos — uma estratégia que posteriormente seria chamada de integração vertical. Em 1927, ele investiu em plantações de borracha na América do Sul para fabricar uma quantidade suficiente de pneus para dois milhões de carros, estabelecendo ao mesmo tempo a fábrica de aço River Rouge imediatamente adjacente à sua linha de montagem em Detroit.	Em 1914, Ford introduziu o dia de trabalho de US$ 5, pagando duas vezes o salário mínimo a todos os seus trabalhadores acima de 22 anos de idade. Além disso, ele diminuiu o dia de trabalho de nove para oito horas. Isso não apenas reduziu a rotatividade de funcionários, mas também significou que os trabalhadores poderiam comprar os produtos que fabricavam.	Ford introduziu a linha de montagem móvel em 1913; o tempo para montar um modelo T diminuiu de 12 h e 8 min para 93 min. Por volta de 1923, a linha já estava produzindo dois milhões de carros por ano.

VÁ ALÉM DOS PRODUTOS

Uma fotografia que mostra a linha de montagem da Ford na cidade de Oklahoma em 1913.

Uma foto que exibe uma concessionária da Ford em 1931.

Uma fotografia na qual aparece uma multidão de candidatos em frente à fábrica da Ford em 1914, após a divulgação do dia de trabalho de US$ 5.

Desempenho de produto

O modelo T foi projetado para ser um carro sem supérfluos com um conjunto básico de ferramentas para reparos; mais de 50% das peças de motor custavam 10 centavos de dólar ou menos e podiam ser adquiridas em uma loja de equipamentos mecânicos comum.

Sistema de produto

Como Ford havia sido criado em uma fazenda, eram vendidos kits de alteração para ajudar os proprietários a transformar o carro em veículos utilitários — carretas, serrarias e até veículos para neve. Os agricultores podiam ligar um dispositivo para gerar energia para serragem de madeira, espremer cidra ou bombear água.

Serviços

Canal

Ford criou uma rede de concessionárias locais independentes para disponibilizar o modelo T em praticamente todas as cidades da América do Norte. Essas franquias não apenas divulgaram o carro, mas também criaram clubes de automóveis locais, disseminando a popularidade do veículo e gerando vendas.

Marca

Em sua época, a Ford era sinônimo de *know-how* norte-americano. Henry Ford fundou também um departamento de Cinema em 1914; muitos filmes promoviam os próprios veículos da empresa. Em meados da década de 1920, todos os meses mais de dois milhões de pessoas assistiam aos filmes.

Envolvimento do cliente

GOOGLE
INVENÇÃO DE UM NOVO SISTEMA DE *MARKETING*

Larry Page, diretor executivo da empresa Google, certa vez descreveu um "**mecanismo de busca perfeito**" como algo que "**compreende exatamente o que você quer dizer e lhe oferece exatamente o que você deseja**". Essa tem sido a meta desde que Page e Sergey Brin criaram a empresa em 1998. A princípio apenas outro mecanismo de busca em um mercado já apinhado, o Google estabeleceu-se como opção popular, principalmente em virtude da precisão dos resultados em seu imenso índice de páginas *Web*.

O Google determina quais *sites* oferecem conteúdo de valor e os eleva para um patamar superior em seus resultados de busca. Ele continua se mantendo essencialmente como um negócio autossustentável: "À medida que a *Web* cresce, esse método na verdade se aprimora, visto que cada novo *site é* outro ponto de informações e outro voto a ser contado", diz sua declaração de missão. Entretanto, somente no ano 2000 é que o Google descobriu uma forma de desenvolver um negócio bilionário. Foi então que introduziu seu **programa de propaganda integral** para criar campanhas *on-line* conectadas aos termos de busca; desde então, o AdWords tem sido a espinha dorsal de geração de receitas do Google.

Modelo de lucro

Conhecidos como "anúncios faça você mesmo", o AdWords começou como anúncios textuais simples que os usuários podiam comprar por meio de um processo de lance. O Google implementou o modelo "pague por clique", o que significava que ele só cobrava uma taxa quando um usuário clicava em um anúncio. A propaganda respondeu por 96% dos US$ 37,9 bilhões em receitas do Google em 2011.

Rede

Estrutura

A empresa Google se esforçou para atrair e incentivar grandes cientistas e engenheiros. Ela oferece também refeições saudáveis, nutritivas e gratuitas em suas instalações para que as pessoas trabalhem eficazmente dia e noite. Os funcionários podem utilizar 20% de seu tempo para trabalhar em um novo conceito ou projeto.

Processo

Os fundadores da empresa, Larry Page e Sergey Brin, desenvolveram o algoritmo de análise de *link* PageRank quando ainda eram estudantes na Universidade de Stanford. Esse algoritmo classificava as páginas *Web* de acordo com o número de *links* conectados a elas.

VÁ ALÉM DOS PRODUTOS

Abaixo: O AdWords refere-se a anúncios textuais incisivos que aparecem no topo e ao lados das páginas de resultados. Isso oferece aos usuários uma experiência simples e ordenada de busca na web e, ao mesmo tempo, um sistema eficaz para os anunciantes.

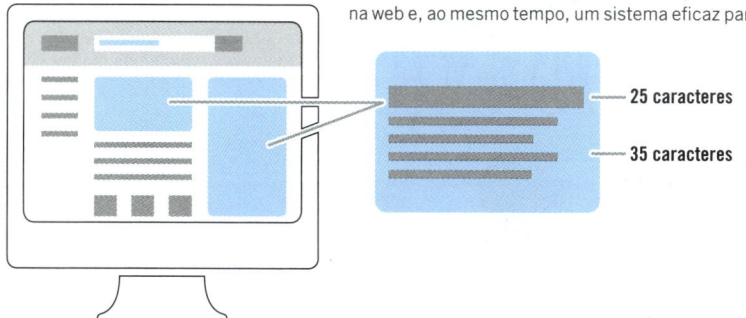

25 caracteres

35 caracteres

Esquerda: O Google Doodles na página principal do mecanismo de busca chama atenção para datas históricas, eventos, e feriados de forma espirituosa e inusitada e estimula os visitantes a voltar com frequência — apenas para ver a mais nova montagem. De cima para baixo, os doodles (rabiscos) mostrados aqui comemoram o aniversário de Monet, a Copa do Mundo, a descoberta da hélice dupla do DNA e o Dia de Ações de Graça. Cada vez mais, os doodles são personalizados para locais e países ao redor do mundo nos quais o Google opera.

Desempenho de produto	Sistema de produto	Serviços	Canal	Marca	Envolvimento do cliente
Além dos PageRank, o Google ajudava as pessoas que, em sua busca, estipulavam que os anúncios poderiam ter apenas 25 caracteres no título e 34 caracteres na descrição. Isso simplificou enormemente os resultados para os consumidores — e o impacto para os anunciantes.	Em 2003, o Google lançou uma formato adicionado de propaganda, o AdSense. Daí em diante, publicadores de qualquer porte podiam ganhar dinheiro de anúncios dirigidos do Google exibidos em seus sites.	O Google oferece serviços de propaganda integrada para ajudar os principais clientes a se comunicarem eficazmente com seus públicos-alvo. As equipes também trabalham diretamente com os clientes para ajudá-los a comprar AdWords que gerarão o maior volume de vendas.	Recentemente, o Google mudou para incluir informações específicas do local e dispositivos móveis em seus resultados de busca. Essa reconsideração radical sobre busca foi responsável pela aquisição de empresas como Zagat e Motorola Mobility para possibilitar buscas mais inteligentes (mostrando restaurantes locais) e melhores dispositivos (vários smartphones Android).	A página principal do Google é simples e ordenada desde o princípio. Entretanto, a empresa demonstrou-se motivada a ser divertida — especialmente com seu logotipo, o qual, por meio do programa Google Doodles, ressalta a personalidade inusitada e bem-humorada da empresa.	

MICROSOFT
INVENÇÃO DAS FERRAMENTAS *OFFICE* INTEGRADAS

"Como a maior parte dos aficionados deve saber, a maioria de vocês rouba *software*. O *hardware* deve ser pago, mas o *software* é algo a ser compartilhado. Quem se importa se as pessoas que trabalharam para desenvolvê-lo são ou não pagas?". Assim escreveu o veemente Bill Gates em 1976. Na época sócio geral da nova *start-up* de tecnologia Micro-Soft (*sic*), Gates não estava preparado para deixar a questão ser esquecida e essa carta mostra a gênese da estratégia que ajudou a manter a empresa nos anos decorrentes: cobrar pela licença de soluções de *software*.

Anos depois, a Microsoft desenvolveu um sistema para associar seus produtos. Lançado em agosto de 1989, o *MS Office* integrava os aplicativos populares *Word*, *Excel* e *PowerPoint*, foi instalado em milhões de computadores de mesa e é o *software* comercial preferido de muitos profissionais.

Modelo de lucro	Rede	Estrutura	Processo
Ao reunir esses aplicativos populares em um pacote, a Microsoft ofereceu um preço inferior ao que o consumidor pagaria se comprasse os programas separadamente.			Os estúdios User Research da Microsoft coletam dados diários sobre os clientes que consentem em fornecer informações. Isso os ajuda a identificar erros ou problemas corriqueiros — e a corrigi-los, uma via de custo baixo para melhorias contínuas.

Desempenho de produto	Sistema de produto	Serviços	Canal	Marca	Envolvimento do cliente
	O Microsoft *Office* foi lançado como um conjunto de aplicativos *desktop* contendo *Word*, *Excel* e *PowerPoint*, tanto para os sistemas operacionais *Windows* e Macintosh.		Na década de 1990, a Microsoft realizou mudanças para lidar com a ascensão da Internet. Desse modo, o *Office* foi desenvolvido para ser compatível com a *Web* e incorpora atualizações automáticas e suplementos de terceiros.		

MCDONALD'S
INVENÇÃO DE UM SISTEMA DE ALIMENTAÇÃO CONVENIENTE

Ray Krok conheceu os irmãos Dick e Mac MacDonald quando visitou o restaurante San Bernardino, de propriedade de ambos, para vender algumas batedeiras. Impressionado com a eficiência do sanduíche de hambúrguer simplificado e entusiasmado com a ideia de lançá-lo como uma franquia nacional, Kroc abriu o primeiro McDonald's in Des Plaines, no Estado de Illinois, em abril de 1955. O centésimo restaurante foi aberto em Fond du Lac, Wisconsin, em 1959.

Kroc desenvolveu o McDonald's como um sistema por meio do qual os franqueados e os fornecedores eram parceiros, e não lacaios. O lema da empresa é: **"Trabalhe para você mesmo, mas não sozinho."** Ainda hoje o McDonald's compra e constrói todas as suas propriedades e arrenda os restaurantes para indivíduos que garantem que se envolverão com suas operações diárias. Nesse sentido, seu objetivo é manter o comprometimento pessoal de seus trabalhadores para com o sucesso de cada local. No final de 2010, 80% dos 35.500 restaurantes da empresa eram franquias, e apenas alguns poucos eram operados diretamente pelo McDonald's.

Modelo de lucro	Rede	Estrutura	Processo
O McDonald's compra a propriedade e oferece o prédio para o restaurante, e o franqueado paga mensalmente um aluguel básico ou uma porcentagem sobre as vendas mensais como aluguel. Além disso, os franqueados pagam uma taxa mensal com base no desempenho das vendas.	O McDonald's apoia-se em uma parceria global com a Coca-Cola para bebidas. Sua rede de distribuição independente tem empresas enormes, como a Martin-Brower e Golden State Foods, que entregam diariamente tudo o que um restaurante específico pode precisar — de mesas a um único pacote de *ketchup*.	Em 1961, o McDonald's abriu a Universidade Hambúrguer para ensinar procedimentos de operação de restaurantes. Desde então, mais de 80.000 gerentes de restaurante, gerentes de nível médio e proprietários/operadores formaram-se nessa universidade.	Os franqueados são estimulados a desenvolver e lançar novos itens de alimento, que serão oferecidos em outros restaurantes se eles se tornarem populares. O franqueado Herb Peterson criou o *Egg McMuffin em* 1971, ajudando o McDonald's a lançar um negócio de café da manhã que hoje representa 15% das vendas da empresa.

VÁ ALÉM DOS PRODUTOS

Esquerda: Diploma do curso de graduação básico da Universidade Hambúrguer.
Abaixo: Uma placa nas proximidades de Elk Grove (Illinois), local da primeira Universidade Hambúrguer autônoma.

Abaixo: Martin-Brower é o maior distribuidor de produtos para a McDonald's; a relação começou em 1956.

Abaixo: Foto da fachada de um restaurante McDonald's construído como uma caixa de Happy Meal (McLanche Feliz no Brasil), em Dallas, Texas.

| Desempenho de produto | Sistema de Produto | Serviços | Canal | **Marca** | Envolvimento do cliente |

O *branding* (atribuição de marca) é uma parte essencial do McDonald's desde o princípio.

LEXUS
INVENÇÃO DE UMA NOVA EXPERIÊNCIA COM CARROS DE LUXO

"**Podemos criar um carro de luxo desafiando o que há de melhor?**". Essa foi a pergunta que Eiji Toyoda, presidente da Toyota, fez em uma reunião secreta de diretoria na sede da empresa em 1983. **"Sim"**, veio a resposta de sua equipe. Seis anos depois e com meio bilhão de dólares gastos, a marca de luxo Lexus apareceu, originalmente oferecendo dois modelos, o *LS 400* e o *ES 250*.

Para se sobressair no mercado já abarrotado, a nova divisão de luxo pretendia diferenciar-se por meio da experiência do cliente. "A Lexus acertará desde o princípio", diz o assim chamado Lexus Convenant (Pacto Lexus), assinado como um compromisso de fé por todas as concessionárias do carro. "A Lexus terá a rede de concessionárias mais requintada do setor. Ela tratará cada cliente como trataríamos um convidado em nossa casa." Assim, a empresa lançou também uma campanha para personalizar o atendimento. Seu foco incansável valeu a pena: em 1991, a Lexus era a marca importada que mais vendia nos EUA, superando Mercedes-Benz e BMW. Além disso, foi a marca de luxo mais vendida nos EUA entre 2000 e 2011.

| Modelo de lucro | **Rede** | Estrutura | Processo |

Dentre os milhares de interessados em possuir uma franquia da Lexus, a empresa selecionou 121 concessionárias para o primeiro ano de venda do carro; mesmo em 2012, apenas 231 concessionárias eram certificadas nos EUA. Isso ajuda a Toyota a apoiar apropriadamente as revendedoras, gerando lucros para todas as partes.

VÁ ALÉM DOS PRODUTOS

Esquerda: O troféu Elite da Lexus, um prêmio especial concedido às concessionárias que se distinguem em vendas, atendimento/serviço e apoio geral ao proprietário.

Abaixo: O café OpenRoad da Lexus, em Richmond, na Colúmbia Britânica, oferece televisão por satélite e Internet sem fio como acompanhamento em sua cafeteria.

Abaixo: Os convidados da concessionária Jim Hudson Lexus na Carolina do Sul utilizam espaços especiais no showroom como sua casa e escritório longe de casa.

Desempenho de produto

O silêncio do motor foi ressaltado como um fator de desempenho. Esse foi notavelmente o foco de um anúncio de 1990 que exibia uma pirâmide de copos de champanhe equilibrados no capô de um Lexus enquanto o motor era acelerado com toda a força.

Sistema de produto

Serviços

Compreendendo que a manutenção de um carro era uma fonte de frustração para os proprietários, a Lexus designou "especialistas em diagnóstico" para explicar o que estava ocorrendo com o veículo dos clientes. O carro emprestado ao cliente era um Lexus, e não um compacto, e em seguida o carro que passava por manutenção era lavado antes de ser entregue ao proprietário.

Canal

As concessionárias da Lexus costumam ter cafeterias, butiques e centros de mídia para defender o princípio básico expresso no lançamento do carro da empresa, de que "trataria cada cliente como trataríamos um convidado em nossa casa".

Marca

Envolvimento do cliente

CAPÍTULO 14
A FORÇA DOS NÚMEROS
AS INOVAÇÕES QUE UTILIZAM UMA COMBINAÇÃO DE TIPOS GERAM MELHORES RETORNOS

Assim como as crianças, gostamos de músicas simples. Parabéns a Você. Pisca-Pisca Estrelinha. Reme, Reme, Reme seu Barco. Uma nota de cada vez, cadência constante, a melodia é tudo.

Assim ocorre com uma inovação simples. Um ou dois tipos de inovação são utilizados e toda empresa precisa segui-los. Não melhorar consistentemente e incansavelmente o que se conhece é uma das rotas certas para o fracasso. Infelizmente, muitas empresas realizam **somente** a inovação simples. Nos mercados disputados do presente, apenas as inovações simples não são suficientes para um sucesso duradouro. Elas podem oferecer uma posição de liderança em relação aos concorrentes, mas não criam as empresas, marcas ou plataformas que nos fazem vibrar.

Quando crescemos, também gostamos de músicas mais sofisticadas. A certa altura, aprendemos a gostar de acordes românticos, cadências, ritmos complexos, sincopados, temas e variações. De modo semelhante, quando um mercado cresce e torna-se complexo, ele exige uma inovação mais sofisticada, que utiliza vários tipos de inovação associados inteligentemente e orquestrados com cuidado. Esses tipos, encobertos dentro de sua empresa, exigem um trabalho em todos os silos e fronteiras — desafios que aumentam a complexidade. Você atravessará esses obstáculos com equipes multidisciplinares para trazer os talentos e conhecimentos necessários e com sistemas para dizer a todos o quanto eles podem enfrentar desafios difíceis com curiosidade, confiança e coragem.

Naturalmente, as inovações sofisticadas são mais difíceis de levar a cabo, especialmente porque elas têm um horizonte de desenvolvimento mais longo do que as inovações simples. Entretanto, considere o outro lado da moeda: assim que você as lança, elas tendem tanto a fascinar os clientes quanto a confundir os concorrentes. Muitas vezes você conseguirá ter sucesso durante vários anos antes de os concorrentes o alcançarem. Praticamente todas as empresas que exaltamos como as principais inovadoras costumam utilizar vários tipos de inovação — e superam facilmente o desempenho de empresas medianas que inovam de uma maneira mais ingênua. Examinemos isso mais de perto.

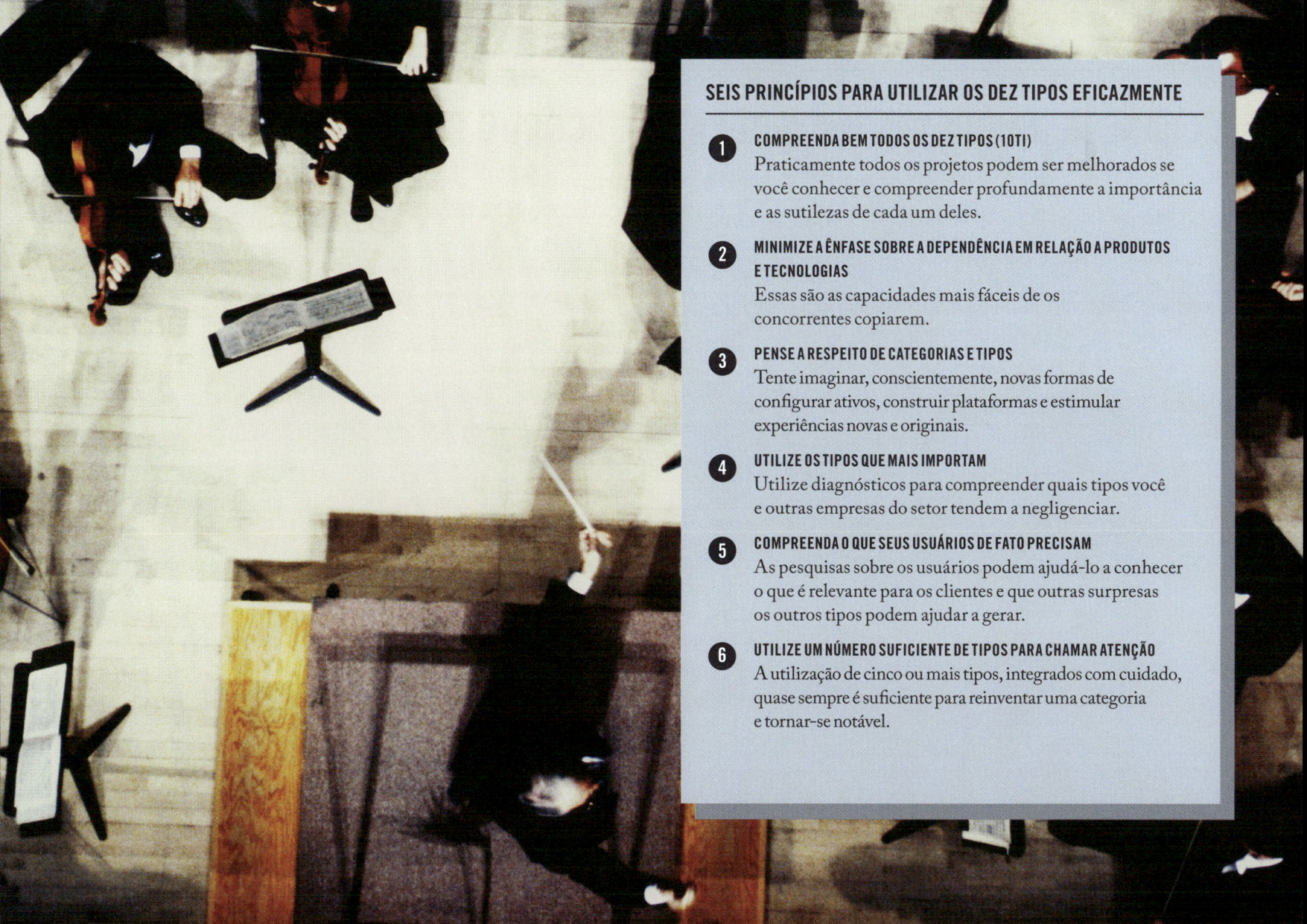

SEIS PRINCÍPIOS PARA UTILIZAR OS DEZ TIPOS EFICAZMENTE

1. COMPREENDA BEM TODOS OS DEZ TIPOS (10TI)
Praticamente todos os projetos podem ser melhorados se você conhecer e compreender profundamente a importância e as sutilezas de cada um deles.

2. MINIMIZE A ÊNFASE SOBRE A DEPENDÊNCIA EM RELAÇÃO A PRODUTOS E TECNOLOGIAS
Essas são as capacidades mais fáceis de os concorrentes copiarem.

3. PENSE A RESPEITO DE CATEGORIAS E TIPOS
Tente imaginar, conscientemente, novas formas de configurar ativos, construir plataformas e estimular experiências novas e originais.

4. UTILIZE OS TIPOS QUE MAIS IMPORTAM
Utilize diagnósticos para compreender quais tipos você e outras empresas do setor tendem a negligenciar.

5. COMPREENDA O QUE SEUS USUÁRIOS DE FATO PRECISAM
As pesquisas sobre os usuários podem ajudá-lo a conhecer o que é relevante para os clientes e que outras surpresas os outros tipos podem ajudar a gerar.

6. UTILIZE UM NÚMERO SUFICIENTE DE TIPOS PARA CHAMAR ATENÇÃO
A utilização de cinco ou mais tipos, integrados com cuidado, quase sempre é suficiente para reinventar uma categoria e tornar-se notável.

ANÁLISE DE EMPRESAS INOVADORAS DE ACORDO COM OS NÚMEROS

Em 2011, realizamos análises detalhadas sobre o modelo 10TI em dois grupos de empresas. O primeiro apresentava **"inovadores medianos"**, que contrastamos com um segundo grupo que compreendia os **"melhores inovadores"**.[1] Para cada empresa, examinamos um produto ou serviço específico[2] e o analisamos de acordo com o modelo 10TI, avaliando todos os tipos de inovação que haviam sido utilizados para produzi-lo ou oferecê-lo.

Em seguida, reunimos essas análises individuais para determinar o número médio de tipos utilizados por cada grupo.

Primeiramente, examinemos os inovadores medianos. Como você pode ver no gráfico abaixo, essas empresas tendem a utilizar um pequeno número de tipos, e a maioria gira em torno da produção de inovações simples.

NÚMERO DE TIPOS UTILIZADOS PELOS INOVADORES MEDIANOS

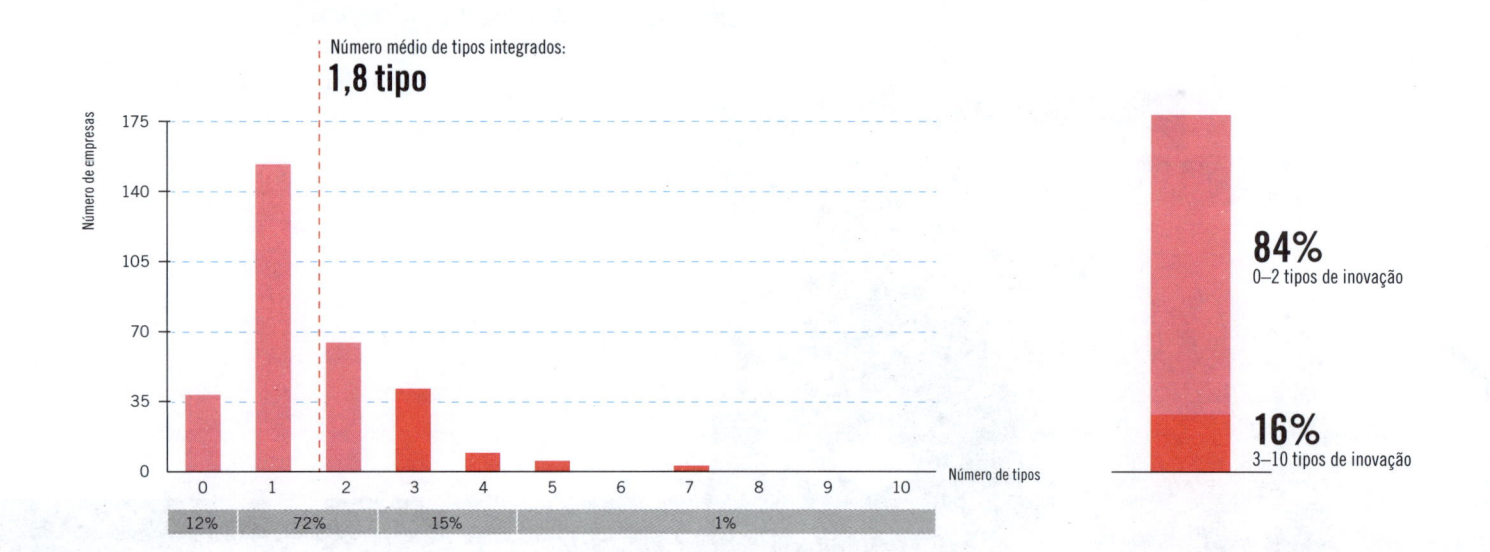

Número médio de tipos integrados: **1,8 tipo**

Número de tipos	0	1	2	3	4	5	6	7	8	9	10
Número de empresas (aprox.)	37	150	65	38	10	5		3			

| 12% | 72% | 15% | 1% |

84% 0–2 tipos de inovação

16% 3–10 tipos de inovação

Compare esses dados com aqueles que obtivemos dos melhores inovadores, as empresas que haviam lançado repetidamente produtos e/ou serviços de sucesso. Essas empresas, ao que se revelou, integram **duas** vezes mais vários tipos de inovação do que os inovadores medianos. Por isso, elas criam produtos e/ou serviços mais robustos e mais facilmente sustentáveis.

1 Os "inovadores medianos" englobavam empresas que anunciaram inovações em 2009–2011, compiladas por meio de sondagens em periódicos e recursos de mídia social. Os "melhores inovadores" foram definidos de acordo com listas das empresas mais inovadoras do mundo, compiladas pelas revistas *BusinessWeek*, *Fast Company*, *Forbes* e *Technology Review*.

2 É um erro perguntar quantos tipos de inovação são utilizados por uma empresa como a Apple, por exemplo. A análise precisa ser mais granular para ser útil. Analise os produtos e/ou serviços o mais detalhadamente possível para conseguir generalizar e mostrar quantos tipos se encontra no centro de uma plataforma de sucesso.

NÚMERO DE TIPOS UTILIZADOS PELOS MELHORES INOVADORES

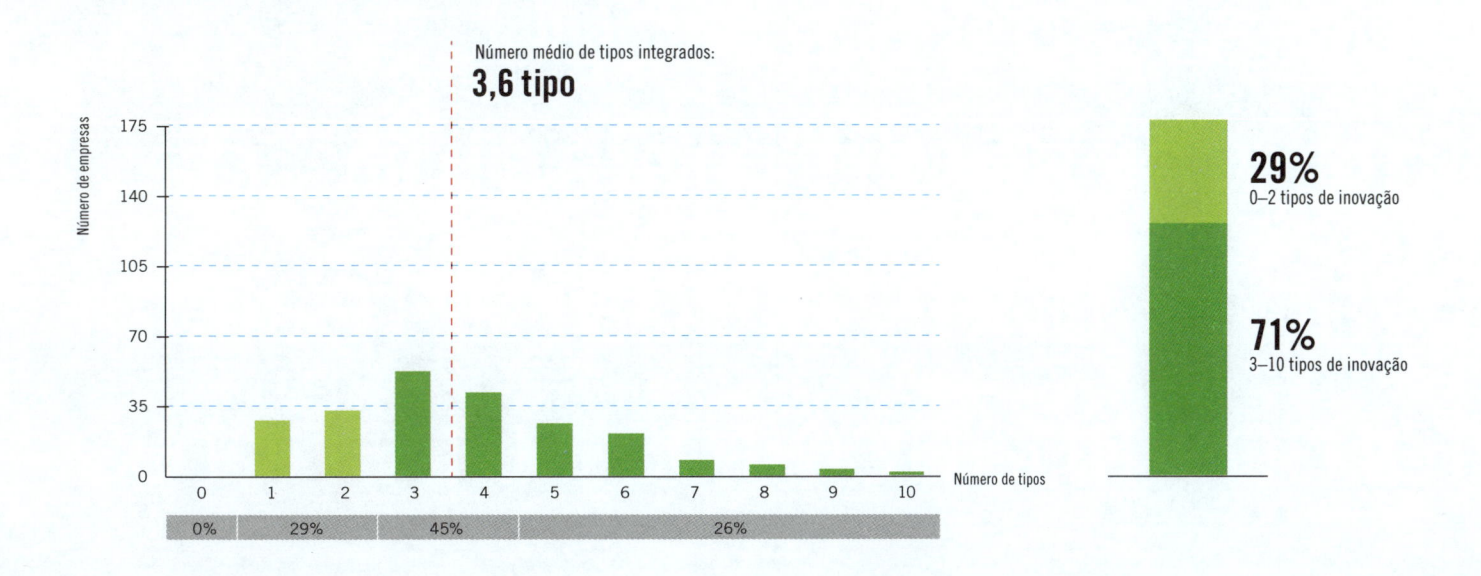

Número médio de tipos integrados: **3,6 tipo**

29% 0–2 tipos de inovação

71% 3–10 tipos de inovação

Curiosamente, os melhores inovadores superaram as empresas do S&P 500.
A integração de mais tipos de inovação pode ajudar a realizar retornos financeiros superiores.

DESEMPENHO DOS MELHORES INOVADORES DE ACORDO COM OS NÚMEROS

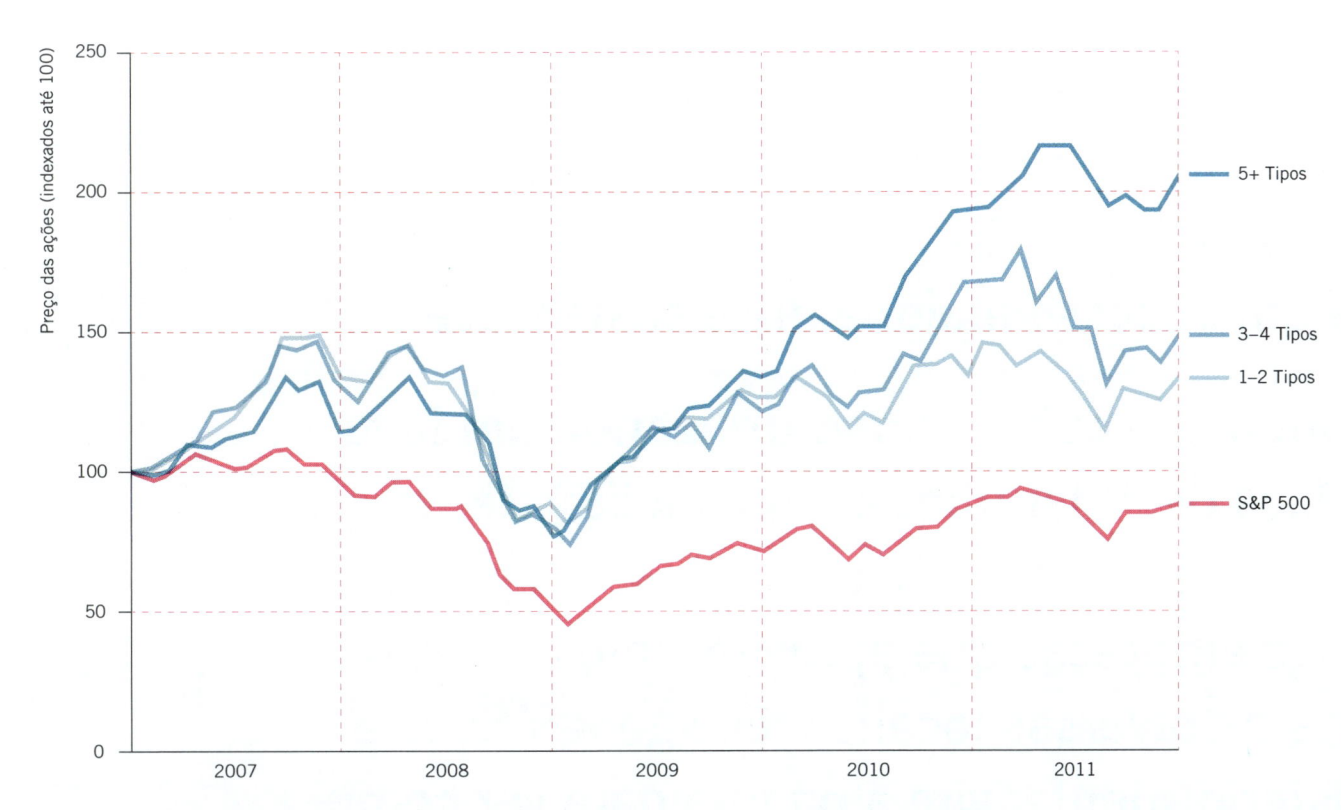

Preço das ações (indexados até 100)

5+ Tipos
3-4 Tipos
1-2 Tipos
S&P 500

Esse gráfico examina mais detalhadamente os melhores inovadores, empresas de capital aberto que utilizam um ou dois, três ou quatro e cinco ou mais tipos. Representamos o desempenho dessas empresas ao longo de cinco anos, em comparação com as empresas do S&P 500.

Obviamente, é impossível atribuir o desempenho especial dessas empresas apenas à inovação. Contudo, é razoável defender que a inovação contribui para o valor de uma empresa, inclusive para as expectativas futuras que os investidores valorizam.

Tendo analisado e utilizado o modelo 10 TI por mais de 15 anos, agora podemos generalizar com confiança: você deve olhar além dos produtos para inovar repetidamente e confiavelmente. Associando os vários tipos de inovação, você ficará mais seguro de que terá um sucesso maior e mais sustentável.

Veja uma forma de você praticar, utilizando um jogo que chamamos de "Identifique a Inovação". Tente identificar quais dos tipos são evidentes nos produtos e serviços das empresas que apresentamos a seguir, selecionadas de diversas localizações geográficas e setores. Posteriormente, vire a página para ver como decompomos cada uma.

IDENTIFICANDO A INOVAÇÃO
GINGER HOTELS

Ginger

Please Help Yourselves

A cadeia Ginger Hotels, subsidiária da Indian Hotels Company Limited, concentra-se no segmento de aproximadamente 34 milhões de indianos que viajam diariamente e não desejam pagar por um hotel de luxo. A Ginger foi desenvolvida segundo o conceito "*smart basics*" do finado consultor de estratégias C. K. Prahalad[3] e projetado especificamente para oferecer um tipo de serviço bastante distinto aos viajantes de negócios com orçamento restrito. Isso inclui reservas pela *Web* e um serviço *on-line* de "taxas móveis" que permite que os hóspedes verifiquem as melhores taxas disponíveis do dia.

A cadeia Ginger é dirigida aos viajantes de negócios que estão mais preocupados com preços acessíveis e comodidades fundamentais do que com luxo. De acordo com Kaushik Mukerjee, as propriedades da Ginger são construídas em uma área física bem menor do que a de muitos hotéis nessa categoria por visar a baixos custos operacionais por quarto.[4] Entretanto, os itens que de fato importam para os hóspedes do hotel estão incluídos, mas não os serviços supérfluos. "Máquinas de vender alimentos, quiosques de check-in, caixas eletrônicos, conectividade Wi-Fi etc. ajudaram a diminuir os custos de serviço e ao mesmo tempo a oferecer um bom valor para os clientes", afirmou Mukerjee. Outras comodidades, como lavanderia e alimentação, são terceirizadas com parceiros como Jyothy Fabricare e Café Coffeee Day, "o que aumenta a relação entre preço-desempenho", continuou Mukerjee. Os mecanismos de pagamento automático e *check-in* via *Web* ou o Sistema Central de Reserva diminuem o número de funcionários necessários no local; aqueles que se encontram no local são treinados para garantir que representem a marca eficazmente.

3 Consulte o livro pioneiro de Prahalad, *The Fortune at the Bottom of the Pyramid*, que continua sendo uma leitura influente para aqueles que desejam compreender melhor esse assunto.

4 *Innovation Holds the Key*, de Kaushik Mukerjee, foi publicado em *Indian Management*, setembro de 2009: **http://tentyp.es/Tas6qB**.

COMO ISSO FOI POSSÍVEL?
GINGER HOTELS

Inovando nas categorias de **"configuração"** e **"experiência"**, a Ginger voltou-se para um grupo demográfico anteriormente ignorado por grande parte do setor hoteleiro. Você conseguiu identificar todos os tipos de inovação em jogo?

Modelo de lucro	Rede	Estrutura	Processo	Desempenho de produto	Sistema de produto	Serviços	Canal	Marca	Envolvimento do cliente
	■	■		■		■		■	
CONFIGURAÇÃO					OFERTA		EXPERIÊNCIA		

REDE
As parcerias da Ginger Hotels com a Café Coffee Day permitiram que essa cadeia abrisse pontos de venda em suas dependências. Além disso, os hotéis utilizam o serviço de entrega de refeições de um restaurante local; os hóspedes podem ligar e fazer seus pedidos.

ESTRUTURA
De acordo com o artigo de Kaushik Mukerjee (consulte o *link* na página anterior), embora nos hotéis regulares a relação entre quarto e recursos humanos seja de 1:3, na Ginger essa relação é de 1:0,36. Para lidar com esse pequeno número de funcionários, a cadeia terceiriza serviços como gerenciamento das instalações, lavanderia, manutenção e serviços de entrega de alimentos e bebidas.

DESEMPENHO DE PRODUTO
Ao adotar a filosofia "*smart basics*", a Ginger seguiu a recomendação "extremidade inferior da pirâmide", do estrategista C. K. Prahalad, a fim de criar um hotel especialmente voltado para clientes que se preocupam com o preço.

SERVIÇO
As instalações de autoatendimento, como máquinas de vender e quiosques de *check-in*, estimularam os clientes a cuidar de si mesmos.

MARCA
A marca foi criada para representar simplicidade, em consonância com a ideia de hospedar-se em um lugar agradável por um preço razoável.

IDENTIFIQUE A INOVAÇÃO
DELL

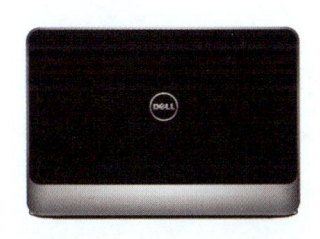

Um pequeno número de passos brilhantes em meados da década de 1990 transformaram a Dell na empresa favorita do setor de computadores pessoais e em uma heroína da comunidade de negócios como um todo. Mais especificamente, a Dell revolucionou o modelo de negócios do mundo dos PCs diminuindo de maneira sensível seus estoques e cobrando antes de o PC de um consumidor ser montado e enviado.

Para tornar esse modelo de negócio eficaz, a Dell voltou-se para as contas corporativas de longo prazo de clientes com padrões de compra previsíveis e baixos custos de serviço. Ela desenvolveu *sites* Intranet específicos para os clientes e direcionou seus produtos mais recentes a clientes que estavam comprando pela segunda vez e exigiam menor suporte técnico do que os novos e pagavam com cartão de crédito. Esse canal exigiu uma supervisão consideravelmente menor do que as lojas físicas.

As reuniões semanais sobre prazo de execução (*lead time*) permitiram que os altos executivos interpretassem a demanda e oferta e garantiram que não houvesse nenhum estoque não vendido. Ao mesmo tempo, as equipes de vendas podiam ver dinamicamente e a qualquer momento quais componentes de computador e configurações estavam disponíveis e passaram a seguir com um novo mantra interno que lhes dava autonomia: **"Venda o que você tem."**

Ao vender on-line e montar os PCs somente após os pedidos, a Dell diminuiu de forma considerável o "ciclo de conversão de caixa", estendendo o espaço entre o momento em que um cliente paga pelos produtos e o momento em que a Dell paga seus fornecedores. Essa iniciativa valeu a pena: no ano fiscal de 1994, as receitas da empresa totalizaram US$ 2,8 bilhões; no ano fiscal de 1998, esse valor saltou para US$ 12,3 bilhões.

COMO ISSO FOI POSSÍVEL?
DELL

A Dell fez amplas inovações na categoria **"configuração"** de nosso modelo, emparelhando essa categoria com algumas ideias originais em canal e serviços. Veja nossa análise sobre os tipos utilizados pela Dell. Você conseguiu identificar todos eles?

Modelo de lucro	Rede	Estrutura	Processo	Desempenho de produto	Sistema de Produto	Serviços	Canal	Marca	Envolvimento do cliente
CONFIGURAÇÃO				OFERTA		EXPERIÊNCIA			

MODELO DE LUCRO
O curto "ciclo de conversão de caixa" da Dell significava que a empresa recebia dos consumidores (e ganhava juros sobre esse valor) antes de ter de pagar os fornecedores. Essa ideia original diminuiu drasticamente suas necessidades de capital de giro e mudou a dinâmica do setor de computadores pessoais.

REDE
A Dell concentrou sua base de parcerias em menos de 100 fornecedores, que respondiam por 80% das compras. Os fatores mais importantes na escolha de fornecedores eram qualidade, atendimento e flexibilidade.

PROCESSO
A Dell compatibilizava a oferta e a demanda diariamente, semanalmente e mensalmente. Ao mesmo tempo, todo PC era montado de acordo com as especificações, o que também ajudou a empresa a não ficar presa a estoques não vendidos.

SERVIÇO
O serviço de atendimento ininterrupto por telefone e o suporte técnico foram utilizados na Dell antes de a maioria dos outros concorrentes do setor oferecê-los. Grande parte de seus serviços fundamentais eram altamente adaptados às principais conta corporativas — de modo que as grandes empresas pudessem contratar um novo funcionário e a Dell enviar a tecnologia necessária.

CANAL
Ao vender seus computadores *on-line* e não em lojas físicas, a Dell liberou o fluxo de caixa e eliminou intermediários. Além disso, a Dell desenvolveu *sites* intranet específicos aos clientes para ajudar seus clientes corporativos.

IDENTIFIQUE A INOVAÇÃO
FEDEX

Frederick W. Smith fundou a FedEx depois de perceber ineficiências nas rotas utilizadas pela maioria das transportadoras de frete aéreo, particularmente para remessas muito urgentes. Desejando resolver o problema, ele abriu a empresa em 1971. Em 17 de abril de 1973, a primeira noite da empresa de operação contínua, 14 aeronaves decolaram no aeroporto internacional de Memphis, para entregar 186 remessas em 24 h em 25 cidades dos EUA. A empresa não conseguiu obter lucro até julho de 1975, mas tornou-se a principal transportadora de mercadores de alta prioridade: as empresas e alguns clientes estavam dispostos a pagar preços especiais por entregas garantidas.

Desde então, a FedEx passou a ser sinônimo de entrega rápida de remessas. Os investimentos da empresa em processos e serviços incluem a criação de um sistema de computação centralizado conhecido como Customer Operations Service Master Online System (COSMOS), que monitora todas as fases do ciclo de entrega de encomendas e possibilita que os clientes rastreiem as remessas a qualquer momento.

A FedEx voltou-se inteligentemente para os clientes empresariais que procuravam confiabilidade. Eles podiam tirar proveito da frota de aeronaves de carga da empresa (a maior do mundo) para assegurar que as remessas chegassem ao devido local pontualmente e em bom estado. Ela desenvolveu também diferentes serviços para os funcionários (que utilizam *scanners* de mão para coletar informações detalhadas dos pacotes) e para os clientes (que podem rastrear *on-line* o andamento de suas encomendas). Recentemente, a empresa desenvolveu o SenseAware, um serviço que possibilita que as pessoas rastreiem informações, como temperatura, localização e exposição à luz, praticamente em tempo real.

COMO ISSO FOI POSSÍVEL?
FEDEX

A FedEx inovou de uma ponta a outra do modelo, incorporando vários tipos de inovação em todo o escopo de sua atividade. Desse modo, o serviço de entrega de encomendas conseguiu aproveitar a tecnologia de uma maneira que agilizasse seus serviços e melhorasse a qualidade do que ela oferecia aos clientes.

Modelo de lucro	Rede	Estrutura	Processo	Desempenho de produto	Sistema de produto	Serviços	Canal	Marca	Envolvimento do cliente
CONFIGURAÇÃO				**OFERTA**		**EXPERIÊNCIA**			

MODELO DE LUCRO
O fundador e diretor executivo da FedEx, Fred Smith, identificou a demanda pela entrega eficiente de remessas urgentes — apostando que os clientes estariam dispostos a pagar um preço especial pelo serviço.

PROCESSO
A FedEx foi precursora do primeiro serviço ao cliente automatizado em 1978 e continua a otimizar sua atividade global *just-in-time*. Os *scanners* de mão tornaram-se o padrão em 1986; o sistema de gerenciamento de remessas *on-line* foi introduzido em 1994.

DESEMPENHO DE PRODUTO
A FedEx percebeu quais ações dos clientes provocavam erros ou atrasos nas entregas. Ela traduziu esses dados na ênfase sobre a simplicidade, particularmente em relação a formulários, embalagens e interfaces *on-line* — para facilitar ao máximo a utilização desse serviço para os clientes.

SERVIÇO
A FedEx criou um serviço de rastreamento de ponta para possibilitar que os remetentes monitorem uma encomenda que "absolutamente, decididamente tem de estar lá amanhã!".[5] Nesse meio tempo, o sistema SenseAware utiliza um dispositivo multissensor com um aplicativo Web que permite que os clientes monitorem as encomendas praticamente em tempo real.

CANAL
No início de 2004, a FedEx adquiriu a Kinkos, Inc. Essa expansão ofereceu à FedEx uma quantidade maior de estabelecimentos aos quais os clientes podiam ir para preparar, embalar e fazer suas remessas.

---

4 A FedEx optou por investir intensamente em sua capacidade exclusiva depois que os executivos constataram que os call centers eram sempre assediados pelos clientes que desejavam saber onde suas encomendas estavam. Na maior parte do tempo, a entrega já havia sido feita — mas a encomenda estava presa em algum lugar da sala de recebimento de correspondências da empresa ou na recepção. Ao ajudar os clientes a rastrear suas encomendas por si sós, a FedEx economizou centenas de milhões de dólares por ano que, de outra forma, ela teria de gastar na ampliação de seus call centers.

IDENTIFIQUE A INOVAÇÃO
LEGO

Ole Kirk Kristiansen fundou o LEGO Group em 1932, cujo nome é a contração de duas palavras dinamarquesas, *"leg"* e *"godt"*, que, juntas, significam **"brinque bem"**. As peças de plástico icônicas foram patenteadas em 1958. Hoje, existem em torno de 4.200 elementos LEGO diferentes, disponíveis em 58 cores, com mais de 9.000 combinações possíveis. Em 2011, foram feitos mais de 36 bilhões de elementos.

Contudo, a marca LEGO não está mais relacionada apenas a peças. Em torno de quatro bilhões de "minifiguras" foram produzidas ao longo dos anos. E, a fim de competir com uma nova concorrência de produtos tecnológicos, como iPads e *videogames*, os executivos da empresa aderiram às licenças, firmando franquias populares como *Indiana Jones* e *O Senhor dos Anéis*. A LEGO não tem divulgado os pormenores de seu volume de vendas, mas o diretor executivo da empresa declarou em 2011 que as vendas das linhas de produto licenciadas, como *Guerra nas Estrelas* e *Harry Potter*, "superaram consideravelmente as expectativas".

Além disso, a empresa ampliou seus produtos para âmbitos mais sofisticados da LEGO direcionados a adultos — como versões elaboradas das obras icônicas de Frank Lloyd Wright, como *Fallingwater* ou o museu Guggenheim de Nova York. E também entrou no jogo tecnológico em si, com o lançamento de *kits* de montagem de robótica, vendidos sob a nova marca denominada LEGO MINDSTORMS, resultado de uma longa colaboração com engenheiros do laboratório de Mídia do MIT. Adicionalmente, o LEGO Group começou a lançar *videogames* e DVDs, alguns dos quais *best-sellers*. As apostas parecem ter valido a pena. Em 2011, as receitas do LEGO Group aumentaram em 17%, isto é, para 18.731 milhões de coroas dinamarquesas (US$ 3,13 bilhões).

DEZ TIPOS DE INOVAÇÃO

COMO ISSO FOI POSSÍVEL?
LEGO

Observe como o LEGO Group está concentrado no desenvolvimento de uma plataforma com seu próprio produto. Trabalhando com profissionais dos principais estúdios cinematográficos, os executivos foram imaginativos no sentido de pensar em alternativas para ampliar seu negócio para crianças e também para adultos.

Modelo de lucro	**Rede**	Estrutura	Processo	Desempenho de produto	**Sistema de produto**	Serviços	**Canal**	Marca	**Envolvimento do cliente**

CONFIGURAÇÃO — **OFERTA** — **EXPERIÊNCIA**

REDE
O LEGO Group criou acordos de licença com empresas cinematográficas importantes. Isso possibilitou a criação de conjuntos de brinquedos com personagens icônicos com base em franquias como *Guerra nas Estrelas* e *O Senhor dos Anéis*.

SISTEMA DE PRODUTO
As peças LEGO vendidas atualmente ainda podem ser encaixadas nos blocos de plástico originais patenteados e lançados pela primeira vez em 1958, que simbolizam um sistema de produto resistente e duradouro. Além disso, a empresa produziu uma linha especial de *kits* de montagem de robótica de alto preço vendidos sob a marca LEGO MINDSTORMS.

CANAL
A loja *on-line* do LEGO Group oferece conjuntos LEGO caros, como a versão de US$ 300 de Death Star de *Guerra nas Estrelas* ou uma versão LEGO de Villa Savoye, criada por Le Corbusier. Varejistas importantes, como Toys "R" Us e Target, oferecem a principal linha de brinquedos de montagem LEGO, ao passo que determinados itens exclusivos só são oferecidos nas lojas de varejo especiais da empresa e em outros canais dirigidos ao consumidor.

ENVOLVIMENTO DO CLIENTE
A LEGOLAND Billund foi aberta em 1968 e rapidamente se tornou a atração turística dinamarquesa mais popular fora de Copenhague. O sexto parque foi aberto na Malásia em 2012. Agora os parques pertencem e são operados pelo Merlin Entertainments Group, sob licença do LEGO Group.

IDENTIFIQUE A INOVAÇÃO
METHOD

Fundada em San Francisco em 2000, a Method foi uma criação de dois companheiros de quarto que se tornaram empreendedores. O especialista em marca Eric Ryan juntou-se ao ex-climatologista Adam Lowry para criar uma linha não tóxica de produtos naturais para limpeza doméstica. Os vários produtos oferecidos agora são vendidos em mais de 40.000 lojas de varejo no mundo inteiro, como Target, Whole Foods e Kroger. Em 2012, a empresa foi adquirida pela ecopioneira europeia Ecover para formar o que foi descrito como **"a maior empresa de produtos de limpeza ecológicos do mundo"**.

Com grande ênfase sobre **sustentabilidade** e **sensibilidade ambiental**, a vasta maioria dos frascos de produtos de limpeza da Method é feita com de plástico totalmente reciclável pós-consumo, ao passo que a empresa em si endossa o conceito Do Berço ao Berço (*Cradle to Cradle* — C2C); mais de 60 produtos da empresa são certificados com o selo C2C de aprovação de produtos favoráveis ao meio ambiente. Internamente, a Method pratica o que prega: ela compensa suas emissões de carbono, trabalha em um ambiente sustentável, certificado pelo sistema Liderança em Energia e *Design* Ambiental (*Leadership in Energy & Environmental Design — LEED*), e não testa seus produtos em animais.

A Method inovou também sua marca, criando uma empresa que representa uma ideia de limpeza prazerosa e não entediante. Além de favorável ao meio ambiente, suas embalagens foram concebidas com cores variadas e atraentes para ficarem expostas nas bancadas de cozinha, e a empresa tem um amplo séquito de blogs importantes de decoração e *design* residencial, bem como um *site* dirigido à comunidade, conhecido como People Against Dirty ("Pessoas Contra a Sujeira").

COMO ISSO FOI POSSÍVEL?
METHOD

A Method baseou-se no lado direito do modelo 10TI, realizando inovações de envolvimento do cliente e de marca para criar uma empresa inusitada e bem-humorada e ao mesmo tempo profundamente séria com relação a seus produtos. A seguir apresentamos a decomposição dos tipos de inovação utilizados.

Modelo de lucro	Rede	Estrutura	Processo	Desempenho de produto	Sistema de produto	Serviços	Canal	Marca	Envolvimento do cliente
		CONFIGURAÇÃO			**OFERTA**			**EXPERIÊNCIA**	

ESTRUTURA
A Method terceirizou a produção para mais de 50 subcontratantes distintos para desenvolver um processo de fabricação ágil e flexível.

PROCESSO
Em um processo denominado pela empresa de *greensourcing* (aquisição ecológica), a Method trabalhou com fornecedores e fabricantes para acompanhar o impacto ambiental da fabricação de seus produtos. Além disso, ela identificou as melhores práticas para melhorar a eficiência de água, energia e materiais utilizados em seus processos de fabricação.

DESEMPENHO DE PRODUTO
O produto da Method, além de matar germes e limpar fuligem e gordura, foi desenvolvido para evitar a utilização de substâncias químicas tóxicas ou práticas de produção destrutivas. A empresa aderiu ao "princípio de precaução", o que significa que, se houver possibilidade de um ingrediente não ser seguro, ela não o utiliza.

MARCA
Com sua embalagem brilhante e colorida imediatamente identificável (criada originalmente pelo *designer* industrial Karim Rashid), a Method construiu um grande séquito em *blogs* de decoração e *design* residencial e seus frascos podem ser reconhecidos imediatamente nas prateleiras.

ENVOLVIMENTO DO CLIENTE
A comunidade People Against Dirty da empresa ofereceu todos os privilégios e acordos usuais aos clientes e análises iniciais de novos produtos. Entretanto, também ampliou o apelo da marca convidando qualquer pessoa que esteja interessada em tornar o planeta mais limpo a se unir ao grupo. Essa tática está perfeitamente de acordo com a parte restante da promessa de marca da empresa e estende seu alcance a clientes em potencial.

PENSE GRANDE. SEJA MAIS OUSADO.

As empresas apoiam-se em inovações básicas e simples para melhorar continuamente seus produtos e serviços. O desafio é complementar esses avanços com inovações ousadas e transformacionais que abrem novos mercados e oferecem novas oportunidades de crescimento.

Procure sempre a estrutura mais ampla disponível para envolver tanto sua empresa quanto determinado desafio de inovação. Examine padrões e mudanças mais abrangentes em seu setor, entre clientes e usuários atuais e potenciais e na sociedade em geral para criar uma inovação que prevê mudanças e reações da concorrência.

Ao desenvolver e lançar seus conceitos de inovação, pense sobre o número mínimo de tipos de inovação que você precisará no lançamento para chamar atenção. Não há nenhum problema em acrescentar outros tipos com o passar do tempo se você não conseguir fazê-lo de uma vez. Concentre-se nos passos que você pode dar primeiro para obter sucesso desde o início. Examine quais tipos você precisará para concretizar esses passos e depois identifique como você poderá crescer e ampliar a inovação em questão.

PARTE TRÊS: EM RESUMO
OPERE DE UM EXTREMO A OUTRO

Lembre-se destas duas formas inteligentes de utilizar o modelo 10TI para se assegurar de que está extraindo o máximo dele.

1. **AS GRANDES INOVAÇÕES VÃO ALÉM DOS PRODUTOS**

   A inovação que se concentra no centro desse modelo é útil, mas não é suficiente para gerar um sucesso duradouro. Os novos produtos são relativamente fáceis de copiar, o que possibilita que os concorrentes o alcancem rapidamente. Isso se torna mais difícil quando você utiliza outros tipos de inovação — por exemplo, aqueles que estão dentro das categorias **"configuração"** ou **"experiência"**.

2. **INTEGRE VÁRIOS TIPOS PARA CRIAR AS INOVAÇÕES MAIS SÓLIDAS**

   É possível produzir inovações utilizando um ou dois tipos apenas. Contudo, segundo nossa experiência, as inovações que associam mais tipos não apenas são defensáveis, mas tendem a gerar melhores retornos. Se você pensar em como poderia acrescentar dois ou três tipos àqueles que você já está utilizando, isso abrirá novas possibilidades e fortalecerá seu conceito de inovação.

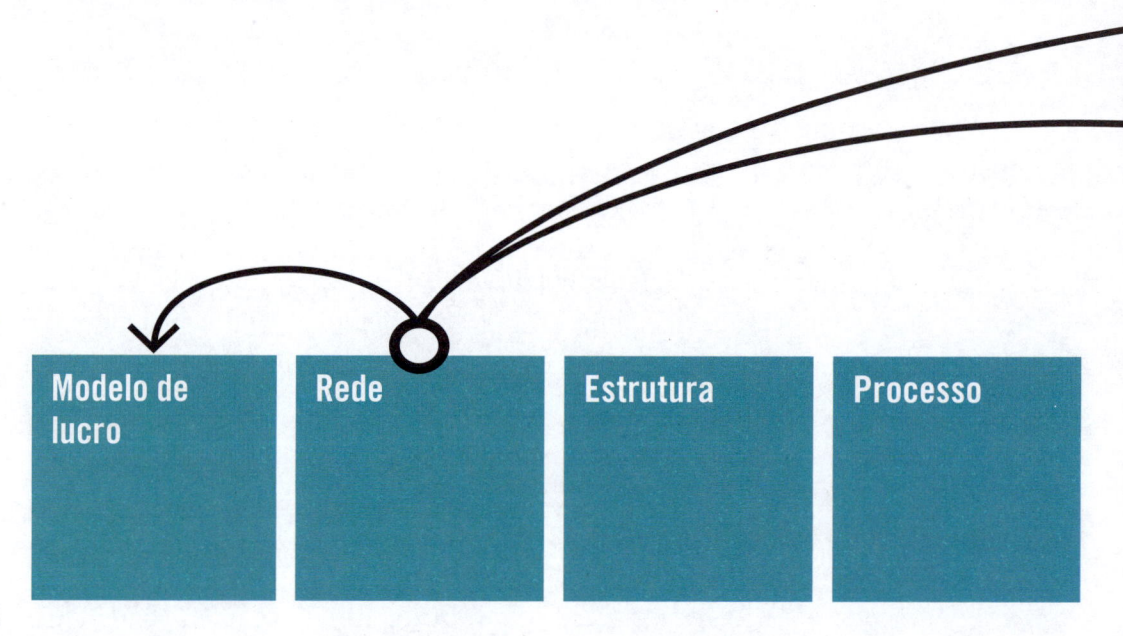

| Modelo de lucro | Rede | Estrutura | Processo |

PARTE TRÊS: EM RESUMO

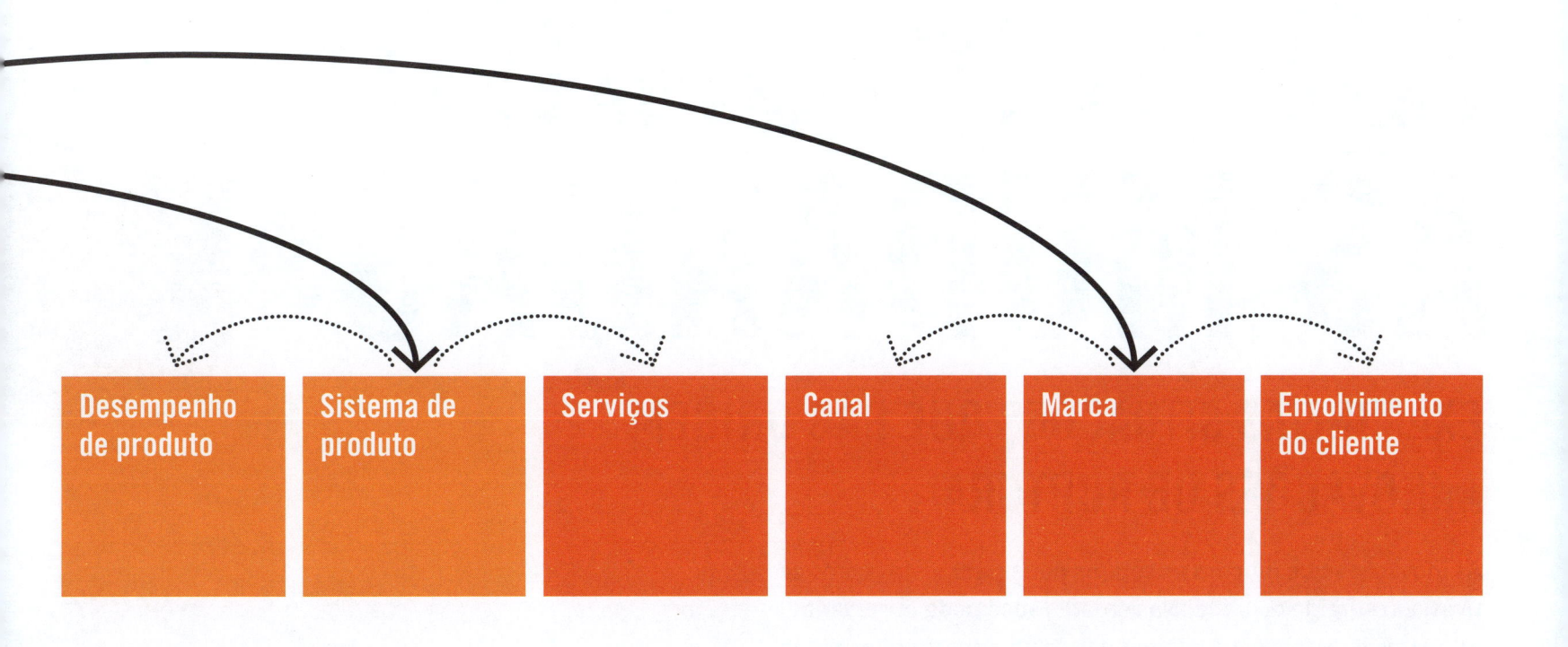

| Desempenho de produto | Sistema de produto | Serviços | Canal | Marca | Envolvimento do cliente |

PARTE QUATRO

IDENTIFICANDO AS MUDANÇAS

EXAMINE AS SITUAÇÕES QUE DÃO ORIGEM A INOVAÇÕES DE RUPTURA

As inovações que mudam os setores podem ser vistas como se tivessem surgido do nada. Na verdade, você pode observar os primeiros indícios que revelam quando grandes mudanças são essenciais — e em seguida tirar proveito delas.

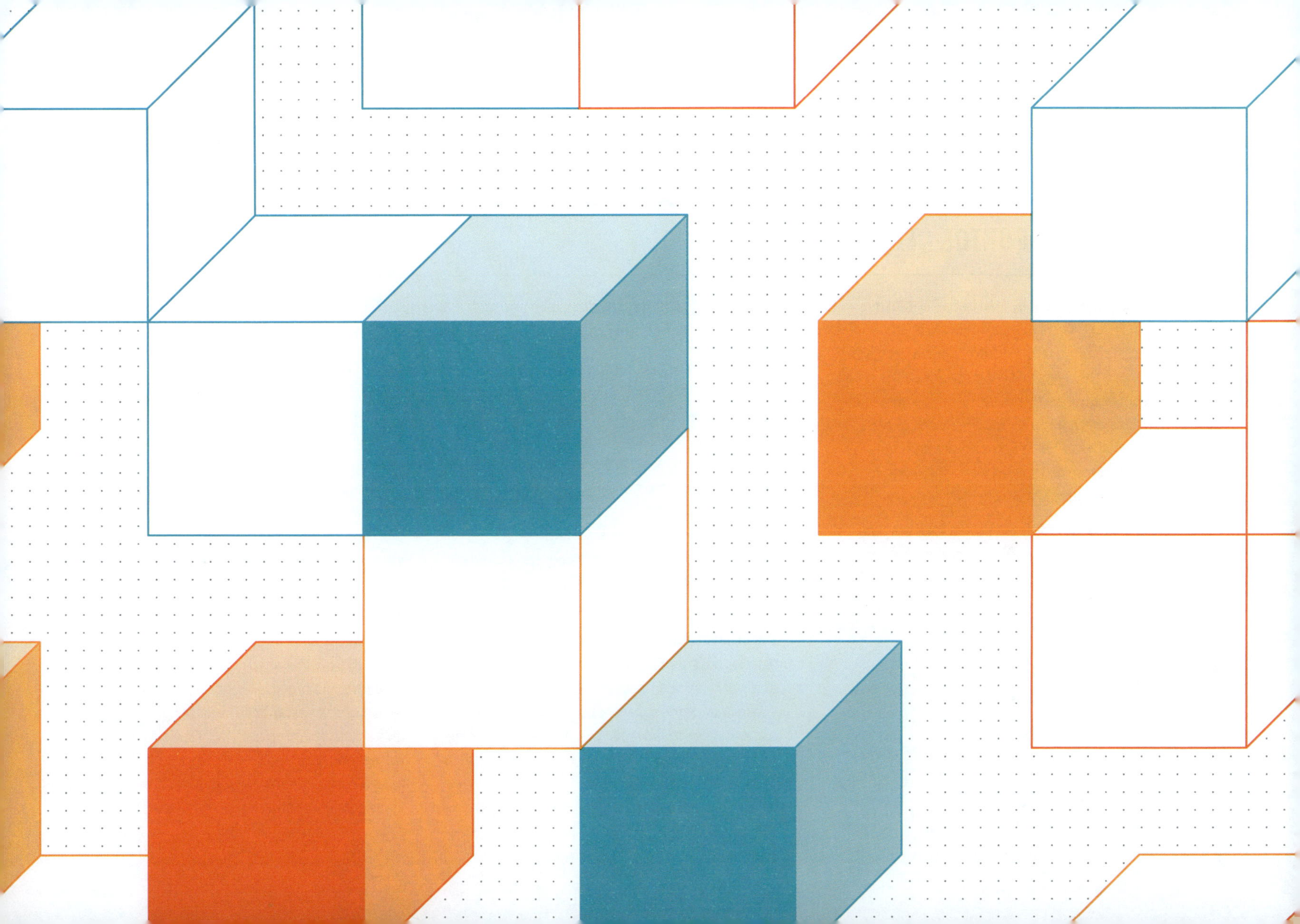

CAPÍTULO 15
CUIDADO COM AS LACUNAS
DESVENDE SEUS PONTOS CEGOS

A maioria das iniciativas de inovação fracassa. Mesmo quando as equipes se saem bem, a maior parte das empresas consegue encontrar uma forma de atrapalhar a execução. Não obstante os altos níveis de expectativas e as melhores intenções, com frequência os projetos simplesmente não conseguem decolar. Quando isso ocorre, todas as pessoas envolvidas normalmente se sentem constrangidas — e diante disso elas fazem de tudo para eliminar qualquer menção a essas iniciativas em seu currículo.

Para abordar a inovação como disciplina você precisa fazer o oposto. Quando um projeto fracassar, faça uma investigação sistemática: **"Por que ele não funcionou? Alguma parte dele foi bem-sucedida? O que devemos fazer de diferente na próxima vez?"**. E quando você constatar um sucesso? Não presuma que ele se deve totalmente ao seu brilho pessoal. É provável que fatores externos também tenham contribuído para isso.

Lembre-se igualmente de que seu sucesso no passado influencia a forma como você aborda o futuro. Se você examinar claramente seus projetos anteriores, conseguirá identificar seus padrões de inovação. Ter consciência sobre o que você faz e como faz é um passo fundamental para ganhar domínio da inovação enquanto disciplina.

Veja algumas orientações úteis para utilizar o modelo 10TI diagnosticamente e certificar-se de que sua organização não está perdendo possíveis oportunidades.

NEM TUDO É INOVAÇÃO
O modelo 10TI cobre uma variedade de negócios. Por isso, é provável que você esteja fazendo **algo** em muitos deles. Contudo, lembre-se de que esse "algo" não é necessariamente inovação; pode ser uma melhoria incremental; pode ser simplesmente sua atividade cotidiana. Seja preciso e classifique todas as atividades de acordo com a seguinte escala: nenhuma atividade; atividade copiada de um concorrente; atividade de diferenciação. Para as nossas finalidades, apenas a última conta.

É NECESSÁRIO REALIZAR ANÁLISE DE PLATAFORMA
Analise programas distintos e integrados. Tentar analisar toda a corporação não faz sentido e não é favorável. Por isso, em vez de tentar identificar a abordagem de inovação global da Apple, pense no iTunes. Em vez de examinar o Google como um todo, concentre-se no Google Search ou Google Docs. Você aprenderá mais se examinar apenas a estratégia do Mini Cooper do que conseguiria se examinasse todo o grupo BMW.

PENSE EM RELAÇÃO AO SEU SETOR
Amarre sua análise ao panorama da concorrência. Você precisa saber qual é sua posição nesse cenário, e lembre-se de que inovação consiste simplesmente no que você está fazendo de diferente. (E se há anos você estiver defasado em relação aos pioneiros do mercado? Parabéns por alcançá-los, mas isso não lhe trará nenhuma vantagem significativa.) O que está em questão é o que criará um novo valor genuíno.

AS ANÁLISES PRECISAM SER NIVELADAS
Tente não utilizar diferentes períodos em sua análise. Uma inovação que foi introduzida há algum tempo provavelmente não contará mais, em especial se o restante do setor já tiver conseguido alcançá-la ou ultrapassá-la. Naturalmente, é necessário fazer uma exceção se uma inovação antiga continuar oferecendo uma diferenciação ou vantagem competitiva genuína, mas isso é raro.

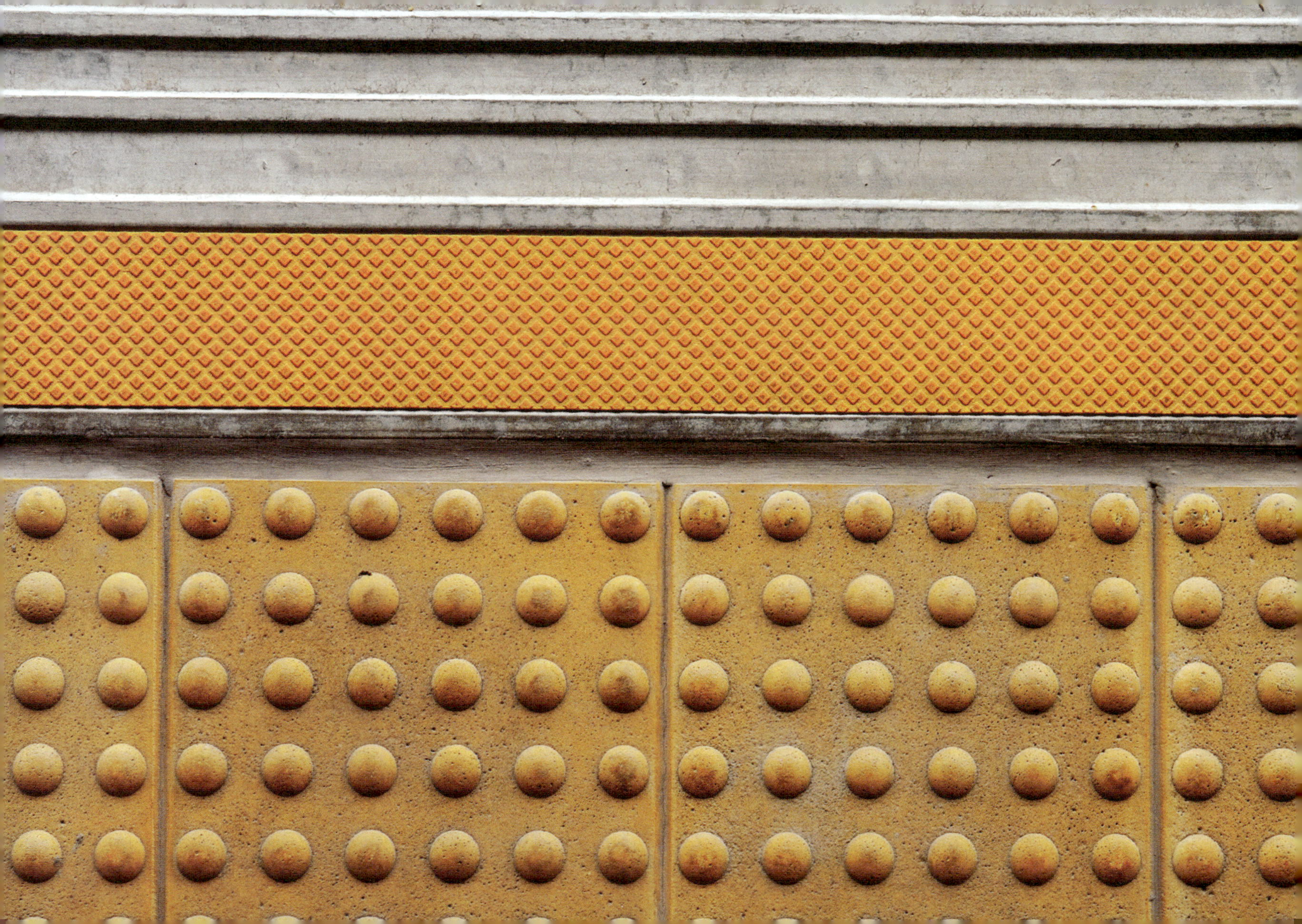

APRENDA COM O PASSADO

Utilizamos o modelo 10TI em inúmeras situações e setores diferentes. Normalmente, os usuários desse modelo conseguem ter um momento de descoberta logo no início, quando percebem o quanto ele é útil para explicar sucessos e fracassos. Se você o utilizar para examinar o que deu certo ou errado, conseguirá revelar a lacuna entre o que você está fazendo no presente e o que deve fazer no futuro. Os empresários geralmente descobrem que o modelo 10TI pode ajudá-los diretamente em iniciativas de inovação individuais, e essa estrutura pode reformular ou influenciar totalmente sua mentalidade a respeito dos negócios.

Pense sobre um projeto de inovação recente. Onde você pode ter acrescentado favoravelmente determinados tipos de inovação?

Que aspecto têm os padrões de suas inovações bem-sucedidas? Que aspecto têm os padrões de suas inovações malsucedidas?

Quais tipos de inovação você utiliza regularmente em sua organização? Como você poderia introduzir alguns dos outros tipos?

Veja uma análise ilustrativa na qual uma empresa examinou profundamente 12 de suas diferentes linhas de produto. Os projetos eram avaliados de acordo com o fato de terem não coberto os custos de investimento e depois eram organizados para que os executivos pudessem examinar os padrões. Sendo honestos e precisos quanto aos projetos que de fato haviam sido bem-sucedidos (e aqueles que foram malsucedidos), eles conseguiam ver claramente para onde estavam dirigindo sua atenção. Observe que é perfeitamente possível se sair bem mesmo utilizando apenas alguns tipos; é mais provável que você tenha êxito se associar tipos de diferentes categorias.

ANÁLISE INTERNA DOS DEZ TIPOS

Iniciativas bem-sucedidas	Modelo de lucro	Rede	Estrutura	Processo	Desempenho de produto	Sistema de produto	Serviços	Canal	Marca	Envolvimento do cliente
Aegean					■					
Mau		■	■	■	■	■				
Lynxpoint		■		■	■	■			■	
Bombay		■					■	■	■	■
Rex	■	■		■	■	■		■	■	■
Chartreux	■	■		■	■	■			■	■

Iniciativas malsucedidas	Modelo de lucro	Rede	Estrutura	Processo	Desempenho de produto	Sistema de produto	Serviços	Canal	Marca	Envolvimento do cliente
Javanese				■	■					
Highlander				■	■					
Manx				■	■					
Napoleon			■		■					
Savannah		■	■	■	■					
Bobtail		■		■	■			■		

Os produtos e serviços que incorporavam vários tipos do modelo foram confiavelmente mais bem-sucedidos. As iniciativas malsucedidas utilizaram tipos que estavam mais próximos do centro dessa estrutura. Embora a empresa pudesse atribuir a si mesma o mérito de ter experimentado associações mais ousadas entre os tipos, ela não os distribuiu amplamente. Ainda que o modelo 10TI não seja uma garantia de sucesso, a experiência nos demonstra que uma distribuição de maior alcance dos tipos de inovação é uma aposta inteligente.

CAPÍTULO 16
CONTESTE AS CONVENÇÕES
OBSERVE O QUE OS CONCORRENTES ESTÃO ENFATIZANDO — E EM SEGUIDA FAÇA OPÇÕES DIFERENTES

"Tanto a Redbox quanto a Netflix nem mesmo são preocupantes em termos de concorrência." — Jim Keyes, diretor executivo, da Blockbuster, 2008

Ninguém pode esperar que se faça tudo certo o tempo todo. E não é justo pegar no pé de quem faz previsões. Afinal, previsões com frequência não acertam o alvo ou no mínimo interpretam mal os detalhes. Além disso, grande parte das previsões pode se revelar incompleta se você as testar em um futuro muito distante. Contudo, o número de coisas extraordinárias apregoadas como inovação ou *insight* (lampejo) é espantoso. Em 2011, apenas três anos após essa citação do diretor executivo da Blockbuster, a empresa, então falida, foi vendida para a DISH Network por cerca de US$ 320 milhões.

Mas eis a questão. A Blockbuster não imaginou que não estivesse percebendo o cenário geral.[1] Ao contrário, nessa mesma entrevista, o diretor executivo delineou uma ousada estratégia para obter sucesso, o objetivo central era se tornar uma varejista de mídia de massa. Entretanto, ele ainda estava tentando descobrir como levar as pessoas para suas lojas quando, na verdade, essas pessoas estavam cada vez mais se recusando a sair do sofá para comprar **qualquer coisa que fosse**. A Blockbuster deixou escapar um momento decisivo que os novos concorrentes perceberam e estavam mais comprometidos em agarrar.

Os setores estão infestados de crenças desarticuladas sobre como as coisas são feitas. Com o tempo, as boas práticas podem endurecer e se transformar em camadas ossificadas de comportamentos automáticos.

Geralmente, o que poderia ser melhor para os clientes reais é negligenciado em virtude da ânsia por lidar com comportamentos familiares. Com o tempo, isso oferece uma grande oportunidade para um inovador surgir e atender os clientes de uma maneira nova e melhor. Uma habilidade fundamental na inovação eficaz é identificar e, em seguida, contestar sistematicamente essas ortodoxias.

O conhecimento convencional defende que a **inovação de ruptura** tende a surgir daqueles que não se curvam diante do que ocorreu no passado. Ter um novo olhar e a mente limpa com certeza pode ajudar na identificação de uma oportunidade ignorada repetidamente pelos outros. Se você já estiver estabelecido no mercado, poderá até esperar uma ruptura inevitável — ou reformular sua visão a respeito de sua área e compreender profundamente os padrões de inovação associados. Utilize seu conhecimento íntimo sobre seu setor em prol de você mesmo; escolha tendências e padrões que deseja estimular e aqueles aos quais precisa reagir com urgência. Procure oportunidades para inovar de maneira diferente dos concorrentes atuais e novos; fazer uma coisa enquanto os outros estão fazendo outra. É assim que os líderes moldam o futuro de sua área — contornam as ondas e geram ondas próprias.

Nas páginas a seguir, examine um dos nossos métodos favoritos para analisar e visualizar quantas inovações ocorrem em determinado setor.

---

1 "Os DVDs são uma geleira em fusão", acrescentou Keyes em uma entrevista a Rick Aristotle Munarriz, da *Motley Fool*. "Sim, estão derretendo, mas esse degelo é lento." http://tentyp.es/135t08i.

A IMPORTÂNCIA DA ANÁLISE DE INOVAÇÕES SETORIAIS

As técnicas analíticas clássicas — como SWOT (*strengths, weaknesses, opportunities and threats* ou pontos fortes, pontos fracos, oportunidades e ameaças) ou Cinco Forças de Michael Porter — podem ajudar a criar um quadro amplo de um setor, segmento ou empresa. Elas podem evidenciar novas áreas de investimento possíveis e delinear as fronteiras existentes em um setor. A identificação desses limites é um ponto de partida fundamental para a inovação: é aí que coisas novas e valiosas normalmente escondem.

Embora praticamente todos saibam como empregar as técnicas clássicas, poucas pessoas sabem que é possível analisar os padrões de inovação com o mesmo rigor. Mais especificamente, você pode avaliar e visualizar onde os outros estão investindo recursos — para que assim possa fazer escolhas mais fundamentadas sobre em que deve apostar. Depois você pode dobrar sua aposta em um padrão existente ou talvez encontrar uma oportunidade para inovar em uma nova direção.

As dimensões de qualquer análise sobre inovações setoriais são fáceis de denominar, mas explorá-las e decifrá-las exige um estudo cuidadoso e um trabalho árduo. Você precisa compreender o que é importante para os clientes; ter percepção do que é possível realizar hoje e no futuro próximo; e analisar a economia — tanto em relação aos concorrentes predominantes quanto em relação aos que estão na margem. Em seguida, tente compreender como essas dimensões estão mudando com o passar do tempo, em que ritmo e como outros concorrentes estão reagindo. Quando você conseguir desemaranhar os padrões de inovação com essa profundidade de análise, conseguirá mirar com precisão o que vem em seguida.

Utilize o modelo 10 TI como um filtro de diagnóstico para enquadrar sua análise. Como você verá em seguida, uma análise de dados detalhada pode revelar o volume e os padrões de investimento setoriais ao longo do tempo na várias categorias desse modelo — para que ele se torne uma fonte de *insights* penetrantes.

COMO REALIZAR UMA ANÁLISE DE INOVAÇÕES SETORIAIS

❶

DEFINA SUAS FRONTEIRAS
Entenda claramente quais setores ou categorias você deseja incluir em sua análise (e quais estão fora do escopo). Lembre-se de incluir quaisquer empresas interessantes que já estejam atendendo aos respectivos clientes de uma nova forma — mesmo que elas não se enquadrem na definição tradicional de concorrente em seu setor.

❷

SEJA PRECISO COM RELAÇÃO AO QUE VOCÊ QUER DIZER COM "INOVAÇÃO"
Os termos que você emprega em sua pesquisa influenciarão os resultados. Por isso, compreenda claramente qual é sua definição de inovação. Utilize os nomes empregados no modelo 10TI (e os termos relacionados — como "parceiros", complementarmente a "rede") para que de fato capte uma ampla estrutura de inovação.

❸

EXAMINE VÁRIAS FONTES
Reúna uma lista diversa de recursos. Jornais, revistas, periódicos, artigos acadêmicos, relatórios de análise e dados extraídos das mídias sociais são contribuições úteis. Procure ampliar seu escopo ao máximo para minimizar os pontos cegos. Por exemplo, as teses de mestrado não publicadas de escolas de pós-graduação globais são surpreendentemente úteis.

❹

VISUALIZE E AVALIE OS RESULTADOS
Quando estiver realizando a análise, terá grande quantidade de informações. Existem diferentes alternativas para abordá-las. Uma das melhores é a visualização, que tornará a dinâmica do que você está tentando identificar mais fácil de ver e mais reveladora. Muitas vezes evidenciamos os padrões por meio de gráficos topográficos (veja mais adiante) ou mapas de calor. O objetivo é ver onde os investimentos em inovação estão concentrados — e identificar **áreas de omissão** que merecem ser exploradas.

❺

IDENTIFIQUE AS PRINCIPAIS FORÇAS DE MUDANÇA
Com essa análise em mãos, tenha em mente também os amplos impulsionadores de mudança que estão influenciando atualmente a sociedade em geral ou seus clientes em particular. Que fatores tecnológicos se aplicam? Como os sociólogos gostam de afirmar, "a demografia é o destino". Portanto, até que ponto sua base de clientes tende a mudar? A reflexão sobre essas dinâmicas pode ajudá-lo a compreender como seu setor pode mudar a curto e a longo prazo.

❻

SEJA VISIONÁRIO
Observe o ano mais recente de sua análise para revelar possíveis áreas de oportunidade em seu setor. O que as pessoas estão enfocando atualmente? Quais áreas estão sendo completamente ignoradas? Isso ajuda a informar onde você deve investir no presente para permanecer relevante e a identificar temas de inovação futuros que lhe possibilitem mudar totalmente o jogo.

ANÁLISE DE INOVAÇÕES SETORIAIS
DISPOSITIVOS DE COMUNICAÇÃO E DE MÍDIA 1994–2004

As análises das grandes inovações são **visuais**. Elas mostram mudanças ocorridas ao longo do tempo nas ações cumulativas, independentes e descoordenadas de centenas de empresas, produtos e serviços. Nós as chamamos de **panoramas de inovação**, e invariavelmente elas revelam profundas percepções sobre os padrões de inovação existentes.

O panorama de inovação desta seção faz um levantamento que cobre 11 anos de dados a respeito do setor de comunicações móveis, representando-o em um ponto interessante de sua evolução. Os celulares, pagers e palmtops estavam se tornando predominantes em 1994, e as empresas estão se apressando para desenvolver tecnologias e atender à demanda emergente. A princípio, a maioria desses dispositivos tinha uma única utilidade, embora telefones mais sofisticados e multifuncionais tenham começado a surgir ao longo dessa década.

O design tornou-se um fator durante esse período, visto que os produtos, antes grandes e pretos, tornaram-se leves e elegantes. O uso também evoluiu, na medida em que os celulares deixaram de ser um produto apenas para usos emergenciais e tornaram-se também símbolo de *status*. O desenvolvimento dos telefones com câmera e de dispositivos de jogo portáteis atraiu o público mais jovem, aumentando ainda mais a demanda e prenunciando uma época em que até mesmo as crianças pequenas teriam habilidade para usar esses dispositivos.

O panorama competitivo era acirrado, e concorrentes como a Motorola rivalizavam-se contra concorrentes globais como Nokia e Research in Motion. Start-ups de tecnologia como a Palm também estavam inclinadas a entrar em ação e novos avanços, como o Bluetooth da Ericsson, foram introduzidos. Além disso, os concorrentes tecnológicos periféricos estavam nitidamente interessados no mercado, embora ainda estivessem formulando uma estratégia vitoriosa.

1. REDE
Ao longo dessa década, os dispositivos pessoais tornaram-se mais integrados na vida diária e profissional dos consumidores. Por isso, os fabricantes e os fornecedores de conteúdo e serviços precisaram descobrir como poderiam atender às novas necessidades dos usuários. A atividade constante nesse âmbito reflete novas parcerias formadas com a finalidade de se sobressair no mercado.

2. DESEMPENHO DE PRODUTO
Lançada em 1996, a linha de celulares *StarTac* da Motorola foi pioneira em sua época. Entretanto, os fabricantes europeus, encabeçados pela Nokia, lançaram modelos digitais que usurpariam a posição de analógicos da Motorola em menos de dois anos. As empresas que rapidamente se tornaram bem-sucedidas, como a Palm, estavam de fato causando sensação. Como de costume, grande parte da atividade de inovação nesse setor ocorreu na categoria de desempenho de produto.

3. SISTEMA DE PRODUTO
Em 2003, finalmente os fabricantes começaram a apreciar o valor de possuir uma plataforma com base na qual outras empresas pudessem construir seus negócios. Isso era apenas o princípio, mas um princípio de novos sistemas que floresceriam dali em diante.

4. ENVOLVIMENTO DO CLIENTE
Embora ainda fossem o sustentáculo dos guerreiros de estrada, os telefones começaram a atrair igualmente um público mais genérico, visto que os consumidores passaram a utilizar os dispositivos para se conectar com redes sociais e obter surtos diários de **"infoentretenimento"**. Essa foi uma tendência importante que ganhou ascensão à medida que 2005 se aproximava.

CONTESTE AS CONVENÇÕES

COMO LER ESTE GRÁFICO

Essa imagem mostra a atividade de inovação decomposta de acordo com o modelo 10TI e representada em uma gráfico topográfico. O tempo transcorre no lado esquerdo e o corte pontilhado sempre revela os padrões de inovação do ano mais recente. Os picos representam os espaços nos quais os inovadores estão concentrados; os vales indicam os espaços com investimentos mínimos.

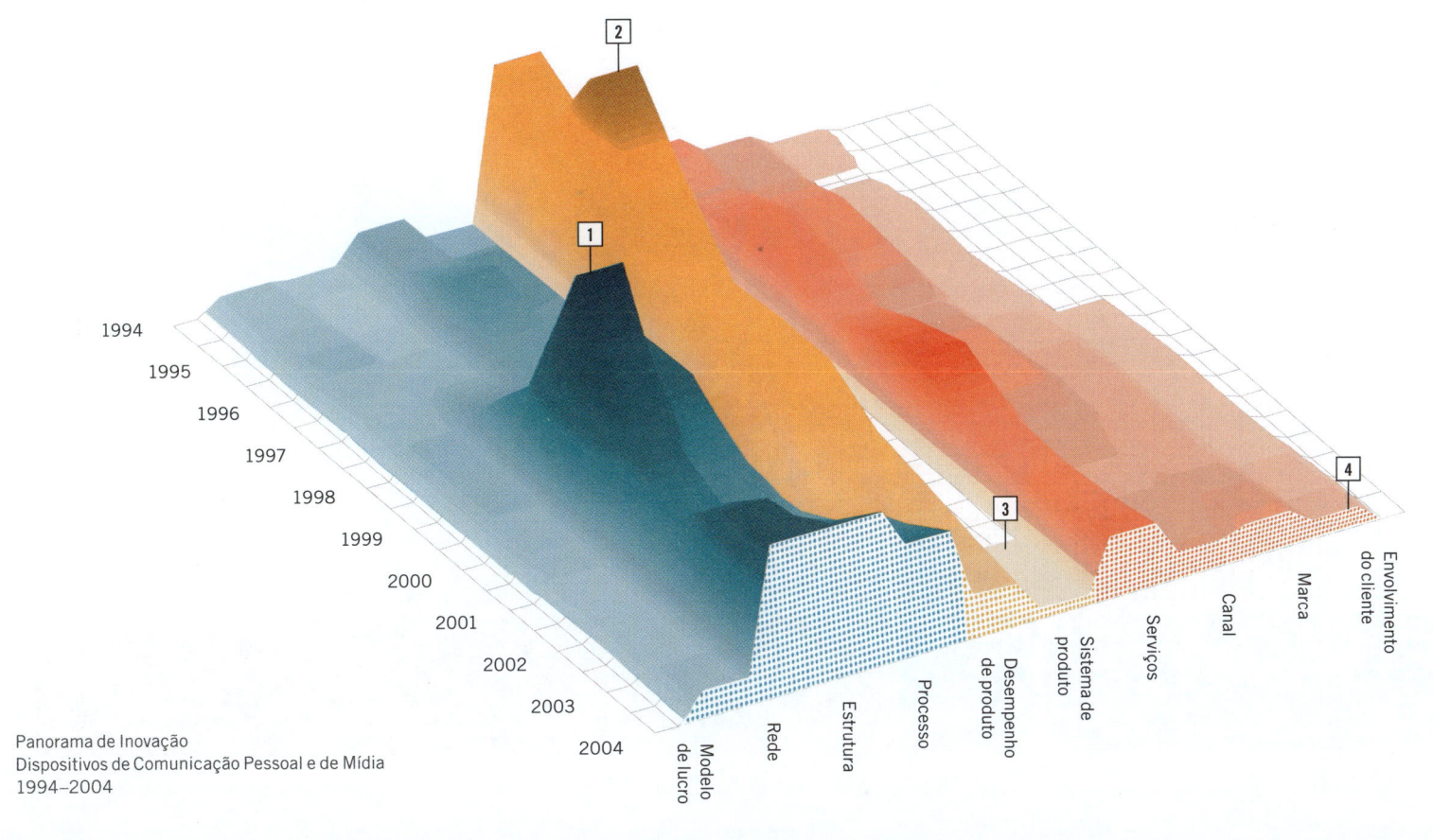

Panorama de Inovação
Dispositivos de Comunicação Pessoal e de Mídia
1994–2004

DISPOSITIVOS DE COMUNICAÇÃO PESSOAL E DE MÍDIA
ONDE ESTAVAM AS OPORTUNIDADES E OS PONTOS CEGOS?

Apresentamos aqui um corte transversal da atividade de inovação em dispositivos de comunicação pessoal e de mídia em 2004, como uma análise sobre o que os padrões revelaram. O primeiro fator ao qual você deve prestar atenção são os **vales**, e não os **picos**. Eles mostram o ponto em que um setor inteiro está ignorando a possibilidade de inovação. Sempre que você vir esses vales, até mesmo uma pequena iniciativa pode obter um extraordinário retorno sobre o investimento.

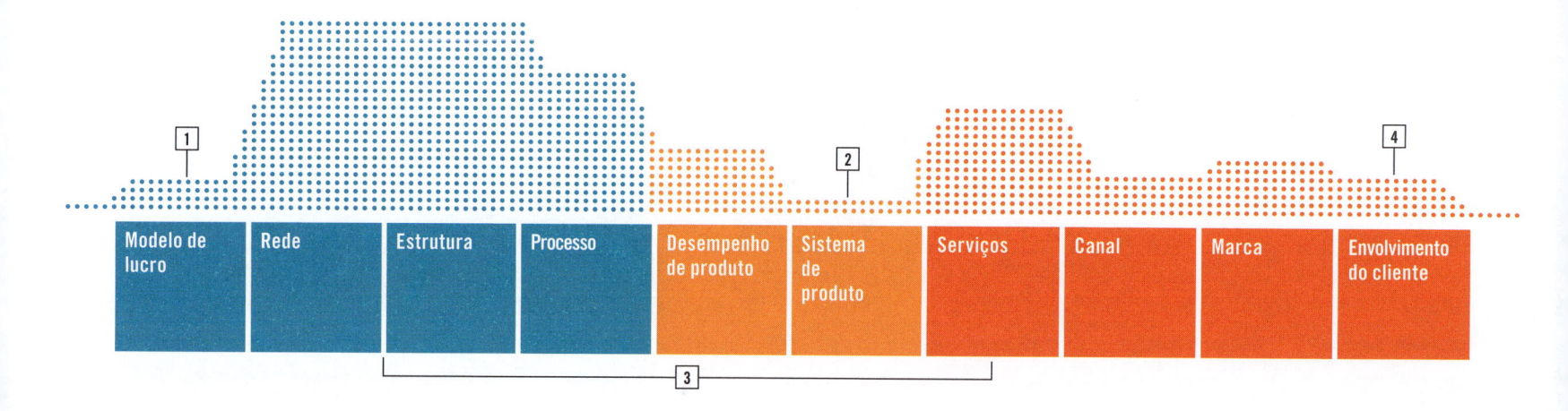

| Modelo de lucro | Rede | Estrutura | Processo | Desempenho de produto | Sistema de produto | Serviços | Canal | Marca | Envolvimento do cliente |

1. SUBINVESTIMENTO EM INOVAÇÃO DE MODELO DE LUCRO

O modelo de lucro do setor era pequeno e uniforme, o que significa que não havia muitas experimentações nessa categoria. Em poucas palavras, o setor havia se estabilizado em torno da oferta de telefones "gratuitos" desde que os clientes assinassem um contrato de longo prazo.

2. OPORTUNIDADES PARA PLATAFORMAS INTERSETORIAIS

As atividades de plataforma eram visivelmente inexistentes. Até mesmo em 2004, o setor de conteúdo digital era relativamente imaturo. Uma plataforma sofisticada que pudesse integrar diferentes tipos de mídia poderia criar uma oportunidade nova e genuinamente revolucionária.

3. ÁREAS DE FOCO HIPERCOMPETITIVO

Em 2004, a vasta maioria dos investimentos no setor girava em torno de "rede" e "estrutura" — basicamente uma guerra travada por vários provedores de serviços para conectar o mundo e tornar sua própria rede de celulares superior e por fabricantes que desejaram criar dispositivos compatíveis e tecnologia de infraestrutura. Separadamente, diferentes provedores de serviços lutavam para criar pontos de venda no varejo — com frequência por meio de franquias —, a fim de exibir os telefones e oferecer um lugar para os clientes assinarem contratos. Embora nada disso fosse particularmente aprazível, era o princípio predominante de concorrência na época.

4. NECESSIDADE DE INOVAÇÃO DE ENVOLVIMENTO DO CLIENTE

A marca e particularmente o envolvimento do cliente ainda não eram o foco da atividade de inovação. Não há praticamente nenhuma dúvida sobre isso porque as empresas que a essa época davam as ordens no setor eram os provedores de serviços, e eles estavam bem mais preocupados em construir uma infraestrutura do que em nutrir seu relacionamento com os clientes. O que era típico nessa época: os provedores de serviços insistiam em incluir uma câmera nos telefones para que os consumidores pudessem receber e enviar mais fotos — e, desse modo, utilizar maior largura de banda de rede e pagar tarifas mais altas.

Obviamente, a compreensão tardia é perfeita, e todos os setores melhoram com o passar do tempo. Contudo, essas constatações, se tivessem sido percebidas na época, teriam revelado que os clientes gostavam, mas não eram apaixonados por seus celulares e que o modelo de negócios e serviços predominante do setor estava criando clientes mal-humorados, e não clientes leais. Desde então, algumas das principais empresas já estabelecidas tropeçaram feio e não se adaptaram a um novo ambiente em que os ecossistemas de plataforma e o compromisso centrado no cliente são fundamentais. Aliás, o momentum de forma geral mudou dos provedores de serviços para novas guerras entre dispositivos para smartphone — uma disputa na qual o *iOS* da Apple e o *Android* do Google saem bem à frente e a Microsoft e a Nokia correm para alcançar.

ANÁLISE DE INOVAÇÕES SETORIAIS
PRODUTOS FARMACÊUTICOS
2000–2010

Em 2000, tudo era mais simples para as companhias farmacêuticas. Seus modelos de negócio resistiram durante anos. Os investimentos em inovação focavam o desempenho de produto — descobrir ou sintetizar moléculas que oferecessem resultados clínicos comprovados. Os representantes de vendas promoviam os produtos e tratavam diretamente com os médicos. Entretanto, na TV, a propaganda direta estava convencendo os consumidores de que a insônia, a calvície, a síndrome das pernas cansadas ou a disfunção erétil mereciam uma visita urgente a esses mesmos médicos.

Isso mudou. O modelo dos medicamentos campeões de venda tornou-se caro e trabalhoso porque era difícil encontrar moléculas funcionais que não apresentassem efeitos colaterais perigosos. Os sintomas de doença grave passaram a ser amplamente disputados porque empresas importantes copiavam medicamentos lucrativos, mudando-os apenas o suficiente para evitar patentes.

Outros avanços tecnológicos permitiram que médicos e pacientes compartilhassem e analisassem dados on-line. Nos EUA, apenas 29% dos médicos utilizavam sistemas de prontuário eletrônicos em 2006; esse número disparou para 50% em 2010.

A tecnologia oferecia ferramentas para suplantar ou substituir os dados que antes eram protegidos com cautela pelas empresas farmacêuticas. Com mais informações on-line, os médicos ficaram menos dispostos a permitir que os representantes anunciassem seus produtos pessoalmente. Em 2010, somente 27% dos médicos consideravam as principais empresas biofarmacêuticas uma fonte confiável de informações.

Ao mesmo tempo, os custos ascendentes de saúde também deslocaram a influência sobre os médicos para a influência sobre aqueles que de fato pagavam pelo tratamento. Quem pagava era mais propenso a avaliar os produtos em termos econômicos e isso impulsionou o uso de medicamentos genéricos. Na verdade, algumas das empresas farmacêuticas mais inovadoras ajudaram especificamente a acelerar a mudança para medicamentos genéricos mais acessíveis à medida que as patentes expiravam, de país a país. Em 2010, 78% das receitas prescritas nos EUA foram de genéricos — uma mudança difícil para os grandes, visto que as empresas maiores estavam habituadas aos lucros descomunais deduzidos de moléculas patenteadas.

1. REDE Ao longo desse período, surgiram inúmeras parcerias novas de variadas formas. A Pfizer juntou-se à Boehringer Ingelheim para criar um canal de informações para quem sofria de doenças pulmonares obstrutivas crônicas. Na Holanda, a Amgen aliou-se à Medizorg Services para oferecer um programa de apoio aos pacientes que tomavam determinados medicamentos. E muitas empresas farmacêuticas investiram em *start-ups* biofarmacêuticas para na verdade comprar "opções" em inovações futuras que supostamente seriam as grandes favorecidas.

2. DESEMPENHO DE PRODUTO Durante anos esse foi a base da estratégia de inovação da maioria das empresas farmacêuticas, com grande atenção ao desenvolvimento de moléculas funcionais que pudessem ser promovidas como medicamentos campeões de venda. Porém, como muitas moléculas pouco distintas foram disponibilizadas para as mesmas doenças, os executivos precisaram descobrir uma forma de produzir medicamentos eficazes bem mais baratos. Por isso eles deslocaram a atenção para a inovação de processo para ver como poderiam tornar-se mais eficientes e eficazes.

3. CANAL Note o investimento razoavelmente constante em inovação de canal. Isso reflete a mudança do setor entre modelo anterior, que se apoiava na comunicação face a face entre representantes, para a criação de canais alternativos que oferecessem uma interface digital para os médicos (ou estudantes de medicina) e até para os próprios pacientes. Um dos vários exemplos é o *MS-Gateway* da Bayer, um portal global para pacientes com esclerose múltipla e seus cuidadores.

CONTESTE AS CONVENÇÕES

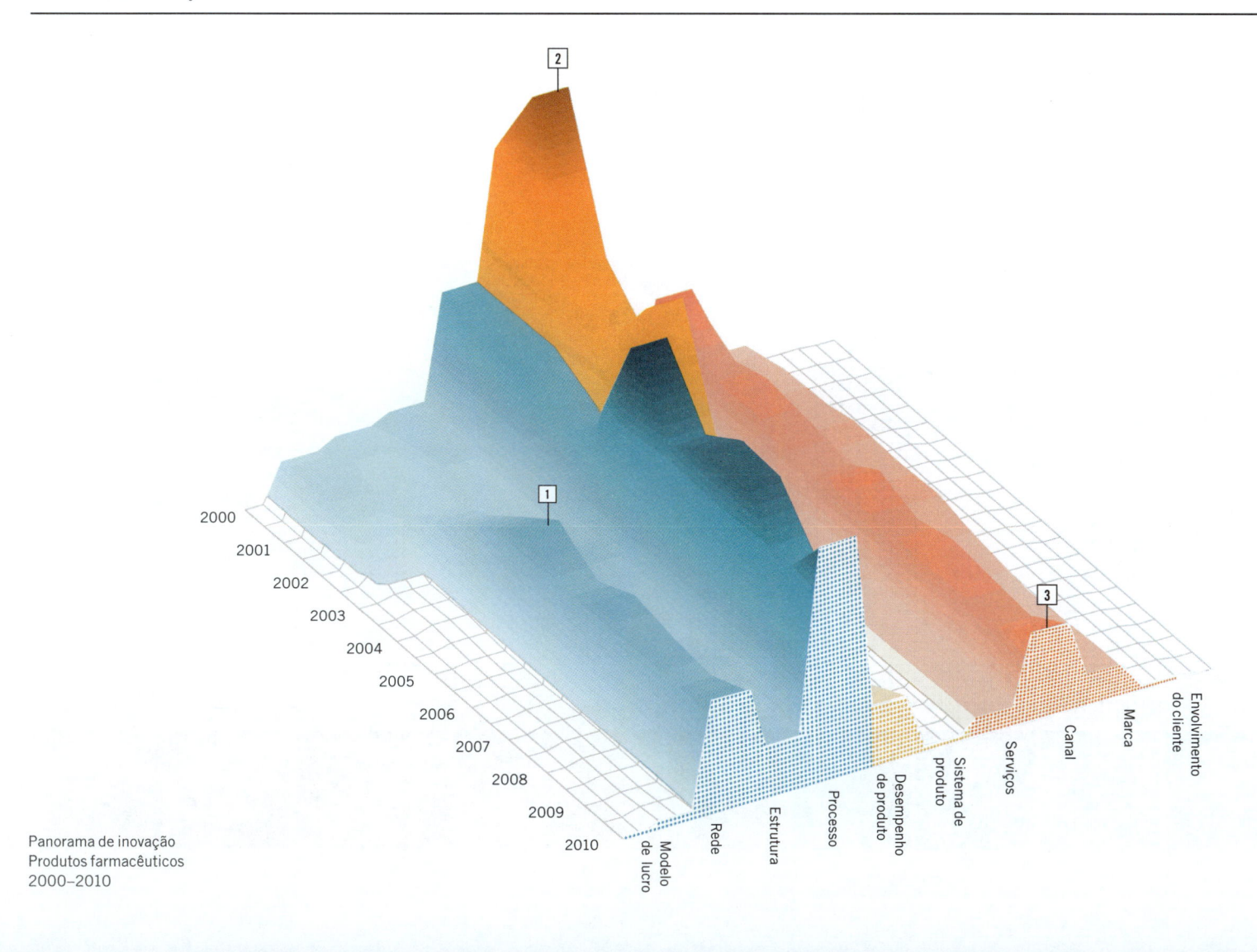

Panorama de inovação
Produtos farmacêuticos
2000–2010

PRODUTOS FARMACÊUTICOS
ONDE ESTAVAM AS OPORTUNIDADES E OS PONTOS CEGOS?

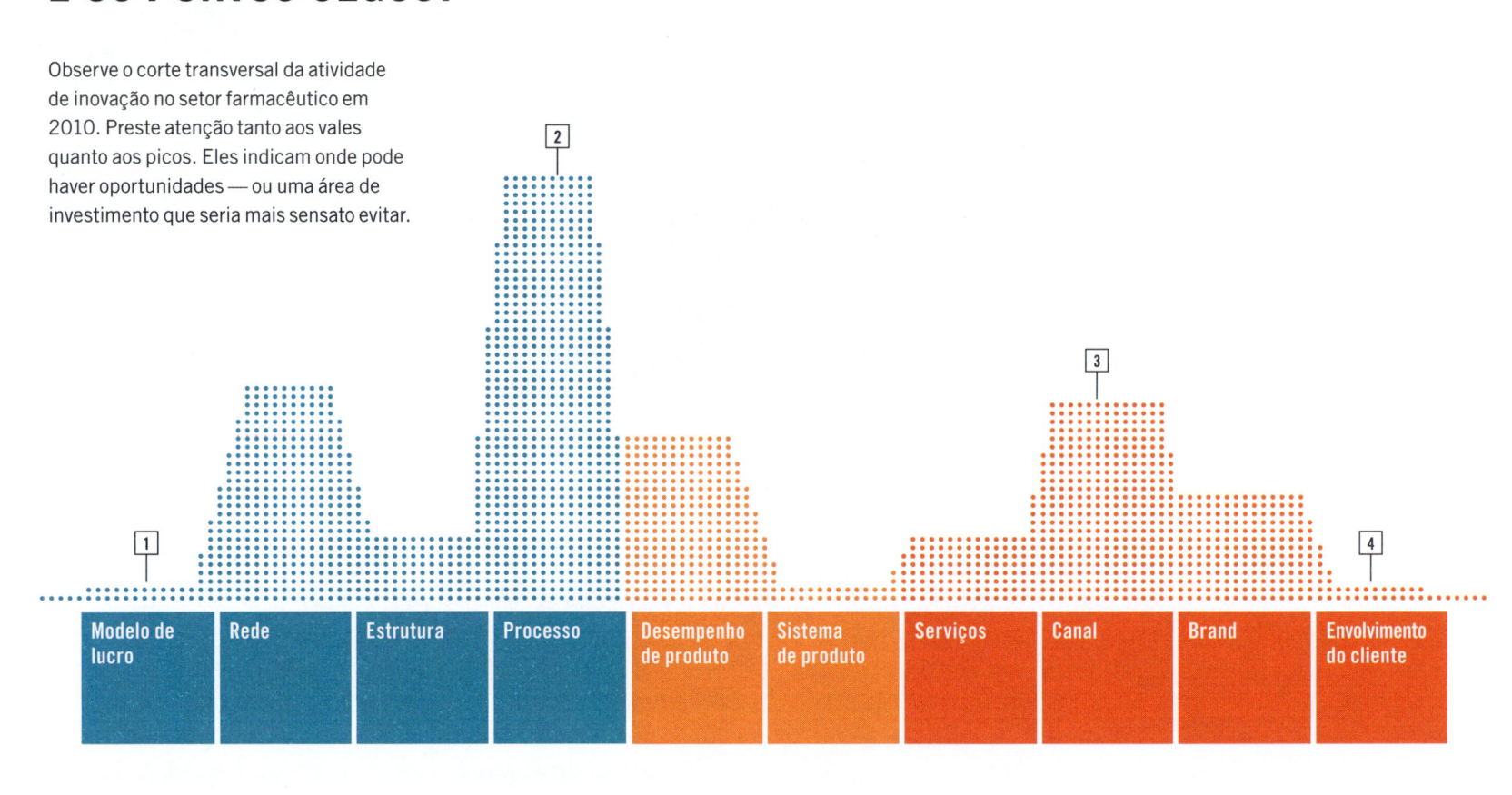

Observe o corte transversal da atividade de inovação no setor farmacêutico em 2010. Preste atenção tanto aos vales quanto aos picos. Eles indicam onde pode haver oportunidades — ou uma área de investimento que seria mais sensato evitar.

| Modelo de lucro | Rede | Estrutura | Processo | Desempenho de produto | Sistema de produto | Serviços | Canal | Brand | Envolvimento do cliente |

1. OPORTUNIDADES ÓBVIAS PARA INOVAÇÕES DE MODELO DE LUCRO

A falta de inovação de modelo de lucro ofereceu uma grande oportunidade para quem estava pensando em criar novas formas de abordar o sistema de saúde. Em 2010, uma das principais questões focava em como mudar de um modelo de "pagamento por serviços" a um modelo de "pagamento por valor", já que as pessoas haviam constatado que seria mais sensato pagar os médicos pelos resultados do que pelo número de exames solicitados.

2. À MEDIDA QUE O DESEMPENHO DE PRODUTO DIMINUI, O PROCESSO AUMENTA

As pressões dos custos e o maior ônus da prova para lançar medicamentos em áreas terapêuticas saturadas exigiram que as empresas farmacêuticas mudassem dos avanços em desempenho de produto para o desenvolvimento de outras inovações de processo, tudo isso para encontrar alternativas mais baratas e mais rápidas para a fabricação de novos medicamentos.

3. CONSTRUINDO NOVOS CANAIS VIRTUAIS

Detailing (detalhamento) é o termo empregado no setor quando um representante de vendas visita um médico. Em vista dos novos avanços tecnológicos, em 2010 vários dos principais participantes desse setor estavam pensando em novas alternativas para lidar com essas demandas *on-line* ou virtuais — utilizando um processo conhecido como *"e-detailing"*. De modo semelhante, o *"e-prescribing"* (prescrição eletrônica de medicamentos) significava que os médicos poderiam enviar receitas eletronicamente a um farmacêutico.

4. PASSANDO DO *SHARE OF VOICE* (COMPARTILHAMENTO DE VOZ) PARA UM ENVOLVIMENTO GENUÍNO

Antigamente, as empresas farmacêuticas não precisavam se preocupar em oferecer uma ótima experiência para o cliente. Na verdade, elas simplesmente tinham de se preocupar em informar os médicos sobre a eficácia dos medicamentos e os riscos e advertências correspondentes. Como as fontes de informações sobre saúde tornaram-se abundantes, essas empresas poderiam ter realizado uma mudança no sentido de criar experiências mais adequadas e mais envolventes no compartilhamento dessas informações.

Esse quadro panorâmico da inovação farmacêutica mostra claramente que o modelo histórico dos medicamentos campeões de venda derivado de pesquisas básicas e ensaios clínicos havia chegado ao fim. As empresas farmacêuticas estavam procurando ansiosamente novas respostas, inclusive uma ênfase sobre a inovação de processo para identificar alternativas originais e desenvolver novas fórmulas. O que a maioria das empresas não percebeu na época foi a oportunidade de oferecer uma experiência melhor aos clientes médicos. Essa era uma tendência emergente em 2010, mas havia espaço para experimentação. De modo semelhante, quando as empresas constataram que era difícil concorrer com os genéricos, elas começaram a experimentar ideias de inovação em torno do tratamento em si — uma ideia atraente para as entidades que pagam pelos planos de saúde, para as seguradoras e também para os pacientes.

REENQUADRANDO SEU SETOR

O arquiteto e *designer* finlandês Eliel Saarinen afirmou: "Sempre conceba alguma coisa pensando nela em um contexto mais amplo — uma cadeira em uma sala, uma sala em uma casa, uma casa em um ambiente, um ambiente em uma planta urbana." Considerar o contexto mais amplo de seu setor pode ajudá-lo a ver oportunidades que seus concorrentes não perceberão; pode ajudá-lo a compreender como seus produtos e serviços enquadram-se na vida dos clientes — e como você pode desempenhar um papel mais amplo ou simplesmente melhor para eles. Sempre olhe para lugares e áreas bem mais distantes e menos óbvias do que seus concorrentes para visualizar ideias que você pode tomar emprestadas de contextos totalmente diferentes e utilizá-las de forma favorável em sua própria empresa. Reúna tudo isso por meio de uma análise honesta sobre como você pode inovar internamente e verá que existe uma oportunidade razoável de suas iniciativas de inovação serem grandes, ousadas e dignas de nota.

Espreitar um setor através da janela de outro pode ser extremamente eficaz. O segredo é descobrir como inovar de uma maneira que surpreenda e confunda os concorrentes e, ao mesmo tempo, fascina os clientes. Veja algumas perguntas úteis a fazer:

O que está mudando?
Quem está impulsionando a inovação em seu setor? Você sempre se vê correndo para alcançar a concorrência? Você sente que sempre precisa reagir aos novos lançamentos de outras empresas? Até que ponto você é capaz de mudar essa dinâmica e outras forças para jogar de acordo com suas própria regras e realizar uma mudança?

Onde estão as lacunas?
Onde se encontram os espaços abertos nos quais ninguém está experimentando? Quais tipos de inovação seus concorrentes estão ignorando — e como você poderia utilizá-los a seu favor? Quais áreas você normalmente ignorou? Como você poderia mudar isso?

Como podemos contestar o *status quo***?**
Os setores são acossados por pontos de vista a respeito de "como as coisas funcionam". Talvez você não consiga mudar isso do dia para a noite — mas ter consciência disso é um ótimo ponto de partida para fazer as coisas de maneira diferente.

Como podemos aprender com os outros?
Busque inspiração em todos os setores. Como você poderia fazer o modelo de outras empresas funcionar a seu favor? Extrair ideias de outros espaços — e aplicá-las de uma maneira nova e interessante pode incrementar enormemente sua atividade de inovação e transformar seu próprio setor.

Onde estão nossas próprias lacunas?
Perceba claramente quais tipos de inovação você está utilizando regularmente e produtivamente. Em seguida, identifique aqueles que você não está utilizando com tanta frequência. Até que ponto a incorporação de novos tipos em seu repertório muda sua forma de atuar?

Esquerda: Átrio do Henry Ford West Bloomfield Hospital.
Abaixo: A cozinha de demonstração na prática.

Imagine-se em um hospital. Quais são as imagens que lhe vêm à mente? Bipes de aparelhos eletrônicos, talvez? Pisos estridentes e camas frias de metal? Uma coisa que provavelmente você não pensaria seria um hotel. Porém, os executivos hospitalares do Henry Ford West Bloomfield Hospital de 191 leitos em Michigan procuraram inspiração contratando um ex-vice-presidente do Ritz-Carlton como diretor executivo para ajudar o hospital a trazer ideias de outro setor e reorganizar seu próprio setor.

Por exemplo, eles pegaram uma página do manual de estratégia do setor hoteleiro e pensaram em um serviço especial, oferecendo comidas saudáveis aos pacientes e visitantes. Uma cozinha de demonstração ajuda os pacientes a obter informações sobre nutrição ou sobre como controlar seu estado clínico com necessidades de dieta específicas, como o diabetes. Uma estufa montada nas instalações do hospital e administrada por um agricultor residente abastece a cozinha de produtos orgânicos.

Em 2011, o hospital gerou milhões de dólares realizando eventos e oferecendo serviços de bufê para empresas e grupos da comunidade.[1]

Além disso, os executivos tomaram emprestadas algumas ideias de inovação de processo e estrutura da atividade hoteleira: as salas de cirurgia foram remodeladas para que ficassem idênticas. Essa modularidade ajuda o pessoal de limpeza dos hotéis a serem eficientes; em um hospital, diminui a possibilidade de a equipe cirúrgica cometer algum erro sério. A iluminação das salas de cirurgia também foram otimizadas; o que conforta um hóspede de hotel pode auxiliar na recuperação de um paciente. Todos os materiais utilizados no interior do hospital foram projetados para serem fáceis de limpar e desinfetar, um fator fundamental em ambos os setores.

1. Consulte *Why It's Logical to Go Radical*, de Bill Taylor, *Management Innovation Exchange*, 27 de fevereiro de 2011: http://tentyp.es/VSJGNi.

CAPÍTULO 17
RECONHECIMENTO DE PADRÕES

OBSERVE COMO OS SETORES E MERCADOS MUDAM — E APRENDA COM AQUELES QUE PERCEBERAM OS SINAIS E REAGIRAM

Dois tipos de mudança afetam a inovação. O que vemos na maioria das vezes é uma evolução incansável dentro dos setores que exige e impulsiona melhorias contínuas. As mudanças nos microchips viabilizam a inclusão de mais funcionalidades e tornam os dispositivos mais viáveis do ponto de vista financeiro. Nossos carros, eletrodomésticos e smartphones obtêm regularmente novos recursos e capacidades; os sabões tornam o branco mais branco; os setores de serviços tornam-se mais receptivos e centrados nos clientes. Em poucas palavras, as coisas melhoraram à medida que os pesquisadores de mercado descobrem o que as pessoas necessitam e os engenheiros e *designers* fazem suas mágicas. Pense nisso como **melhorar** ou **aprimorar o conhecido**. Isso nunca tem fim.[1]

Ah, mas de vez em quando os setores mudam fundamentalmente. Isso é mais difícil de identificar, bem mais ambíguo e imensamente mais valioso compreender com precisão. Muitas vezes é necessário ter um tipo de coragem especial para lidar com esse tipo de mudança — embora os bons métodos possam amenizar os riscos dos desafios e eliminar a nebulosidade quando estamos tentando olhar com cuidado através dela para imaginar futuras alternativas. Chamamos esse processo de **inventar o novo**, e nossa principal afirmação é de que essa forma de inovação especialmente valiosa e historicamente rara está se tornando mais fácil de realizar e mais confiável.

A seguir, desconstruiremos algumas empresas, áreas e momentos em que os líderes que enfrentavam situações competitivas difíceis foram capazes de olhar para elas com os olhos semicerrados para enxergar diferentes possibilidades. Em vista da maior conectividade do presente, melhor acesso a recursos e capital e normas geopolíticas e demográficas variáveis, essas rupturas hoje são frequentes e atingem muitos setores. Por isso, você precisa detectar e abordar esses padrões por motivos de ofensiva e defesa.

Selecionamos um conjunto diverso de histórias para avaliar e detalhar. Sem exceção, elas integraram vários tipos de inovação para criar produtos e serviços sofisticados que eram nitidamente diferentes das opções dos concorrentes na época.

---

1 Isso é o que Clayton Christensen chamou de **"inovação de sustentação"** em seu influente livro **The Innovator's Dilemma**, publicado em 1997. Seu argumento básico era que as empresas bem administradas, que respondem aos seus clientes mais exigentes, tendem a melhorar extremamente o que é conhecido e a atender sistematicamente mal às necessidades emergentes de outros clientes — em particular daqueles que exigem funcionalidades menos sofisticadas.

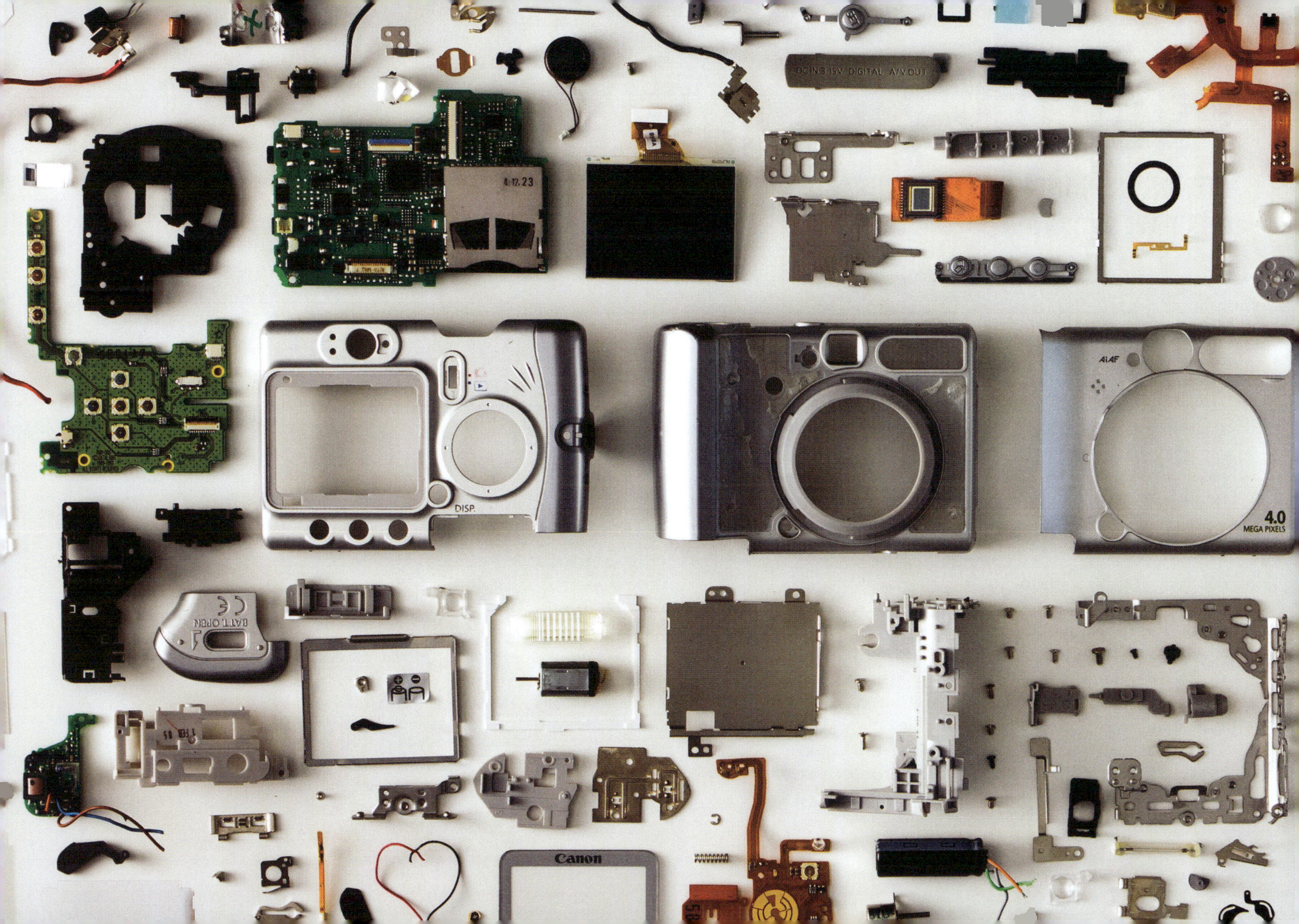
DISP.
AiAF
4.0
MEGA PIXELS
Canon

PROCTER & GAMBLE
ATENDE ÀS PRINCIPAIS PREOCUPAÇÕES DOS PAIS RECENTES

As fraldas descartáveis não eram comuns na China na década de 1990. Muitas mães ainda adotavam os costumes tradicionais, inclusive o uso de "*kaidangkus*" — calças com abertura no fundilho para que as crianças pudessem fazer suas necessidades facilmente a qualquer hora e lugar. O pensamento convencional das mães chinesas nessa época era de que as fraldas descartáveis faziam mal para o bebê. Além disso, essas alternativas eram bem mais caras do que as fraldas de pano reutilizáveis. Por isso, embora algumas empresas tenham pensado que lançar versões mais baratas de produtos ocidentais bem-sucedidos em mercados globais era uma aposta segura, isso se revelou uma ideia ruim na China.[2]

Quando as empresas constataram que seus supostos clientes não estavam comprando, elas reagiram de várias maneiras sedutoramente diferentes. Por exemplo, pelo menos uma delas enfatizou a inovação de **desempenho de produto**. Os executivos de uma multinacional conduziram uma extensa pesquisa de campo para descobrir como as fraldas funcionavam no mundo real. Eles incentivaram os engenheiros de *design* a criar um produto à prova de vazamento. Direcionados ao segmento superior do mercado, as fraldas ainda eram relativamente caras e sua estratégia de *marketing* procurava tornar produto atraente para os pais mais afluentes da sociedade. Era uma abordagem ousada, mas sua ênfase sobre o *design* não conseguiu surtir efeito.

Com sua linha de produtos *Pampers*, a Procter & Gamble (P&G) seguiu uma direção diferente. Tal como Mya Frazier relatou no *Moneywatch*, da CBS, sua equipe também saiu a campo, visitando em torno 6.800 domicílios em oito cidades da China. Contudo, eles se concentraram menos em como as fraldas funcionavam e mais em tentar descobrir como poderiam satisfazer mais as famílias. As constatações decorrentes desse processo ajudaram a equipe a reenquadrar o problema e a implementar tipos de inovação que se encontram nas extremidades do modelo 10TI.

Por exemplo, tal como o relato de Frazier demonstrou, a equipe identificou uma vantagem real no uso de fraldas descartáveis. As pesquisas da P&G mostraram que os bebês dormiam mais rapidamente quando estavam usando fraldas *Pampers* em comparação a fraldas de pano — e também dormiam por mais tempo. A equipe desviou o foco da discussão sobre o desempenho do produto para abordar os benefícios mais amplos do uso do produto — como aqueles que atendiam a uma preocupação fundamental dos pais recentes.

Para dar credibilidade às suas alegações, a equipe colaborou com o Centro de Pesquisa do Sono num hospital infantil de Pequim para desenvolver um programa para monitorar os padrões de

---

2 *How P&G Brought the Diaper Revolution to China*, de Mya Frazier para o *Moneywatch*, da CBS, 7 de janeiro de 2010: http://tentyp.es/R6eM4a.

3 Detalhes sobre a pesquisa e as iniciativas de *marketing* da P&G encontram-se no artigo de Sheila Shayon, *Bottoms Up: Pampers Takes on China*, Brandchannel, 28 de abril de 2010: http://tentyp.es/SJVCSR.

4   Porter Novelli apresenta constatações interessantes sobre o desenvolvimento da campanha de marketing terceirizada Golden Sleep: http://tentyp.es/ UuKnkM.

5   Detalhes sobre essa estratégia de modelo de lucro — e seu impacto — estão incluídos no artigo Household Paper Giants Clean Up Act, de Liu Jie, China Daily: http://tentyp.es/QZkOII.

6   Para obter outras estatísticas sobre o mercado, consulte o relatório Nappies/ Diapers/Pants in China, agosto de 2012, Euromonitor: http:// tentyp.es/ Rb9GVc.

sono dos bebês.[3] Posteriormente, em um exemplo de inovação de **rede**, a equipe alavancou essa pesquisa para tranquilizar os pais interessados de que as fraldas descartáveis eram tanto seguras quanto saudáveis e que o sono mais prolongado permitiria um melhor desenvolvimento dos bebês. A campanha, lançada em 2008, foi chamada de Golden Sleep ("Sono de Ouro") e incluiu também terceirização em massa, visto que as mães recentes foram envolvidas e incentivadas a fazer upload em um site exclusivo de fotografias

> **As pesquisas da P&G demonstraram que os bebês dormem mais rapidamente quando vestem fraldas Pampers em contraposição às fraldas de pano — e também dormem por mais tempo. A equipe abordou os amplos benefícios do produto da empresa — aqueles que atendem às principais preocupações dos pais recentes.**

de seu bebê dormindo.[4] Em Xangai, foi feita uma fotomontagem de 105.793 imagens em uma loja de varejo parceira da P&G; a campanha atraiu mais de 100.000 novos membros para o clube da Pampers.

A P&G inovou também o **modelo de lucro**, determinando o preço das fraldas Pampers em três patamares para atrair pais de todos os níveis de renda e possibilitar que eles mudassem de padrão à medida que sua situação financeira melhorasse.[5] Basicamente, a equipe procurou compreender os problemas em voga no mercado chinês e adaptou sua estratégia e inovação para que se enquadrasse.

A utilização de diferentes tipos de inovação valeu a pena. Em 2008, a Associação Nacional do Setor de Papel de Uso Doméstico da China estimou que a P&G havia ganhado 31,3% do mercado de fraldas da China com sua marca Pampers.[6]

AMERICAN GIRL

ASSOCIA HISTÓRIA COM UMA NOVA GERAÇÃO DE GAROTAS (E COM AS RESPECTIVAS MÃES)

Para o Natal de 1985, Pleasant T. Rowland queria comprar bonecas para as suas duas queridas sobrinhas. Para seu espanto, ela descobriu que as duas opções populares do dia eram bonecas *Barbie* e a linha de brinquedos de avatares (que ela achou que passava uma mensagem errada) ou as bonecas *Cabbage Patch* da Mattel (que ela achou imperdoavelmente feias).

Rowland queria imaginar uma nova forma de se envolver e se conectar com uma geração de garotas. Ela se recordou de um momento ocorrido alguns meses antes quando acompanhou o marido para uma conferência em Virgínia. Enquanto ele participava do encontro, ela foi dar um passeio no bairro histórico, visitou a igreja que George Washington costumava frequentar e ficou encantada em conhecer o museu Colonial Williamsburg. Sua ideia: criar uma versão de sua experiência e aplicá-las a brinquedos. Enquanto os fabricantes da *Barbie* celebravam garotas adolescentes no papel de rainha ou mãe, Rowland decidiu criar as bonecas *American Girl*, cada uma situada em um contexto histórico específico, com uma profusão de detalhes de história de fundo.

Suas primeiras heroínas fictícias foram Kirsten Larson, uma garota pioneira de 1854, Samantha Parkington, que viveu em 1904, e Molly McIntire, uma garota que sobreviveu à Segunda Guerra Mundial. Todas elas foram desenvolvidas com narrativas complexas que procuravam oferecer *insights* propícios à idade das garotas sobre os momentos fundamentais da história dos EUA. Seis histórias foram redigidas para cada boneca, de modo que as garotas que as comprassem pudessem saber como sua boneca teria vivido em seus dias.

Observe o que Rowland estava fazendo. Enquanto outros fabricantes estavam vendendo **bonecas**, Rowland estava vendendo **experiências** e semeando com cada uma delas histórias vívidas e interessantes. Suas bonecas eram feitas meticulosamente e, por meio de um inteligente **modelo de lucro**, tinham um preço de venda especial em decorrência disso: todas eram (e ainda são) dez vezes mais caras do que a boneca *Barbie*.

Cada personagem foi envolvida com uma inovação de **sistema de produto**, composta de vários acessórios que se enquadravam na história de fundo das bonecas e projetada para ajudar as garotas a se envolver em uma brincadeira imaginativa. Os livros descreviam as personagens e havia roupas exclusivas para cada boneca — bem como versões correspondentes desses trajes em tamanhos que servissem nas proprietárias das bonecas. Anos depois, a American Girl até produziu filmes adequados para a idade das garotas e *My American Girl* possibilitou que elas montassem sua própria boneca, escolhendo itens como cabelo e cor dos olhos.

7   É sério... os funcionários vestiam luvas porque não havia aquecimento confiável!

8   Uma virada inesperada nessa história ocorreu quando a Mattel, fabricante da *Barbie*, pagou US$ 700 milhões pela American Girl em 1998. A princípio isso provocou controversas dentro da American Girl, que percebia na Mattel uma outra visão sobre o papel das bonecas da brincadeira. Na verdade, a Mattel agiu de maneira exemplar, respeitando a ideia de brincadeira saudável de menina desde a aquisição, e Pleasant Rowland conseguiu obter seus milhões e tornar-se uma esplêndida humanista para influenciar as causas com as quais ela se importava — em especial o papel das mulheres na sociedade.

Impossibilitada de entrar no mundo fechado do *marketing* de brinquedos (todas as vendas ocorriam em feiras de brinquedos realizadas anualmente nas principais cidades do mundo), Rowland tinha apenas uma rota disponível para o mercado: vender suas bonecas diretamente aos pais. Por ter investido todo o seu dinheiro na produção das bonecas e de suas histórias, Rowland imprimiu catálogos e os enviou pelo correio aos domicílios, a tempo do Natal de 1986. Em seguida, ela e seus poucos funcionários se amontoaram em um frio depósito em Madison, Wisconsin, para ver se o telefone tocava.[7] Tocou. E muito. Em seus primeiros três meses de atividade, a *American Girl* vendeu uma importância de US$ 1,7 milhão em produtos.

Posteriormente, Rowland acrescentou inovações de **canal**, como lojas de mostruário independentes criadas para aprofundar e ampliar a ideia de que a empresa dedicava-se a promover imaginações saudáveis. Por isso, as lojas tinham lugares para que as garotas aprendessem a cozinhar ou criar e decorar objetos para levar para casa. A ênfase era a diversão, e deve ter sido por isso que essas lojas se tornaram um destino apreciado pelas famílias.

Na American Girl, o **envolvimento do cliente** sempre foi fundamental. Ainda hoje as garotas podem ir a uma das lojas com sua boneca para se pentear ou para tomar um chá (nada de refrigerante; essa experiência foi projetada para ser verdadeiramente responsável).

As bonecas, sentadas em cadeiras de bebê, comem ao lado das garotas. Há também um hospital para bonecas estimadas que sofreram algum acidente sério (uma pintura grosseira no rosto, por exemplo, ou um penteado feito pelas próprias garotas em casa que tenha dado errado). Essas experiências tornaram-se tão populares, que a American Girl experimentou igualmente uma inovação de **rede**, formando parcerias com hotéis para oferecer um pacote especial em que as bonecas contam com serviços de arrumação de suas pequeninas camas. Tudo isso para criar uma experiência mágica para as meninas e seus pais — e isso com certeza ofereceu um novo modelo de abordagem para o setor de brinquedos.

A capacidade de Rowland de olhar além do espaço em que as empresas estabelecidas estavam competindo, associada à sua inteligente combinação de diferentes tipos de inovação, a ajudou a gerar um sucesso duradouro. Desde 1986, mais de 21 milhões de bonecas *American Girl* foram vendidas, bem como 139 milhões de livros *American Girl*. Em 2012, a empresa ostentava o maior catálogo de brinquedos para o consumidor nos EUA, ao passo que sua revista exclusiva tem uma circulação de mais de 450.000 exemplares (e recebe mais de 5.000 cartas de leitores a cada edição).[8]

NIKE

CONSTRÓI UM IMPÉRIO NO SEGMENTO ATLÉTICO QUE SE ESTENDE BEM ALÉM DOS CALÇADOS DE ALTO DESEMPENHO

Desde o princípio, quando Bill Bowerman estava confeccionando em casa um novo tipo de calçado de corrida leve e com aderência e utilizando a fôrma de *waffle* de sua esposa para curar a borracha, a Nike acreditava veementemente em **equipamentos** (calçados, roupas e acessórios) de alto desempenho. No primeiro estágio de sua existência, a empresa preocupou-se principalmente em investir em engenharia e *design* de **desempenho de produto**. A grande mudança que a Nike ajudou a acelerar durante seus primeiros anos foi a ideia de que qualquer atleta sério e todo esporte precisavam de vários equipamentos especiais — particularmente de vários calçados diferentes.

É claro que ocorreu ao cofundador da Nike, Phil Knight, que os astros e estrelas do esporte também importavam. Em 1985, a empresa recrutou Michael Jordan, então principiante na NBA, para falar sobre adotar e usar um novo calçado com sua assinatura. Desde o início, a Nike constatou que o *marketing* — e um patrocínio contundente — dos melhores atletas em cada esporte importava quase tanto quanto o equipamento em si. Um monitoramento inteligente de esportes aparentemente periféricos valeu a pena quando os atletas ganhavam títulos e desencadeavam a devoção dos fãs em toda parte.

Campanhas ousadas, como os anúncios *Just Do It*, foram iniciadas em 1998. Tudo isso ajudou a solidificar a posição da Nike como uma das principais empresas de artigos esportivos do mundo, capaz de moldar o destino dos esportes e de seus astros e estrelas. Por volta do final da década, a empresa ostentava uma receita de US$ 2 bilhões.

Em novembro de 1990, a Nike lançou uma inovação de **canal** com a Niketown. Essas lojas-conceito ofereciam uma experiência de "loja em forma de cinema" ("*retail as theatre*") — e uma alternativa controlada para a empresa exibir seus produtos e convencer os consumidores de que aquilo envolvia muito mais do que apenas uma loja de calçados comum. Isso também indicava uma mudança no enfoque anterior da empresa sobre o produto para então incluir inovações de **marca**.

Mas pense por um momento. Faz sentido uma empresa de calçados vender seu produto em lojas caras nas ruas de comércio mais valiosas do mundo, em cidades como Nova York, Londres, Paris, Chicago e Pequim? O *design* e a construção de uma Niketown custavam vários milhões de dólares e, no que tange a lojas, elas eram impressionantes e até mais sofisticadas do que as da Apple, que surgiram em maio de 2011, precisamente dez anos depois. Para dizer a verdade, as lojas eram também amplamente populares, e os clientes aglomeravam-se da abertura ao fechamento nos sete dias da semana.[9] Contudo, ainda que com um rápido cálculo aproximado, fica claro que simplesmente não é possível vender pares suficientes, mesmo do calçado mais caro, para fazer um investimento dessa magnitude valer a pena em termos convencionais.

[9] Há alguns anos trabalhamos com o Museu de Ciência e Indústria de Chicago — um museu impressionante e espaçoso que ocupa um espaço de mais de quatro quadras da cidade e abriga uma mina de carvão verdadeira, um barco U alemão capturado na Segunda Guerra Mundial e muitas outras atrações. Ficamos chocados e desapontados em saber dos diretores do museu que a Niketown na Michigan Avenue conseguiu atrair mais visitantes do que o museu praticamente todos os dias do ano.

Extrema esquerda: As lojas-conceito Niketown utilizam os produtos e patrocínios da empresa para funcionar como ponto focal para a marca e a transmissão de mensagens. Aqui, a Niketown de Nova York, exibiu seu apoio à seleção norte-americana da Copa do Mundo de 2010.

Esquerda: O sistema de produto Nike + aproveita várias tecnologias para estabelecer conexão com uma comunidade mundial de corredores.

O que é genial nesse caso é que a Nike não pretendia fazê-lo. Os executivos pagavam indiretamente pela exibição com seu orçamento de propaganda, calculando que esse *marketing* faria para a marca tanto quanto qualquer campanha de propaganda conseguiria. Portanto, existe outro propósito para essas lojas, além de fascinar os consumidores: eventos do setor privado realizados após o expediente para mostrar aos outros lojistas como eles poderiam promover e vender calçados Nike e se organizar mais eficazmente. A Nike recebeu os compradores da Foot Locker, por exemplo, convidando-os para conversar com astros e *designers* do esporte. Tudo isso é feito para garantir duas coisas: que a categoria como um todo tem planos de *marketing* sofisticados e que, quando um produto de um concorrente é exibido ao lado de um calçado Nike nas prateleiras de uma loja convencional, o consumidor pode estar disposto a pagar um ou dois dólares a mais porque gosta da marca Nike.

É claro que a Nike não tinha controle total sobre o mercado esportivo; embora tenha contra-atacado uma intensa campanha da Reebok, outras marcas, como Adidas, Puma e Fila, apresentaram a essa empresa estabelecida em Beaverton, no Estado de Oregon, um desafio difícil e respeitável ao produzir várias versões de calçados bem projetados, todas elas com inteligentes características e alegações de desempenho. Os concorrentes também copiaram a ênfase sobre o *marketing*; após 1993, a Adidas aumentou seus gastos com propaganda de 6% para 12,5% das vendas e, no final de 1998, era a principal marca de calçados atléticos na Europa.

Além disso, o novo milênio trouxe desafios diferentes, visto que a Nike e todos os demais concorrentes foram forçados a se adaptar às pressões de um mercado cada vez mais global. Este é o problema da inovação: ela nunca acaba. A Nike terá de lidar com a lealdade cambiante de seu público aficionado e à frente da moda pelo tempo que conseguir prosperar. Ela precisará descobrir novas alternativas para lidar com a fragmentação das mídias tradicionais enquanto meio de promoção de produtos.

Daí o lançamento de produtos como o Nike +, uma inovação de **rede** com a Apple que gera um **sistema de produto** com o objetivo de aproveitar a tecnologia e estabelecer uma conexão com uma comunidade mundial de corredores. Ao mesmo tempo, na categoria de **canal**, a Nike continua superando novas fronteiras, tal como testemunharam suas lojas de varejo Nike Sportswear, onde os consumidores podem trabalhar com os *designers* da empresa para personalizar seus calçados, e mais recentemente suas lojas avançadas e exclusivas denominadas Brand Experience.

É esse constante movimento para a frente que conta e, pelo menos por enquanto, as perspectivas da empresa continuam confiantes: em 2011, a meta de receita para o ano fiscal de 2015 da Nike girava em torno de US$ 28 bilhões a US$ 30 bilhões.

Tal como o presidente e diretor executivo Mark Parker ressaltou nesse mesmo ano: "Na Nike, Inc., nosso ataque é completo, e ele se baseia em um comprometimento fundamental com a inovação. É assim que nos mantemos oportunistas, atendemos aos atletas, recompensamos nossos acionistas e continuamos a liderar nosso setor".

PARTE QUATRO: EM RESUMO
MUDE O FOCO

Analise o panorama de inovação em três direções. Isso o ajudará a compreender as mudanças de mentalidade e as transformações culturais mais amplas que estão moldando o seu mundo — e lhe permitirá ficar à frente da matilha e inovar onde seus concorrentes menos esperam.

1. OLHE PARA DENTRO

Identifique o lugar para o qual historicamente você e sua empresa têm tendido a direcionar as iniciativas de inovação. Isso ressaltará possíveis padrões e métodos de inovação obsoletos e o ajudará a contestá-los ou mudá-los.

2. OLHE AO SEU REDOR

Examine o que os outros estão fazendo em seu setor para obter um quadro claro de seu ambiente competitivo — e em seguida reflita sobre como você poderia inovar de maneira diferente.

3. OLHE A DISTÂNCIA

Examine também o que os outros estão fazendo fora de seu setor — particularmente aqueles que estão superando um desafio análogo ao seu. Aprender com os outros é uma forma de obter novas alternativas com relação ao que você faz e como faz.

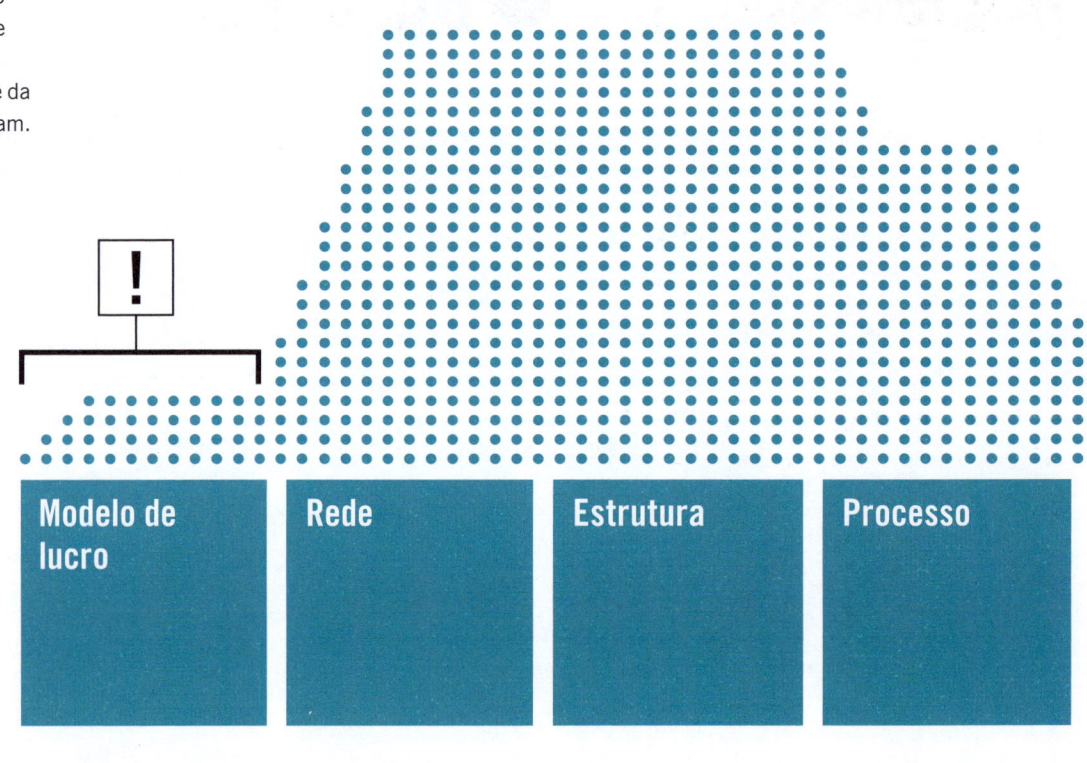

PARTE QUATRO: EM RESUMO 127

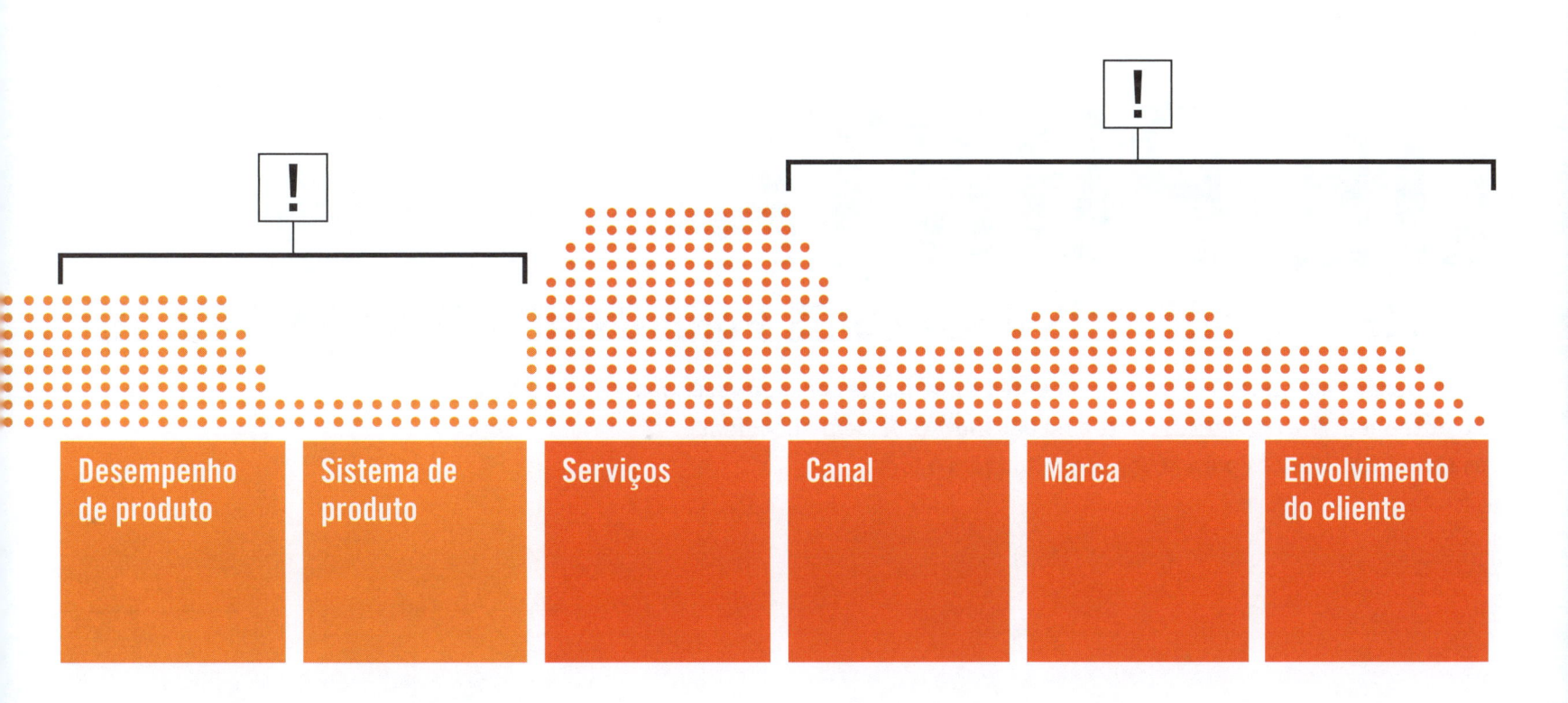

| Desempenho de produto | Sistema de produto | Serviços | Canal | Marca | Envolvimento do cliente |

PARTE CINCO

INOVAÇÕES DE PONTA

UTILIZE PLANOS MAIS ADEQUADOS PARA CRIAR AVANÇOS DE RUPTURA

As inovações sofisticadas têm componentes semelhantes em sua essência. Ao desconstruir e condensar o trabalho das inovações bem-sucedidas, os elementos básicos para novos conceitos vêm à tona.

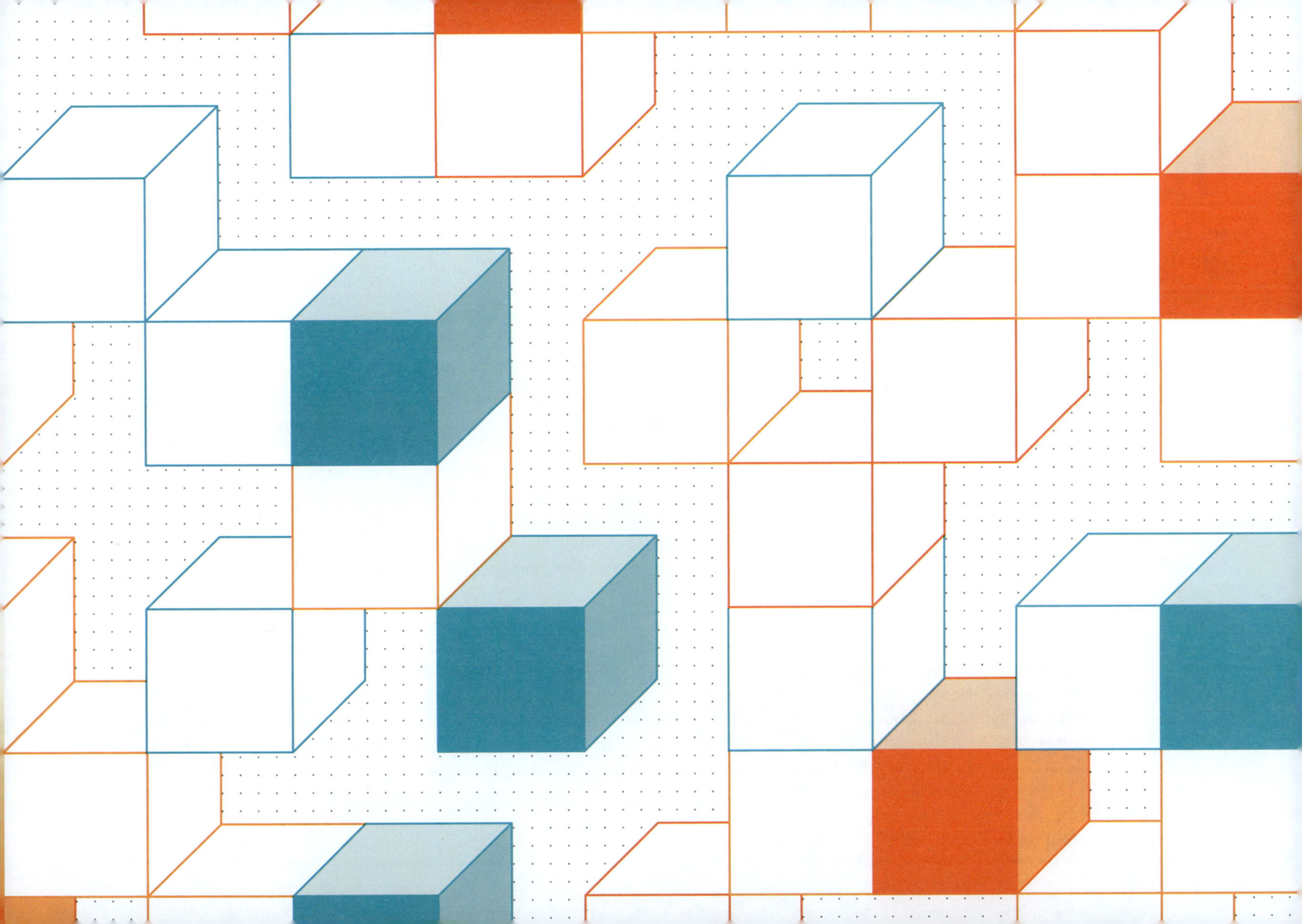

CAPÍTULO 18
DECLARE A INTENÇÃO
A CLAREZA SOBRE ONDE E COMO VOCÊ INOVARÁ PODE AUMENTAR IMENSAMENTE SUAS PROBABILIDADES DE SUCESSO

Para inovações de ponta você precisa observar como os outros estão inovando e identificar como você poderia mudar o *status quo*. Em seguida, avaliar a sofisticação necessária para impulsionar essa mudança. Simplificando: **"Onde e como devemos inovar? Quanta inovação precisamos?"**.

Para fazer isso adequadamente, delineie a "intenção da inovação", que consiste em um enunciado conciso do objetivo de sua iniciativa. A frase pode ser imprecisa, mas não aleatória. A ideia subjacente é eliminar a imprudência de uma declaração imprecisa, como: "Meu objetivo é ter ideias de ruptura que me possibilitem causar grande impressão." Em vez disso, ajude seus colaboradores a saber por onde eles devem começar e o que será considerado vitória.

Uma intenção de inovação admirável foi enunciada pelo presidente John F. Kennedy (JFK) em seu discurso ao Congresso em 25/05/1961: "Primeiramente, acredito que esta nação deva se comprometer em atingir o objetivo, antes do final desta década, de pousar o homem na Lua e trazê-lo de volta a salvo para a Terra."[1] Em uma única sentença incisiva, JFK declarou uma ambição e incorporou nela um objetivo inequívoco (trazer os astronautas a salvo antes de 1970). Kennedy não sabia **como** isso poderia ser feito. Na verdade, ele expôs um desafio, estabeleceu um intervalo de tempo para isso e depois se esforçou para nomear e confiar nos talentos realizariam isso. É assim que os avanços ocorrem — não por acaso ou com criatividade descontrolada, mas criando um objetivo claro e desafiando uma equipe a torná-lo real.

Ao refletir sobre sua intenção, lembre-se de utilizar mais tipos de inovação que normalmente tornam sua iniciativa mais defensável e propensa a gerar maiores retornos. Contudo, fique atento ao outro lado da moeda. Um número maior de tipos de inovação exige um esforço maior de integração. Com frequência eles exigem equipes maiores e maior coordenação à medida que transcendemos os silos. Tudo isso demandará processos de desenvolvimento mais complexos — e, portanto, haverá mais vias para o fracasso.

Os cientistas adotam o princípio conhecido como navalha de Occam, que propõe que, ao formular hipóteses, comece com uma que exija o menor número de suposições — e torne-a mais complexa quando necessário. Esse princípio de parcimônia também deve orientar sua iniciativa de inovação: com o nível mínimo de complexidade necessário. Se seu objetivo for transformar um setor, talvez precise integrar cinco tipos; se você pretende revigorar um produto existente, é provável que precise de menos.[2]

A Parte Quatro deste livro demonstra que é mais fácil ter êxito quando inovamos de maneira diferente dos demais. Este capítulo o ajudará a escolher essa rota e a içar as velas.

1 Até mesmo a Nasa considerou esse objetivo "impensável" na época do discurso de JFK, visto que os EUA tinham apenas alguns voos espaciais tripulados em seu currículo antes desse desafio do presidente.

2 Não existe número "correto" de tipos; a resposta depende do contexto. Se existe uma lei universal, esta lei é: sempre planeje com antecedência e esteja preparado para acrescentar mais tipos alguns anos após o lançamento de sua inovação. Afinal, nenhum produto ou serviço é tão bom a ponto de os concorrentes simplesmente darem de ombros e afirmarem: "Você ganha, nós perdemos. Desistiremos e tentaremos encontrar alguma outra linha de trabalho…"

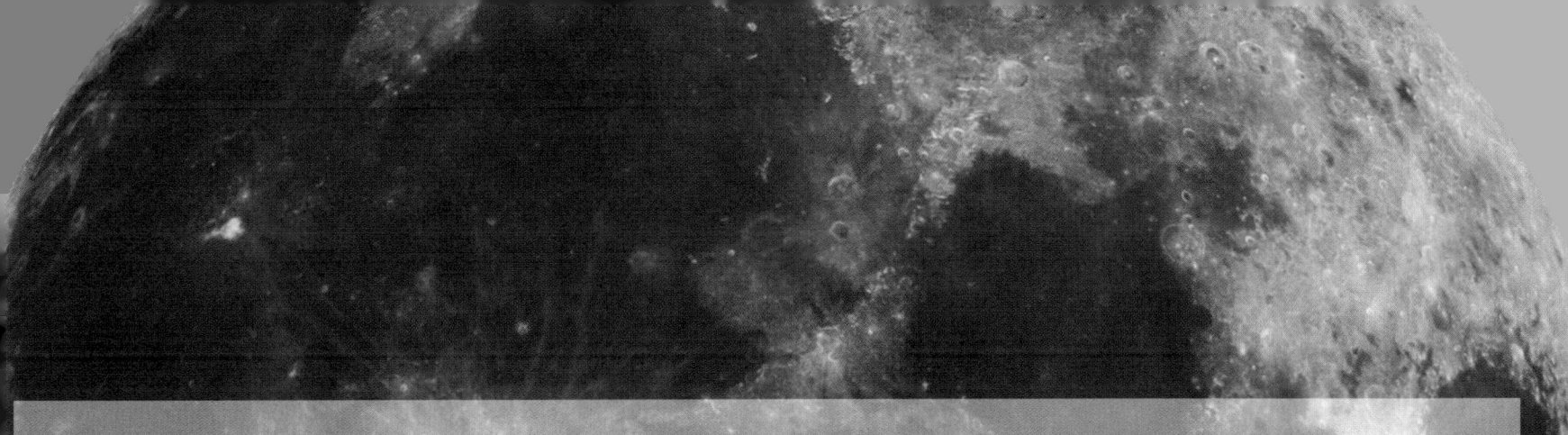

Pense nestas duas questões fundamentais ao elaborar uma intenção de inovação:

Primeira pergunta: como podemos inovar de maneira diferente?

Determine a direção para a qual todos os demais participantes de um setor estão olhando — e utilize isso para identificar alguns tipos específicos nos quais você possa se concentrar a princípio para se tornar notavelmente diferente e mudar de campo.

Segunda pergunta: que nível de ambição devemos ter?

Determine quantos tipos você deve utilizar para ser percebido e concretizar suas metas — e observe quais outros você pode acrescentar em estágios posteriores.

ESTABELEÇA UMA DIREÇÃO:
AS TRÊS MUDANÇAS EM INOVAÇÃO

Quando você observa atentamente quem está fazendo o que em sua área, o resultado líquido das iniciativas de inovação de todas as empresas estão quase sempre concentrados em um mais desses três centros distintos de gravidade: **modelo de negócio**, **plataforma** ou **experiência do cliente**.

A percepção sobre o centro de gravidade de um mercado esclarecerá o que você e seus concorrentes estão fazendo no momento — de modo que você possa dobrar sua aposta ou escolher uma direção diferente. Para fazer essa análise, faça duas perguntas simples:

1. Qual é a atual força motriz da atividade de inovação em seu setor?

Na maioria dos casos, ela estará concentrada nos produtos ou serviços — no que quer que esteja sendo feito para construir uma ratoeira melhor.[3] Em setores como o de entretenimento e hospitalidade, provavelmente ela estará concentrada sobre os elementos de experiência, ao passo que em setores como serviços financeiros, imóveis e aeronáutico, a ênfase com frequência recairá mais sobre a configuração de recursos, ativos e redes. Independentemente do que você e seus concorrentes estiverem fazendo no momento, pergunte: **"O que poderíamos fazer de diferente?"**. Se os demais estiverem concentrados em produtos e serviços, você seria capaz de desvendar um novo modelo de lucro? Ou você seria capaz de criar uma nova plataforma se o restante estiver criando excelentes experiências para o cliente?

2. Quais são os tipos essenciais de inovação em vigor?

Se você removesse qualquer um dos tipos, o produto ou serviço ou a empresa desmoronaria? A Zipcar tem sete tipos de inovação em vigor — mas se você remover seu processo *FastFleet* e seu modelo de lucro de uso medido, ela se tornará uma empresa de locação de automóveis comum e antiquada.

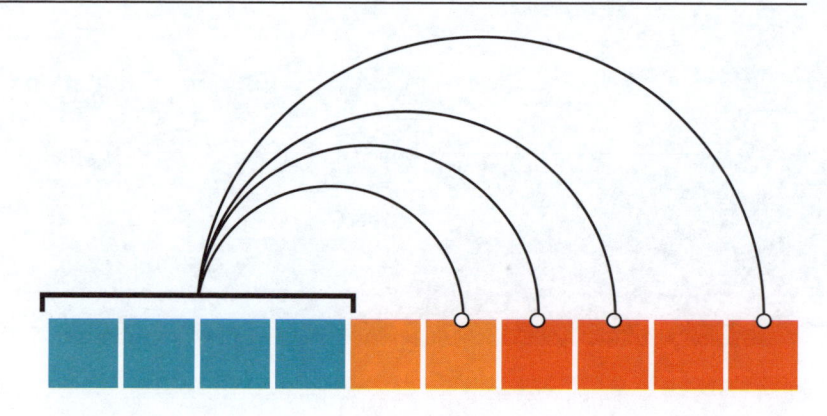

MUDANÇA DE MODELO DE NEGÓCIO

Esse tipo de inovação concentra-se na configuração de ativos, recursos e outros elementos da cadeia de valor para atender aos clientes e obter lucro de uma maneira diferente. Por exemplo, mesmo as empresas que vendem principalmente equipamentos, como GE e Johnson Controls, estão constatando que o valor real provém da utilização de modelos "pague pelo desempenho" que encontram alternativas para garantir que os consumidores usem seus produtos eficazmente. Crie essa mudança concentrando-se inicialmente no lado esquerdo do modelo (os tipos são: modelo de lucro, rede, estrutura e processo). Em seguida, prossiga à direita para acrescentar outros tipos necessários para fazer o modelo de negócio vigorar.

A Zipcar reimaginou de que forma ela poderia abordar o setor de locação de automóveis criando uma frota de carros interligada e desenvolvendo um novo processo para os clientes fazerem reservas e pagarem pela locação. Resultado: os motoristas pagam por hora por carros convenientemente estacionados em bairros vizinhos.

---

3 N. de T.: Em referência ao ditado: "Se você conseguir construir uma ratoeira melhor, o mundo cairá a seus pés", o que significa desenvolver ou inventar algo superior a um produto ou serviço já amplamente usado.

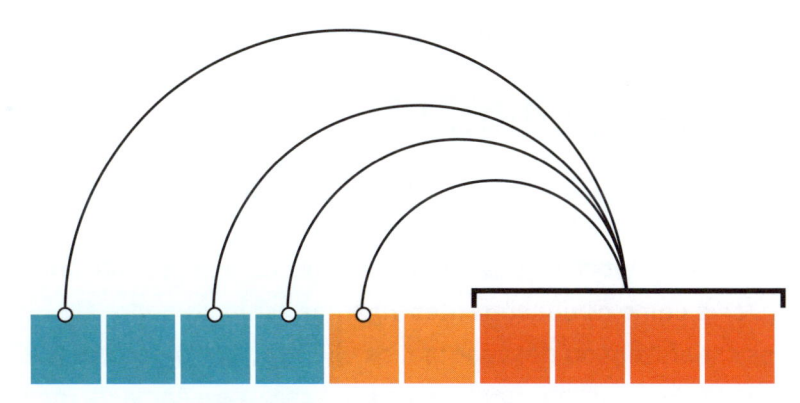

MUDANÇA DE PLATAFORMA

Com muita frequência, os setores estão concentrados em torno de produtos que acrescentaram recursos e funções com o passar do tempo, mas pouca coisa além disso. Em vez disso, a inovação voltada para plataformas preocupa-se com a reinvenção, recombinação ou identificação de novas conexões entre os recursos e produtos/serviços para criar um novo valor para os clientes. Para desenvolver uma plataforma, concentre-se primeiramente na parte central do modelo (processo, desempenho de produto, sistema de produto e serviços). Integre esses tipos para criar uma base sólida e depois prossiga em direção às duas extremidades para acrescentar outros tipos necessários para fazer sua plataforma funcionar.

A Amazon desenvolveu uma sólida plataforma de comércio eletrônico vendendo livros aos consumidores. Desde então, a empresa alavancou sua infraestrutura, experiência e dados para impulsionar ondas após ondas de inovação utilizando como base esse alicerce — oferecendo serviços *Web* a outros empreendimentos para catalisar o setor de livros eletrônicos.

MUDANÇA DE ENVOLVIMENTO DO CLIENTE

Esse tipo de inovação a princípio conecta, atende e envolve os clientes de várias maneiras distintivas, influenciando suas interações com a empresa e os produtos/serviços que ela oferece. Concentre-se primeiramente no lado direito do modelo (canal, serviços, marca e envolvimento do cliente). Em seguida, prossiga para a esquerda para acrescentar outros tipos necessários para fazer a experiência funcionar. Observação: os padrões de experiência do cliente mudaram radicalmente nas últimas décadas; assim que os clientes experimentam o nível de atendimento da Zappos, eles tendem a esperar por isso — independentemente de categoria ou setor.

A Starbucks criou uma franquia global adotando os princípios das cafeterias europeias e aplicando-os em escala. O objetivo: oferecer ambientes de varejo nos quais os clientes contam com produtos e serviços consistentes onde quer que eles estejam no mundo.

COMO ESCOLHER A MUDANÇA CORRETA

Examine o centro de gravidade atual de seu mercado ou setor. Observe como os concorrentes vigentes estão atuando, até que ponto eles satisfazem ou desapontam os clientes, e imagine de que modo você poderia cumprir uma nova promessa. A essência da inovação é compreender quando uma ampla mudança é necessária e levá-la adiante com coragem e convicção.

Essas questões são extremamente contextuais e merecem um exame aprofundado. Normalmente, precisamos de pelo menos de um mês de trabalho intenso para forjá-las — e por isso é praticamente impossível lhe apresentar respostas em poucas páginas. Contudo, esses princípios podem sugerir as perguntas certas a serem feitas para você iniciar sua análise e ajudá-lo a afiar seus instintos.

4 Uma ferramenta útil para identificar o valor que seu produto/serviço cria para os clientes em contraposição aos preços cobrados *é a estimativa do valor econômico (economic value estimation* — EVE). Tom Nagle, John Hogan e Joe Zale são precursores dessa abordagem e discutem-na amplamente em seu livro *The Strategy and Tactics of Pricing* (a quinta edição foi publicada pela Prentice Hall, 2010).

QUANDO VOCÊ DEVE MUDAR PARA UM NOVO MODELO DE NEGÓCIO?

Os grandes modelos de negócio mudam radicalmente o lugar em que o valor é criado e como ele é ampliado. Essa mudança é mais favorável quando existem menos oportunidades de vitória por meio da criação de melhores produtos/serviços ou experiências e mais oportunidades de vitória por meio de uma mudança em sua forma de criá-los ou oferecê-los. A ênfase sobre um novo modelo de negócio pode gerar bons resultados em qualquer contexto, mas já tivemos oportunidade de testemunhar que ele cria um valor especial em setores intensivos em ativos, como o de automóveis e manufatura pesada, em setores altamente regulamentados, como o de saúde e aeroespacial, em contextos de *business to business* e em *commodities*. Entretanto, a natureza paradoxal das economias digitais — em que os custos unitários deslocam para zero mesmo quando o valor da rede aumenta — também favorece oportunidades entusiasmantes para a utilização desse tipo de mudança nesses contextos.

INDICAÇÕES PARA VOCÊ SE CONCENTRAR EM UM NOVO MODELO DE NEGÓCIO:

Externas

- Os elementos do valor que você ou seus concorrentes oferecem estão significativamente abaixo ou acima do preço.[4]
- Existe um grupo significativo de clientes que adorariam usar o principal produto/serviço no mercado, mas não têm condições de adquiri-lo ou não podem justificar sua despesa.
- Existem poucas variações ou experimentos em processos, estruturas organizacionais, cadeias de suprimentos etc. em um mercado existente — e também poucas colaborações entre os participantes.

Internas

- Você vê alternativas para mudar um modelo de lucro geralmente aceito de um mercado de uma forma que beneficiará seus clientes (e você).
- Você vê alternativas para estruturar seus ativos e/ou realizar seu trabalho de uma maneira surpreendente que mudará os fundamentos econômicos de um mercado.
- Você conhece seu sistema de negócios e seu produto e/ou serviço tão bem, que pode oferecer confiabilidade, flexibilidade ou garantias que os concorrentes não conseguirão igualar.

QUANDO VOCÊ DEVE MUDAR PARA UMA NOVA PLATAFORMA?

As grandes plataformas possibilitam que os clientes realizem coisas difíceis mais facilmente. As inovações de plataforma são mais produtivas quando os clientes se esforçam para realizar tarefas complexas e quando você vê oportunidades originais para ajudá-los por meio da associação de comunidades, recursos ou produtos/serviços discrepantes. A natureza hiperinterligada da tecnologia digital favoreceu várias plataformas diferentes, das soluções e comércio eletrônico a redes sociais, mas essa abordagem pode ser aproveitada por qualquer setor. Pense em se concentrar primeiro nessa categoria quando você observar que um grupo de clientes está nitidamente encontrando dificuldades para juntar as peças e precisa de alternativas para diminuir a complexidade, o atrito ou a carga cognitiva — particularmente se a solução envolver a articulação de várias empresas em uma rede ininterrupta.

INDICAÇÕES PARA VOCÊ SE CONCENTRAR EM UMA NOVA PLATAFORMA:

Externas

- Os clientes podem obter as soluções necessárias sem precisar de muita habilidade ou esforço para juntar as peças (por exemplo, você observa clientes alterando os produtos ou os produtos existentes são muito complicados para vários deles).
- Existe uma comunidade ou um grupo com interesses ou necessidades em comum, mas não um ponto central de conexão ou um fórum que os reúna.
- Existe ampla demanda por um conjunto específico de recursos ou ativos em um mercado, mas ele é muito complexo para os clientes ou outros participantes desenvolverem.

Internas

- Você vê alternativas para ampliar, diversificar ou estender seus produtos atuais ou associá-los de uma maneira surpreendente.
- Você vê alternativas para utilizar seus ativos ou recursos exclusivos e possibilitar que os clientes e outros participantes tenham acesso a eles.
- Você vê alternativas para atrair seus clientes, concorrentes e/ou outros participantes e fazê-los trabalhar a seu favor.

QUANDO VOCÊ DEVE MUDAR PARA UM NOVO SISTEMA DE EXPERIÊNCIA DO CLIENTE?
Oferecer excelentes experiências é essencial sempre que uma categoria torna-se superdisputada, insípida ou muito complexa. Essa mudança é uma boa aposta em contextos em que você pode construir relacionamentos duradouros com os clientes, quando eles estão ávidos por interações de melhor qualidade (ou simplesmente mais originais) e particularmente quando a experiência normal no setor é entediante. Essa mudança pode se revelar vital quando lidamos com uma base de clientes extremamente interconectados e as notícias sobre uma experiência boa (ou ruim) podem se espalhar como fogo. Contudo, a inovação direcionada à experiência do cliente pode gerar bons resultados em qualquer setor — mesmo em contextos formais como o de *business to business* e de serviços governamentais, nos quais a empresa que mais facilita as relações de trabalho pode até superar disparidades competitivas em preço ou qualidade.

INDICAÇÕES PARA VOCÊ SE CONCENTRAR EM UM NOVO SISTEMA DE EXPERIÊNCIA DO CLIENTE:

Externas

- Os clientes reclamam regularmente de suas experiências de compra ou atendimento — ou pior, eles de fato já esperam uma experiência desagradável.
- Existe um grupo significativo de clientes que ignora um mercado porque seus pontos de contato carecem de personalização, espirituosidade, elegância ou outros atributos humanizadores.
- A maioria dos concorrentes preocupa-se em conquistar os clientes criando barreiras de mudança punitivas, como longos contratos com multas de rescisão, ou tecnologias fechadas, como interfaces patenteadas ou fechadas.

Internas

- Você vê alternativas para oferecer uma experiência de compra diferente aos clientes; uma experiência mais cativante, simples ou tranquila em comparação às normas atuais do mercado.
- Você vê alternativas para envolver os clientes de uma maneira diferente — utilizando apelos para seus valores, percepção de *self* e interações com outros clientes e usuários.
- De uma forma mais geral, você já se distingue nas experiências que oferece aos clientes em um determinado mercado e acredita que é capaz de transplantar essa excelência para outro contexto.

OS TRÊS NÍVEIS DE AMBIÇÃO EM INOVAÇÃO

Pense em qualquer ideia ao longo do espectro de três níveis de ambição. Você deseja mudar o conhecido, mudar as fronteiras ou mudar totalmente o jogo?[5]

MUDE O CONHECIDO

MENOS TIPOS

①

INOVAÇÃO ESSENCIAL: MUDE O CONHECIDO
Dentro de qualquer categoria conhecida sempre existem alternativas para oferecer nova qualidade, utilidade ou prazer aos clientes; isso normalmente exige uma mudança apenas em um ou dois tipos de inovação. As empresas estabelecidas desenvolvem melhorias regularmente para manter seus produtos atualizados e competitivos, um processo que os *designers* descrevem como: "**Encontrar um problema e corrigi-lo!**". Essas inovações essenciais podem oferecer uma vantagem real — embora geralmente não por muito tempo, visto que os concorrentes costumam copiar ou reagir a elas com agilidade. É por isso que é incomum os novos concorrentes em um mercado terem êxito com inovações essenciais; elas não fazem muita diferença e são rapidamente combatidas pelas empresas estabelecidas. Concentre-se aqui se você já estiver estabelecido em um setor ou em uma categoria e deseja implementar uma leve reorganização — ou tentar experimentar um ou dois tipos que você e outros concorrentes geralmente não utilizam. Isso terá maior eficácia se você já estiver à frente em sua categoria.

[5] Com relação a um excelente estudo de gestão de um portfólio de iniciativas ao longo dos níveis de ambição, consulte *Managing Your Innovation Portfolio*, de nossos colegas Geoff Tuff e Bansi Nagji, na edição de maio de 2012 da *Harvard Business Review*.

DECLARE A INTENÇÃO

MUDE AS FRONTEIRAS

MUDE O JOGO

MAIS TIPOS

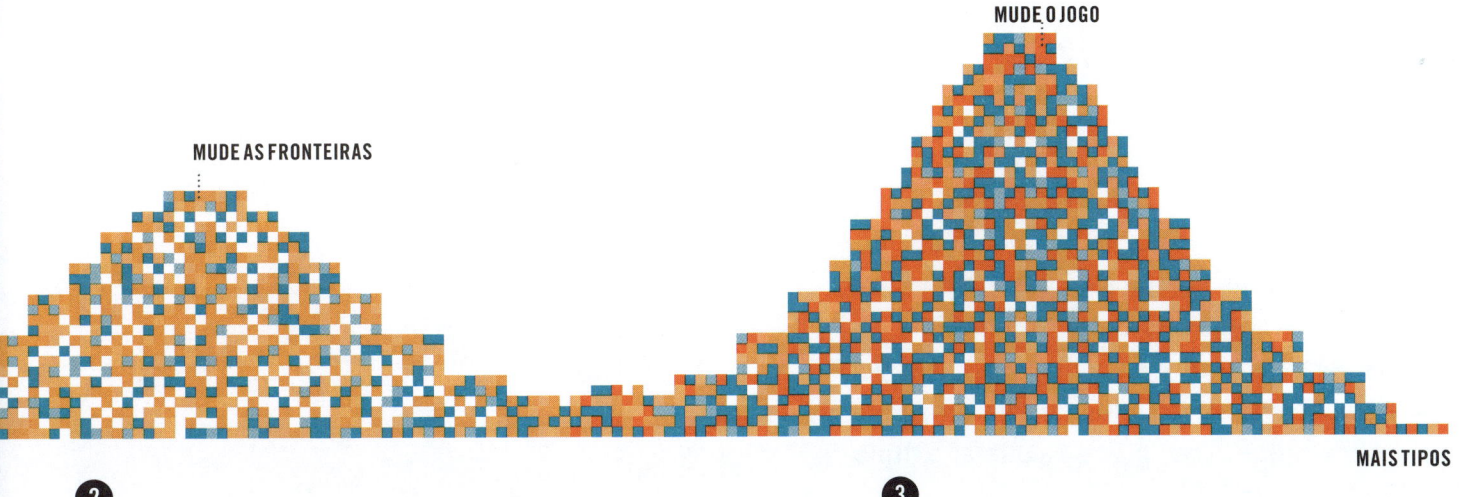

②

INOVAÇÃO ADJACENTE: MUDE AS FRONTEIRAS

Coisas interessantes começam a ocorrer quando você **reformula** um produto/serviço em comparação aos demais concorrentes — em geral enfrentando um grande desafio e oferecendo soluções mais completas aos clientes. Esse nível de ambição costuma atrair novos clientes a um mercado e muda o que todos os participantes podem esperar dele. A inovação adjacente é mais ousada do que a inovação essencial, por isso, pode exigir três ou quatro tipos de inovação. Empresas que conseguem oferecer essas inovações de maneira bem-sucedida muitas vezes mudam a forma de trabalhar — adaptam seus recursos existentes ou desenvolvem capacidades totalmente novas. Isso torna as inovações adjacentes mais arriscadas do que as essenciais, mas as torna também mais difíceis de copiar. As inovações adjacentes podem gerar anos de vantagem e forçar os concorrentes a reagir às novas expectativas que você está estabelecendo. Um modo confiável para obter esse nível de ambição é ampliar sua promessa em relação aos demais — por exemplo, a forma como a Method desenvolveu produtos de limpeza doméstica para atender às expectativas dos consumidores com estética e o meio ambiente, não apenas com a eficácia de limpeza.

③

INOVAÇÃO TRANSFORMACIONAL: MUDE O JOGO

Em raras ocasiões você pode optar por contestar e mudar tudo. Tenha claro que esse nível de ambição pode alterar radicalmente toda a estrutura de um setor. Serão necessários cinco ou mais tipos de inovação, articulados com cuidado, para produzir negócios totalmente novos (em contraposição a apenas novos produtos/serviços). As **inovações transformacionais** eliminam as fronteiras entre mercados antes distintos e mudam irrevogavelmente o que é esperado dos concorrentes e também dos consumidores. Tal como o próprio nome indica, essas inovações mudam as regras para todos os envolvidos — e isso não ocorre com frequência. Contudo, toda empresa deve ter pelo menos uma ou duas inovações transformacionais alinhadas e imaginá-las sempre como opções de ataque ou defesa. Como essa é a forma de inovação mais arriscada, ela é a que exige maior raciocínio e maior comprometimento. Em contraposição, ela gerará o retorno mais alto.

COMO ESCOLHER O NÍVEL DE AMBIÇÃO CORRETO

Preste atenção ao que está ocorrendo no momento. Em qualquer setor já existe um ritmo básico de mudanças. Esse ritmo é lento e previsível ou nítido e algumas vezes abrupto? Que nível de mudança os clientes esperam e o que eles podem absorver? Você está mudando rápido o suficiente para continuar relevante para os clientes? Pense nos concorrentes: você precisa acelerar o ritmo de mudança para tirá-los do equilíbrio?

Tanto quanto escolher a mudança correta, o contexto é tudo quando a questão é estabelecer um nível de ambição. O princípio básico: quando você realiza uma mudança original e imprevisível, a princípio você pode fazer o mínimo esforço com um menor nível de ambição, e talvez você precise de poucos tipos de inovação (surpreendentes). Veja alguns princípios amplos que podem ajudá-lo a dar o pontapé inicial.

QUANDO VOCÊ DEVE MUDAR O CONHECIDO E BUSCAR UMA INOVAÇÃO ESSENCIAL?

Toda empresa deve mudar regularmente o **conhecido**. Isso impulsiona o crescimento orgânico e o ajuda a acompanhar os passos dos concorrentes ou estabelecer um ritmo para eles. Em relação a setores complexos, proceder dessa forma, com uma disciplina primorosa, pode ser a essência de qualquer grande estratégia de inovação — por exemplo, do mesmo modo que a Toyota fez com o **Sistema Toyota de Produção, concebido para produzir pelo menos um milhão de avanços** por ano na fabricação de carros e camionetes. Se for um empreendedor ou estiver tentando entrar em um novo mercado, é improvável que a inovação essencial o ajude a assegurar uma cabeça de ponte; procure um nível mais alto de ambição ou se prepare para acrescentar rapidamente outros tipos de inovação à sua incursão.

INDICAÇÕES PARA UMA INOVAÇÃO ESSENCIAL:

Externas

- Você já tem produtos/serviços sólidos no mercado que estão gerando um bom crescimento e pode continuar a utilizá-los como apoio e fonte de vantagem
- A maioria dos seus concorrentes está concentrada em inovações voltadas para o desempenho de produto e você vê uma oportunidade para utilizar outros tipos.
- Um mercado está enfrentando uma falta generalizada de inovações — mas também apresenta grandes barreiras aos novos concorrentes (como exigências de capital ou complexidade regulamentar) que diminuem a ameaça de ruptura.

Internas

- Você precisa gerar receita rapidamente — e pode aceitar um retorno relativamente modesto de uma iniciativa.
- Sua empresa tem ativos ou recursos já em vigor que você pode utilizar para gerar uma vantagem adicional em seus mercados atuais.
- Em sua organização, no momento o apetite pelo risco é pequeno e/ou você já está bem equipado para lidar com uma complexidade maior em inovação (por exemplo, existe um foco predominante sobre a execução ou silos rígidos em vigor entre funções ou unidades).

QUANDO VOCÊ DEVE MUDAR AS FRONTEIRAS E BUSCAR UMA INOVAÇÃO ADJACENTE?

A inovação adjacente é fundamental em duas situações: quando você precisa impulsionar o crescimento de seus ativos e recursos atuais ou quando você precisa mudar a dinâmica nos mercados em que está atuando no momento. Procure uma oportunidade para utilizar um recurso existente em um novo mercado (por exemplo, utilizar a tecnologia de imagiologia médica na segurança de aeroportos). Ou observe quando existe uma alternativa para atender aos clientes de uma forma ampla (digamos, acrescentando serviços às suas linhas de produto existentes). Você está tentando chamar a atenção e de fato ser percebido? Provavelmente esse é o nível de ambição mais baixo que o ajudará a conseguir isso.

INDICAÇÕES PARA UMA INOVAÇÃO ADJACENTE:

Externas

- Seus produtos/serviços existentes estão gerando menos crescimento; eles estão enfrentando uma pressão competitiva crescente ou você vê alternativas para utilizá-los e atrair novos clientes.
- A maioria dos seus concorrentes está utilizando outros tipos de inovação além do desempenho de produto com certo cuidado e consistência, mas eles raramente integram mais de um ou dois tipos.
- Um mercado está se tornando insípido — ele não está gerando mais os retornos dos quais você necessita ou você vê uma oportunidade de mudar sua forma de fazer negócios e também de mudar as regras do jogo para seus concorrentes.

Internas

- Você necessita de uma iniciativa para gerar um nível de crescimento significativamente maior em comparação com iniciativas de inovação mais modestas — e pode conceder um tempo razoável para que ela gere retornos.
- Sua empresa tem ativos e recursos que podem ser aplicados de novas maneiras para criar uma nova vantagem — adaptando-os ou investindo neles para aumentar a flexibilidade e utilidade ou acrescentar novos complementos.
- Sua organização está disposta a assumir um risco maior e considerar oportunidades que a conduzirão a novos âmbitos ou exigirão que ela atue diferentemente em seus mercados atuais.

QUANDO VOCÊ DEVE MUDAR O JOGO E BUSCAR UMA INOVAÇÃO TRANSFORMACIONAL?

Toda empresa deve treinar a imaginação para criar **inovações que mudarão tudo**. Isso exige apenas uma boa disciplina e, tal como o planejamento baseado em cenários, pode ajudá-lo a imaginar novas opções que tendem a mudar as expectativas dos clientes e as ações da concorrência. Deixe de apenas imaginá-las para de fato lançá-las quando vislumbrar uma oportunidade para criar um mercado totalmente novo ou utilizar o *marketing* de guerrilha para desestabilizar empresas mais consolidadas. Os inovadores transformacionais provocam **rupturas** no mercado porque eles jogam de acordo com regras completamente diferentes e utilizam recursos e ativos totalmente diferentes da norma. O outro lado da moeda também é importante: a inovação transformacional é a que apresenta o maior grau de risco e a que exige o maior nível de comprometimento para ser bem-sucedida.

INDICAÇÕES PARA UMA INOVAÇÃO TRANSFORMACIONAL:

Externas

- Você precisa aumentar drasticamente o crescimento gerado por seus produtos/serviços existentes — e constata que necessita mudá-los fundamentalmente para isso.
- Os concorrentes estão dando passos cada vez mais ousados que exigem uma reação de sua parte — ou você vê uma alternativa para mudar fundamentalmente a estrutura de um mercado (por exemplo, redefinindo os clientes desse mercado ou os ativos e recursos necessários para servi-los).
- Um mercado está estagnado, as barreiras à entrada estão em queda livre e as fronteiras desse mercado estão erodindo e ficando indistintas — aumentando a ameaça de ruptura.

Internas

- Você tem tempo suficiente para possibilitar que essa iniciativa amadureça e gere retornos fora do comum — e precisa gerar um crescimento radicalmente novo.

- Você está preparado para repensar e reconfigurar os ativos e recursos que você possui no presente, bem como para investir em desenvolvimento e aquisição de ativos e recursos completamente novos.

- Sua organização está disposta a assumir um risco considerável e considerar opções e oportunidades totalmente novas que reformulam o público ao qual você atende e como você os atende.

APRENDENDO COM A PROGRAMAÇÃO ORIENTADA A OBJETOS

De vez em quando os setores mudam fundamentalmente. Isso não ocorre com frequência e normalmente é uma consequência de algumas rupturas tecnológicas de grande proporção. A título de exemplo, apenas uma pessoa nascida antes de 1970 se lembrará de como era a vida antes do impacto dos computadores pessoais. Para as crianças nascidas posteriormente, essa época anterior à era digital parece estranha e obscuramente arcaica. Uma das consequências dessa mudança monumental é que quase todos os envolvidos são afetados subsequentemente em um grande efeito em cascata.

Pense em exemplos de inovação de ondas longas. Substitua os cavalos por automóveis e inadvertidamente se criam concessionárias, postos de combustível, cinemas ou restaurantes drive-in, pedágios e (com o passar do tempo) grande parte da vida em bairros afastados dos centros urbanos. Crie aviões, e com o tempo surgem coisas inesperadas, como famílias que vivem em lugares afastados ou serviços de entrega de remessa em 24 h. Desenvolva aparelhos de imagiologia médica (raio X, tomografia computadorizada e ressonância magnética) e invariavelmente se criam novos métodos de diagnóstico e tratamento de pacientes. Projete excelentes portos marítimos e navios de carga, e o mecanismo básico de globalização então é criado. Observar essas ondas longas é difícil, mas valioso, e as pessoas que percebem essas grandes mudanças um pouco mais cedo ou um pouco mais claramente do que as outras com frequência se tornam precursoras de novas áreas preciosas.

Na década de 1960, começou a ficar claro que os novos dispositivos modernos e complexos, denominados computadores, poderiam ser importantes. Mesmo nos primórdios da revolução digital, já era óbvio que os limites ao crescimento viriam não apenas da velocidade de processamento, mas também do desenvolvimento de softwares. Isso se revelou uma profecia. Invariavelmente, as operações que as pessoas desejam que os computadores executem crescem em complexidade e sofisticação e o código necessário para realizar o trabalho muito extenso e praticamente impossível de controlar. Poucas pessoas se dão conta de que os automóveis avançados do presente têm regularmente de 10 a 12 vezes a potência de processamento computacional de um PC IBM de primeira geração e dependem de milhões de linhas de código para funcionar. O desenvolvimento desses sistemas exige um tempo e investimento consideráveis e igualmente equipes com conhecimento especializado.

Existem *bugs* em seu código

Talvez seja difícil imaginar, mas os computadores antecederam os circuitos integrados. Nos primórdios dos computadores grandes e barulhentos, que ocupavam uma sala inteira, como o ENIAC, todo o trabalho pesado era realizado por válvulas eletrônicas organizadas em enormes conjuntos. Elas eram quentes. Elas incandesciam com a luz. Elas atraíam mariposas. E elas foram responsáveis pela história maravilhosa e talvez apócrifa do cientista de computação Grace Hopper, que teria relatado um "caso real de *bug* (inseto)" na máquina, cunhando o termo hoje comumente empregado em referência a erros de *software*. Vamos ver se conseguimos depurar (*debug*) a inovação.

6 A linguagem Java é uma das várias linguagens modernas que dependem e promovem as ideias originais da programação orientada a objetos. Atualmente, mais de quatro bilhões de dispositivos usados de maneira ativa dependem do código Java. Se você tivesse de desenvolver um código personalizado para cada um desses tipos de máquina, o progresso da vida moderna estaria engatinhando.

Um dos poucos clichês correspondentes à inovação que de fato é verdadeiro é aquele que diz que a **necessidade é a mãe da invenção**. Nos primeiros dias da revolução digital, o pioneiro em tecnologia Alan Kay, que trabalhava na época no projeto da Agência de Projetos de Pesquisa Avançada (Advanced Research Projects Agency — Arpa), na Universidade de Utah, pensou a respeito do desafio do desenvolvimento de softwares e ajudou a abrir caminho para a programação orientada a objetos (*object-oriented programming* — OOP). Essa nova abordagem revolucionária apresentava um *insight* fundamental em sua essência: criar uma linguagem de programação em torno da ideia de **módulos reutilizáveis**[6]. Com a OOP, os objetos referem-se a dados, arquivos e outros elementos de computação comuns que são descritos distintivamente. Desse modo, outros objetos correspondentes podem ser agilmente criados, identificados ou gerenciados pelo sistema. A maioria das operações pode ser descrita como métodos ou sub-rotinas que podem se tornar eficientes, repetíveis e fáceis de gerenciar, sem que haja grande quantidade de códigos com erros (*bugs*) que precisam ser desenvolvidos personalizadamente para cada nova tarefa.

A modularidade da computação orientada a objetos revolucionou o setor de computadores. Avanços semelhantes hoje podem estar no centro de uma revolução na inovação do século XXI. Do mesmo modo que a OOP, esse sistema democratizou essa área, facilitando o processo para que uma equipe média inove confiável e robustamente e diminuindo de modo drástico o custo e o risco de um inovação arrojada.

VEJA O QUE FIZEMOS:

Utilizando o modelo 10TI de maneira analítica, identificamos especificamente mais de 100 táticas genéricas de inovação — formas modulares para obter cada tipo de inovação (esses são os nossos objetos).

Em seguida, identificamos métodos para organizar essas táticas em combinações sofisticadas e suficientemente robustas para construir inovações integradas (essas são as nossas sub-rotinas). Reunidas, elas formam o livro de jogadas (*playbook*) para inovações de ruptura.

Nosso objetivo é básico, mas vital: **estamos tentando fazer com que fique mais fácil ajudar as equipes a criar confiavelmente inovações de ruptura arrojadas.**

CAPÍTULO 19
TÁTICAS DE INOVAÇÃO
UM CONJUNTO DE INSTRUMENTOS QUE TRANSFORMA OS DEZ TIPOS EM ELEMENTOS BÁSICOS PARA A INOVAÇÃO

Descobrimos o modelo 10TI analisando empiricamente grandes inovações para identificar as características que elas têm em comum. Recentemente, realizamos outra análise para aprofundar essa descoberta. Nossa pergunta analítica básica é: **"Que técnicas confiáveis e genéricas existem para cada um dos dez tipos?"**.

Nós as chamamos de **táticas de inovação**. Analisamos e codificamos mais de 100 táticas distintas. Do mesmo modo que o modelo 10TI não é novo, essas táticas também não são. Muitas existiram durante décadas ou até mesmo séculos, como as publicações que utilizam a assinatura como modelo de lucro. Para cada uma, apresentamos uma percepção sobre seus usos e limitações. Isso confere a elas um pragmatismo que provém de uma simples recombinação, como os átomos que criam moléculas, os blocos LEGO que podem se transformar em tudo o que você desejar ou os objetos reutilizáveis que produzem programas digitais robustos. Tome esses elementos básicos distintos da inovação e os recombine para criar avanços de ruptura arrojados.

Isso é valioso precisamente porque não se trata de uma mera cópia. Quando você associa várias táticas de uma maneira original, consegue gerar novos constructos — sem assumir um alto nível de risco em relação à possibilidade de uma nova ideia não poder ser desenvolvida. As inovações mais bem-sucedidas não invenções novinhas em folha. Na verdade, elas integram inúmeras ideias conhecidas, díspares e dispersas em algo que parece novo e notável. A Netflix, por exemplo, utilizou um modelo de assinatura para aprumar o setor de locação de vídeo. A Zipcar utilizou um conjunto de táticas inteligentes, nenhuma delas inédita, para criar uma abordagem de locação de automóveis que, no todo, era original.

Acreditamos que essas **táticas combinadas** têm extrema importância. À medida que você discernir as táticas e a estrutura subjacente que concorreram para a criação de qualquer grande inovação, você começará a ver igualmente temas que repercutem em várias outras. Esses temas e variações não têm nada de novo, obviamente. Eles constituem a essência do que as pessoas adoram em termos de música, poesia e arte. Agora estamos constatando que eles podem residir também na essência de inovações notáveis. As táticas individuais provavelmente lhe oferecerão a segurança de saber que, se você prometer algo difícil de executar, existe um meio confiável de cumprir essa promessa. As táticas combinadas — ações totalmente novas — podem encorajá-lo a transformar ousadamente qualquer mercado obsoleto, com determinada percepção sobre como juntar as peças necessárias para conseguir um todo novo e coerente.

Pense nisso como uma orquestração e não como inovação. Vejamos agora o que é necessário para transformá-lo em maestro...

[1] Quando realizamos essa análise pela primeira vez, encontramos 104 táticas distintas. Um ano depois, quando estávamos escrevendo este livro, esse número aumentou para 112. Novas táticas surgem regularmente, mas não rapidamente. Esteja seguro de que somos bastante obsessivo-compulsivos com respeito a rastreá-las. Por isso, nossa compilação é sempre atualizada em tentypesofinnovation.com.

Microtransações
Modelo de lucro — Configuração
Vender vários itens por um dólar — ou por somente um centavo — para estimular a compra por impulso.

Extensão de marca
Marca — Experiência
Oferecer um novo produto ou serviço sob a mesma estrutura de uma marca existente.

Preço Flexível
Modelo de lucro — Configuração
Variar os preços de um produto/serviço com base na demanda.

Facilidade de uso
Desempenho de produto — Experiência
Desenvolver um produto simples, intuitivo e fácil de usar.

Comunidade e entrosamento
Envolvimento do cliente — Experiência
Facilitar contatos viscerais para que as pessoas sintam que elas fazem parte de um grupo ou movimento.

Presença pop
Canal — Experiência
Criar um ambiente [...] mas temporário p[...] ou vender produt[...]

Alianças
Rede — Configuração
Compartilhar riscos e receitas para melhorar conjuntamente vantagens competitivas individuais.

Segurança
Desempenho de produto — Experiência
Elevar o nível de confiança e segurança do cliente.

Marketing multinível
Canal — Experiência
Vender produtos por atacado ou em pacotes a uma força de vendas afiliada mas independente que utiliza iniciativas próprias para vendê-los.

Colaboração
Rede — Configuração
Firmar parceria com outras partes para benefício mútuo.

Go direct
Canal — Experiência
Evitar os canais de varejo tradicionais e conectar-se diretamente com os clientes.

Parceria complementar
Rede — Configuração
Alavancar os ativos compartilhando-os com empresas que atendem a mercados semelhantes, mas oferecem produtos e serviços diferentes.

Programas de fidelidade
Serviços — Experiência
Oferecer benefícios e/ou descontos para clientes frequentes e valiosos.

Trans[...]
Modelo [...] — Conf[...]
Maximi[...] transaçõ[...] em larga [...] unitári[...]

Freemium
Modelo de lucro — Configuração
Oferecer serviços básicos gratuitamente e cobrar um preço mais alto por recursos avançados ou especiais.

Co-branding
Marca — Experiência
Associar marcas para reforçar mutuamente atributos fundamentais ou melhorar a credibilidade de um produto ou serviço.

Preservação
Desempenho de produto — Experiência
Desenvolver produtos que possibilitem que os usuários finais diminuam o consumo de energia ou de materiais.

Assinatura
Modelo de lucro — Configuração
Criar fluxos de caixa previsíveis por meio da cobrança antecipada dos clientes (de uma taxa única ou recorrente) para que tenham acesso a um produto ou serviço ao longo do tempo.

Canais não tradicionais
Canal — Experiência
Utilizar vias novas e relevantes para atingir e atender aos clientes.

Sistemas de incentivo
Estrutura — Configuração
Fornecer recompensas (financeiras ou não financeiras) para oferecer motivação para uma linha de ação específica.

Afiliação
Modelo de lucro — Configuração
Cobrar uma taxa de acordo com o tempo para autorizar o acesso a locais, produtos ou serviços que os não afiliados não têm.

Loja-conceito
Canal — Experiência
Criar um ponto de venda para exibir atributos quintessenciais de uma marca e produto.

Localização
Processo — Configuração
Adaptar um produto, processo ou experiência para atingir uma cultura ou região específica.

Valor agregado
Serviços — Experiência
Incluir um serviço ou uma função adicional como parte do preço-base.

Concorrência cooperada
Rede — Configuração
Unir forças com alguém que normalmente seria um concorrente para atingir um objetivo em comum.

Software apoiado por anúncio
Modelo de lucro — Configuração
Fornecer conteúdo ou serviços gratuitos para uma parte e ao mesmo tempo "vender" ouvintes, espectadores ou visitantes para outra parte.

TÁTICAS DE INOVAÇÃO

Apresentamos aqui todas as táticas que definimos até o momento, organizadas de acordo com os tipos de inovação. Estamos sempre procurando novas táticas. Se você conseguir pensar em outras táticas que possamos apresentar, escreva para tentypes@doblin.com.

MODELO DE LUCRO

Software apoiado por anúncio (*Adware*)
Fornecer conteúdo ou serviços gratuitos para uma parte e ao mesmo tempo "vender" ouvintes, espectadores ou visitantes para outra parte.

Leilão
Possibilitar que um mercado — e seus usuários — definam o preço de mercadorias e serviços.

Preço de pacote
Vender por meio de uma única transação dois ou mais itens que poderiam ser vendidos separadamente.

Liderança de custo
Manter os custos variáveis baixos e vender grandes volumes a preços baixos.

Preço desagregado
Permitir que os clientes comprem exatamente — e apenas — o que eles desejam.

Financiamento
Captar receitas não da venda direta de um produto, mas de planos de pagamento estruturados e juros pós-venda.

Preço flexível
Variar os preços de um produto/serviço com base na demanda.

Folga (*float*)
Receber um pagamento antes da confecção de um produto e obter juros sobre esse valor antes da entrega da mercadoria.

Escassez forçada
Restringir a oferta dos produtos disponíveis, por quantidade ou acesso, para aumentar a demanda e/ou os preços.

Freemium
Oferecer serviços básicos gratuitamente e cobrar um preço mais alto por recursos avançados ou especiais.

Base instalada
Oferecer um produto "essencial" por uma margem pequena (ou até com prejuízo) para aumentar a demanda e a lealdade; em seguida, obter lucro de produtos e serviços complementares.

Licença
Autorizar um grupo ou indivíduo a utilizar um produto ou serviço de uma forma definida por um pagamento específico.

Afiliação
Cobrar uma taxa de acordo com o tempo para autorizar o acesso a locais, produtos ou serviços que os não afiliados não têm.

Uso medido
Possibilitar que os clientes paguem apenas pelo que eles usam.

Microtransações
Vender vários itens por um dólar — ou por somente um centavo — para estimular a compra por impulso.

Premium
Cobrar um preço com uma margem superior à dos concorrentes, geralmente para um produto, experiência, serviço ou marca.

Compartilhamento de risco
Dispensar taxas ou custos convencionais quando determinadas medidas não são atingidas, mas possibilitar ganhos superdimensionados quando elas são atingidas.

Transações escalonadas
Maximizar as margens buscando transações em grande volume e em larga escala quando os custos unitários são relativamente fixos.

Assinatura
Criar fluxos de caixa previsíveis por meio da cobrança antecipada dos clientes (de uma taxa única ou recorrente) para que tenham acesso a um produto ou serviço ao longo do tempo.

Switchboard (painel de comutação)
Conectar vários vendedores com vários compradores. Quanto maior o número de compradores e vendedores associados, mais valioso o painel se torna.

Definido pelo usuário
Convidar os clientes a estabelecer o preço que desejam pagar.

REDE

Alianças
Partilhar riscos e receitas para obter, em conjunto, vantagens competitivas individuais.

Colaboração
Firmar parceria para benefício mútuo.

Parceria complementar
Alavancar ativos compartilhando-os com quem atendem a mercados semelhantes, mas oferece produtos/serviços diferentes.

Consolidação
Adquirir várias empresas em um mesmo mercado ou em mercados complementares.

Concorrência cooperada (*Coopetition*)
Unir forças com quem normalmente seria concorrente para atingir um objetivo em comum.

Franquia
Licenciar princípios, processos e a marca para parceiros que pagam por isso.

Fusão/Aquisição
Associar duas ou mais entidades para obter acesso a recursos e ativos.

Inovação aberta
Obter acesso a processos ou patentes de outras empresas para ampliar ou construir know-how, ou fazer o mesmo com sua propriedade intelectual e processos internos.

Mercados secundários
Conectar canais de resíduos, subprodutos ou produtos alternativos com quem deseja isso.

Integração da cadeia de suprimentos
Coordenar e integrar informações e/ou processos em uma empresa ou entre diferentes partes da cadeia de valor.

ESTRUTURA

Padronização de ativos
Reduzir os custos operacionais e aumentar a conectividade e a modularidade por meio da padronização de ativos.

Centro de competência
Agrupar recursos, práticas e know-how que apoiam funções e departamentos de uma organização para aumentar a eficiência e a eficácia.

Universidade corporativa
Oferecer treinamento específico à função ou à empresa para gerentes.

Gestão descentralizada
Levar a governança de tomada de decisões para mais próximo das interfaces com pessoas ou negócios.

Sistemas de incentivo
Fornecer recompensas (financeiras ou não financeiras) para oferecer motivação para uma linha de ação específica.

Integração de Tecnologia da Informação
Integrar recursos e aplicações tecnológicas.

Gestão do conhecimento
Compartilhar informações relevantes internamente para diminuir a redundância e melhorar o desempenho de função.

***Design* organizacional**
Fazer com que a forma siga a função e alinhar a infraestrutura com características e processos de negócio essenciais.

Terceirização
Atribuir a um fornecedor a responsabilidade de desenvolver ou manter um sistema.

PROCESSO

Terceirização em massa
Terceirizar trabalhos repetitivos ou desafiadores para um grande grupo de indivíduos semiorganizados.

Manufatura flexível
Utilizar um sistema de produção que possa reagir rapidamente a mudanças e ainda assim operar eficientemente.

Propriedade intelectual
Utilizar um processo patenteado ou de propriedade particular para comercializar ideias de uma maneira que os outros não consigam copiar.

Produção enxuta
Reduzir perdas e custos no processo de fabricação e em outras operações.

Localização
Adaptar um produto, processo ou experiência para atingir uma cultura ou região específica.

Sistemas logísticos
Gerenciar o fluxo de mercadorias, informações e outros recursos entre o ponto de origem e o ponto de uso.

Produção sob encomenda
Produzir um item após o recebimento de um pedido para evitar os custos de manutenção de estoque.

Análise preditiva
Modelar dados de desempenho passados e prever resultados futuros para desenvolver e precificar produtos e/ou serviços correspondentemente.

Automação de processos
Utilizar ferramentas e infraestrutura para gerenciar atividades de rotina e liberar os funcionários para outras atividades.

Eficiência de processo
Criar ou produzir mais e ao mesmo tempo utilizar menos matéria-prima, energia ou tempo.

Padronização de processo
Utilizar produtos, procedimentos e políticas comuns para diminuir complexidade, custos e erros.

***Design* estratégico**
Utilizar uma abordagem propositada que se demonstra consistente entre produtos/serviços, marcas e experiências.

Conteúdo gerado pelo usuário
Convidar os usuários a criar e selecionar conteúdos que potencializem os produtos/serviços.

DESEMPENHO DE PRODUTO

Funcionalidade adicionada
Adicionar recursos a produtos existentes.

Preservação
Criar produtos para que usuários finais diminuam o consumo de energia ou materiais.

Customização
Possibilitar adaptações que atendam a necessidades ou especificações individuais.

Facilidade de uso
Desenvolver um produto simples, intuitivo e fácil de usar.

Funcionalidade envolvente
Acrescentar um recurso inesperado ou notável que eleva a interação do cliente para um patamar além do normal.

Sensibilidade ambiental
Criar produtos que não agridam o ambiente; ou agridam relativamente menos.

Agregação de recursos
Associar diversos recursos existentes de fontes distintas em um único produto.

Foco
Desenvolver um produto ou serviço para um público específico.

Simplificação de desempenho
Eliminar detalhes, interações ou recursos supérfluos para diminuir a complexidade.

Segurança
Elevar a confiança e a segurança do cliente.

Estilização
Utilizar um estilo, modelo ou imagem notável para criar um produto que os clientes cobicem.

Produto superior
Desenvolver um produto cujo design, qualidade e/ou experiência sejam excepcionais.

SISTEMA DE PRODUTO

Complementos
Vender produtos ou serviços relacionados ou periféricos a um cliente.

Extensões/*Plug-ins*
Permitir que recursos internos ou de terceiros sejam adicionados para aumentar a funcionalidade.

Oferta integrada
Integrar componentes que de outra forma seriam oferecidos separadamente em uma experiência completa.

Sistemas modulares
Oferecer um conjunto de componentes individuais que podem ser usados independentemente, mas que ganham utilidade quando associados.

Agrupamento de produtos
Colocar vários produtos à venda em um único pacote.

Plataforma de produto/serviço
Desenvolver sistemas que se conectam com os produtos e serviços de outros parceiros para criar um produto/serviço holístico.

SERVIÇOS

Valor agregado
Incluir um serviço ou uma função adicional como parte do preço-base.

Concierge
Oferecer um serviço por um preço mais alto assumindo tarefas que os clientes não têm tempo de realizar.

Garantia
Eliminar o risco de o cliente perder dinheiro ou tempo em virtude de defeitos no produto ou erros de compra.

Leasing **ou empréstimo**
Permitir que os clientes paguem em prestações para diminuir os custos adiantados.

Programas de fidelidade
Oferecer benefícios e/ou descontos para clientes frequentes e valiosos.

Serviço personalizado
Utilizar informações do próprio cliente para oferecer um serviço perfeitamente adaptado.

Autosserviço
Oferecer aos usuários controle sobre certas atividades cuja conclusão de outra forma exigiria um intermediário.

Serviço superior
Fornecer serviço(s) de maior qualidade e eficácia ou que ofereça(m) uma experiência melhor do que a oferecida por qualquer concorrente.

Serviço suplementar
Oferecer serviços de apoio que se enquadram em produtos/serviços já oferecidos.

Gestão de experiência total
Possibilitar uma gestão atenta e holística da experiência do cliente ao longo do ciclo de vida de um produto/serviço.

Experimentar antes de comprar
Possibilitar que os clientes testem e experimentem um produto ou serviço antes de investir nele.

Comunidades da usuários/sistemas de apoio
Oferecer um recurso comum para suporte, uso e extensão de produtos e serviços.

CANAL

Específico ao contexto
Oferecer acesso oportuno a produtos/serviços que são apropriados a uma ocasião, situação ou local específico.

Venda cruzada
Oferecer outros produtos, serviços ou informações atraentes que melhorarão uma experiência em situações em que os clientes são propensos a comprá-los.

Diversificação
Criar ou entrar em canais novos e diferentes.

Centro de experiência
Criar um espaço que estimule os clientes a interagir com produtos/serviços e comprá-los por meio de um canal diferente (e com frequência de menor custo).

Loja-conceito
Criar um ponto de venda para exibir atributos quintessenciais de uma marca e produto.

Go direct **(Venda direta)**
Evitar os canais de varejo tradicionais e conectar-se diretamente com os clientes.

Distribuição indireta
Utilizar revendedores externos que se responsabilizem pela entrega ao usuário final.

Marketing **multinível**
Vender por atacado ou em pacotes a afiliados independentes que utilizam iniciativas próprias para vender.

Canais não tradicionais
Utilizar vias novas e relevantes para atingir e atender aos clientes.

On-demand
Entregar produtos em tempo real onde e sempre que eles forem desejados.

Presença *pop-up*
Criar um ambiente notável mas temporário para exibir e/ou vender produtos.

MARCA

Extensão de marca
Oferecer um novo produto ou serviço sob a mesma estrutura de uma marca existente.

Alavancagem de marca
Permitir que terceiros utilizem o nome da marca para lhes emprestar credibilidade e ampliar o alcance da empresa.

Certificação
Desenvolver uma marca ou selo que representa e garante determinadas características desejáveis nos produtos oferecidos por uma terceira entidade.

Co-branding **(Coatribuição de marca)**
Associar marcas para reforçar mutuamente atributos fundamentais ou melhorar a credibilidade de um produto ou serviço.

Branding **de componente**
Atribuir uma marca a um componente do produto para fazer com que o todo pareça mais valioso.

Marca própria
Fornecer produtos fabricados por outras empresas, mas que levam a marca da empresa que os oferece.

Transparência
Permitir que os clientes vejam suas operações e envolvam-se com a marca e os produtos/serviços oferecidos.

Alinhamento de valores
Fazer com que a marca represente uma grande ideia ou um conjunto de valores e os expresse consistentemente em todos aspectos da empresa.

ENVOLVIMENTO DO CLIENTE

Autonomia e autorização
Conceder aos usuários a capacidade de moldar suas próprias experiências.

Comunidade e entrosamento
Facilitar contatos viscerais para que as pessoas sintam que elas fazem parte de um grupo ou movimento.

Curadoria (seleção)
Criar um ponto de vista distinto para construir uma identidade sólida para si mesmo e oferecer aos seus seguidores o que eles desejam.

Automação de experiência
Eliminar a carga de atividades repetitivas sobre os usuários para simplificar sua vida e possibilitar que suas novas experiências pareçam mágicas.

Viabilização de experiência
Estender o âmbito do que é possível para oferecer uma experiência antes improvável.

Simplificação de experiência
Diminuir a complexidade e enfatizar o oferecimento de experiências específicas e excepcionalmente agradáveis.

Domínio
Ajudar os clientes a obter grande habilidade ou um conhecimento profundo sobre alguma atividade ou tema.

Personalização
Mudar um produto/serviço padrão para possibilitar a projeção da identidade do cliente.

Status **e reconhecimento**
Oferecer dicas que conferem significado e possibilitar que os usuários — e as pessoas com as quais eles interagem — desenvolvam e nutram aspectos de sua identidade.

Excentricidade e personalidade
Humanizar um produto/serviço com pequenos ornamentos consistentes e fiéis à marca que passam a ideia de que ela tem vida.

COMO UTILIZAR AS TÁTICAS DE INOVAÇÃO

As táticas podem ser utilizadas para desenvolver um conceito de inovação totalmente novo ou enriquecer e ampliar uma ideia ou negócio existente. Responda as perguntas a seguir para visualizar com nitidez onde você está no presente — e para desencadear ideias que lhe mostrem aonde a inovação pode levá-lo no futuro.

Que mudança em inovação você está procurando?
Trata-se de uma mudança de modelo de negócio, de plataforma ou de experiência do cliente? Essa resposta pode ajudá-lo a compreender em quais táticas você deve se concentrar e quais deve utilizar primeiro. Se você estiver buscando uma inovação de modelo de negócio, concentre-se primeiramente nas táticas de configuração — novos modelos de lucro, redes, estruturas e processos — e em seguida prossiga à direita do modelo. Em contraposição, se você estiver buscando uma inovação de experiência do cliente, concentre-se primeiro nas táticas de experiência — novas formas de envolver os clientes, novas marcas, canais e experiências de serviço — e em seguida prossiga à esquerda.

Qual é o nível de ambição de sua iniciativa?
Você está procurando mudar o conhecido, as fronteiras ou o jogo como um todo? Seu nível de ambição pode ajudá-lo a compreender quantas táticas você deve pensar em utilizar. Se você estiver buscando uma inovação essencial, uma ou duas táticas — particularmente se elas forem diferentes daquelas utilizadas pelos concorrentes — podem ser suficientes. Em contraposição, se você estiver buscando uma inovação transformacional, provavelmente precisará integrar com cuidado pelo menos cinco táticas distintas.

TRÊS FORMAS DE UTILIZAR AS TÁTICAS DE INOVAÇÃO

1

ANCORE E AMPLIE
Escolha uma **"âncora de inovação"** em torno da qual você possa desenvolver seu conceito ou negócio. Ela deve estar centrada no valor que você oferece aos clientes e em como você pode superar seus concorrentes. Ela poderia ser um dos **dez tipos** ou uma tática específica dentro de um tipo. Com base nisso, reflita sobre quais outros tipos e táticas são necessários para que seu conceito funcione — e quais outros poderiam ajudar a fortalecer e ampliar seu impacto.

2

ACRESCENTE E SUBSTITUA
Define as táticas que você já está utilizando em seu conceito ou negócio atual. Em seguida, procure algo mais. Primeiro tente acrescentar táticas de outros tipos de inovação que você já esteja utilizando no presente. Posteriormente, tente substituí-las — trocando aquelas que você já utiliza por aquelas que poderiam melhorar sua economia operacional ou a satisfação de seus clientes. Seja ousado. Experimente várias possibilidades novas.

3

ORGANIZE ALEATORIAMENTE
Escolha de três a seis táticas aleatoriamente. Tente imaginar novos negócios e produtos/serviços que poderiam utilizá-las. Essa abordagem específica nos prepara para elaborar uma versão especial das táticas como um baralho. Pode ser de fato divertido reunir um grupo, jogar uma rodada de **pôquer de inovação** e ver o que é possível fazer para desenvolver um negócio em torno das táticas em questão.[2]

---

2 As pessoas sempre nos perguntam se elas podem obter um conjunto de cartas. Envie uma mensagem para tentypes@doblin.com e veremos o que podemos fazer para ajudar.

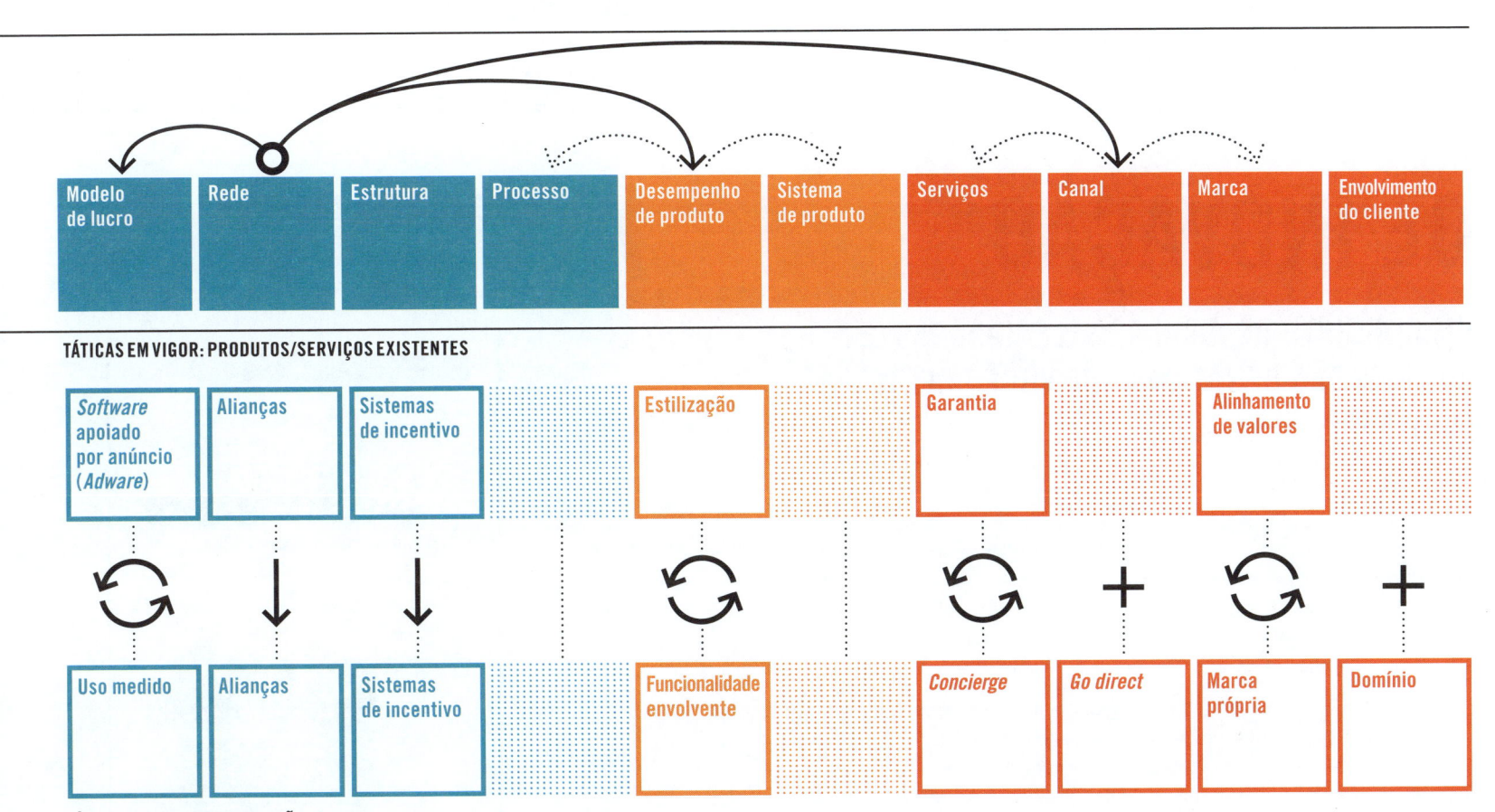

TÁTICAS DE INOVAÇÃO

| Modelo de lucro | Rede | Estrutura | Processo | Desempenho de produto | Sistema de produto | Serviços | Canal | Marca | Envolvimento do cliente |

TÁTICAS EM VIGOR: PRODUTOS/SERVIÇOS EXISTENTES

| Software apoiado por anúncio (*Adware*) | Alianças | Sistemas de incentivo | | Estilização | | Garantia | | Alinhamento de valores | |

| Uso medido | Alianças | Sistemas de incentivo | | Funcionalidade envolvente | | *Concierge* | *Go direct* | Marca própria | Domínio |

TÁTICAS EM VIGOR: NOVA OPÇÃO

CAPÍTULO 20
UTILIZANDO O LIVRO DE JOGADAS DE INOVAÇÃO

UM CONJUNTO DE JOGADAS SELECIONADAS (E A COMBINAÇÃO DE TÁTICAS QUE VOCÊ PRECISARÁ PARA IMPLEMENTÁ-LAS)

Inovar com disciplina exige uma percepção sobre o que você está fazendo e por quê. Lembre-se das duas perguntas sobre inovação: "**Que nível de ambição devemos ter?**" e "**Como podemos inovar de maneira diferente?**". Agora você já está preparado para associar tipos e táticas específicos para abastecer sua missão. Embora a escolha de um conjunto aleatório seja uma das abordagens possíveis, isso nos ajuda a examinar soluções semelhantes àquela que estamos tentando desenvolver.

Essa forma de raciocínio é similar à que os grandes times e técnicos sempre costumam empregar. Os atletas treinam inúmeras **jogadas** várias vezes — até o momento em que eles conseguem executar impecavelmente cada uma delas. Os técnicos percebem situações no momento do jogo — para escolher a jogada certa em qualquer momento dado com base no **livro de jogadas** completo do time.

A CHAMADA DESTA JOGADA

CONSUMO COLABORATIVO
Alavancar a conectividade para aprumar as formas tradicionais de envolvimento e mudar o modo como os clientes relacionam-se com produtos e serviços.

Modelo de Lucro
configuração
Uso medido
Possibilitar que os clientes paguem apenas pelo que eles usam.

Modelo de Lucro
configuração
Switchboard
Conectar vários vendedores com vários compradores. Quanto maior o número de compradores e vendedores associados, mais valioso o painel se torna.

A **Ellay** cobrava taxas para postar itens e obtinha uma porcentagem sobre cada item vendido e em troca oferecia aos vendedores centralizados acesso a milhões de compradores e cobradores.

OBTIVERAM RESULTADOS DO SEGUINTE TIPO:

❶

ZIPCAR
Locadora de automóveis dos EUA que cobra por hora. Outros concorrentes que também utilizam esse método são: Autolib', Daimler's, Car2Go e DriveNow da BMW.

❷

VÉLIB'
Sistema de compartilhamento de bicicletas em larga escala com sede em Paris (França). Sistemas semelhantes operam em locais como Hangzhou (China) e Washington, DC.

❸

AIRBNB
Serviço de locação de quartos, casas e apartamentos de pessoa para pessoa. Outras empresas que utilizam uma fórmula semelhantes incluem a MetroFlats e VRBO.

❹

CHEGG
Serviço de locação de livros universitários nos EUA. A RentTheRunway é uma empresa semelhante no setor de moda, ao passo que ToyLib, do Japão, aluga brinquedos.

❺

MOVIRTU'
Plano de compartilhamento de celulares para países em desenvolvimento que possibilita que grandes grupos de indivíduos compartilhem um único telefone.

...e mais.

JOGADAS QUE GERAM UM PLANO DE JOGO ASTUTO

Essas inovações sofisticadas são compiladas de vários setores. Ao decompô-las para identificar as principais táticas em vigor, é possível ver que a combinação subjacente pode ser facilmente adaptada, ampliada e reutilizada. A seguir, desconstruímos alguns exemplos clássicos de cada jogada na prática e mostramos configurações de táticas surpreendentes. Evidenciamos qual mudança e que nível de ambição estão sendo utilizados em cada caso. Não detalhamos cada uma das táticas envolvidas. Em vez disso, concentramo-nos naquelas que são essenciais em cada jogada. Utilize esse processo como apoio para desenvolver inovações de ruptura semelhantes.

MODELO DE NEGÓCIO

CONVITE ABERTO
Estimular outras pessoas a trabalhar com você, sejam elas especialistas ou desconhecidas.

Táticas em vigor
(INOVAÇÃO ABERTA OU TERCEIRIZAÇÃO EM MASSA) + CENTRO DE COMPETÊNCIA

CONSUMO COLABORATIVO
Alavancar a conectividade para aprumar as formas tradicionais de envolvimento e mudar o modo como os clientes relacionam-se com produtos e serviços.

Táticas em vigor
(USO MEDIDO ou *SWITCHBOARD*) + AUTOMAÇÃO DE PROCESSOS + (SEGURANÇA OU COMUNIDADES DE USUÁRIOS/SISTEMAS DE APOIO OU ALINHAMENTO DE VALORES)

SERVIÇOS COM BASE GRATUITA
Oferecer serviços básicos gratuitos para atrair vários usuários e obter lucro de várias maneiras.

Táticas em vigor
FREEMIUM + FUNCIONALIDADE ENVOLVENTE + (MICROTRANSAÇÕES OU AFILIAÇÃO OU *SOFTWARE* APOIADO POR ANÚNCIO OU *SWITCHBOARD*)

OTIMIZAÇÃO RADICAL
Transcender eficiências operacionais padrão para que outras empresas tenham dificuldade de concorrer com você.

Táticas em vigor
(INTEGRAÇÃO DE TECNOLOGIA DA INFORMAÇÃO + AUTOMAÇÃO DE PROCESSOS + PADRONIZAÇÃO DE PROCESSO + GARANTIA)

SERVIÇOS/NEGÓCIOS PREDITIVOS
Minerar dados para modelar comportamentos e avarias para fazer promessas, prever resultados e impulsionar eficiências para os clientes.

Táticas em vigor
(COMPARTILHAMENTO DE RISCO OU USO MEDIDO) + ANÁLISE PREDITIVA + AGRUPAMENTO DE PRODUTOS + GARANTIA

PLATAFORMA

FRANQUIA
Desenvolver produtos/serviços e experiências exclusivas que você — e outros — utilizam para desenvolver ecossistemas de extensões.

Táticas em vigor
PRODUTO SUPERIOR + COMPLEMENTOS + EXTENSÃO DE MARCA

INTERCÂMBIO
Estabelecer centros de atividades e comércio para qualquer recurso, interesse, mercado ou setor.

Táticas em vigor
SWITCHBOARD + CONTEÚDO GERADO PELO USUÁRIO + COMUNIDADES DE USUÁRIOS/SISTEMAS DE APOIO

CRIAÇÃO COLABORATIVA
Conectar comunidades oferecendo telas e *kits* de ferramentas e estimulá-las a criar produtos/serviços para você.

Táticas em vigor
TERCEIRIZAÇÃO EM MASSA + AUTOMAÇÃO DE PROCESSOS + COMUNIDADES DE USUÁRIOS/SISTEMAS DE APOIO + (ALINHAMENTO DE VALORES ou *STATUS* E RECONHECIMENTO)

PLATAFORMA DE COMPETÊNCIA
Abrir ativos e recursos fundamentais e permitir que outras empresas os utilizem para fortalecer seu próprio negócio.

Táticas em vigor
PARCERIA COMPLEMENTADA + PROPRIEDADE INTELECTUAL + PRODUTO SUPERIOR + DIVERSIFICAÇÃO

ECOSSISTEMA DE EXPERIÊNCIA
Desenvolver um sistema perfeito de produtos, serviços e extensões que interoperam e se conectam de uma maneira consistentemente inteligente e atraente.

Táticas em vigor
LICENÇA + ALIANÇAS + *DESIGN* ESTRATÉGICO + SIMPLIFICAÇÃO DE DESEMPENHO + PLATAFORMA DE PRODUTO/SERVIÇO + *GO DIRECT*

EXPERIÊNCIA DO CLIENTE

STATUS
Utilizar dicas sutis ou explícitas para conferir *status* aos seus clientes — criando grupos de elite que se envolvem entusiasticamente com seus produtos e serviços.

Táticas em vigor
PROGRAMAS DE FIDELIDADE + PERSONALIZAÇÃO + *STATUS* e RECONHECIMENTO

IMERSÃO
Criar ambientes que cativam e fascinam os clientes para estimular novos níveis de envolvimento e comprometimento.

Táticas em vigor
***DESIGN* ESTRATÉGICO + LOJA-CONCEITO + VIABILIZAÇÃO DE EXPERIÊNCIA**

COMUNIDADE CONECTADA
Tirar proveito do poder dos laços sociais para aprofundar experiências e estimular os consumidores a compartilhar interesses em comum, atividades e produtos/serviços que as apoiem.

Táticas em vigor
FOCO + COMUNIDADES DE USUÁRIOS/SISTEMAS DE APOIO + ALINHAMENTO DE VALORES + COMUNIDADE E ENTROSAMENTO

VALORES
Fazer com que seus produtos representem algo e promover um movimento — dirigido para um determinado público, causa ou motivo de existência.

Táticas em vigor
FOCO + TRANSPARÊNCIA + ALINHAMENTO DE VALORES + EXCENTRICIDADE E PERSONALIDADE

SIMPLIFICAÇÃO
Facilitar radicalmente o que for complexo, inoportuno ou hermético para os clientes — possibilitando que eles concretizem coisas que antes simplesmente não conseguiam.

Táticas em vigor
FACILIDADE DE USO + FUNCIONALIDADE ENVOLVENTE + SIMPLIFICAÇÃO DE EXPERIÊNCIA + EXCENTRICIDADE E PERSONALIDADE

JOGADA DE INOVAÇÃO
INOVAÇÃO ABERTA

ESTIMULAR OUTRAS PESSOAS A TRABALHAR COM VOCÊ, SEJAM ELAS ESPECIALISTAS OU ESTRANHOS NA MULTIDÃO. Os métodos e abordagens de inovação aberta tornaram-se predominantes na última década por um motivo simples — **Todos nós somos mais inteligentes do que qualquer um de nós**. Acreditamos que a inovação aberta é fundamental para a eficácia da inovação no presente. A jogada de inovação aberta dá um passo à frente ao incorporá-la na forma como a empresa costuma fazer negócios.

A JOGADA NA PRÁTICA
GLAXOSMITHKLINE CONSUMER HEALTHCARE

Mudança:
MODELO DE NEGÓCIO

Ambição:
MUDAR O CONHECIDO

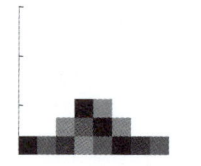

Setor:
MEDICAMENTOS NÃO CONTROLADOS E COSMÉTICOS

Os executivos da GlaxoSmithKline (GSK) Consumer Healthcare sabem que eles não conseguem fazer tudo por conta própria. Por isso, eles cultivaram inúmeros **parceiros externos** com os quais os cientistas da empresa trabalham colaborativamente para gerar novas ideias e compartilhar o risco de desenvolvimento. A GSK tem vários sistemas e infraestruturas que convidam cientistas externos a colaborar com suas marcas globais a fim de desenvolver novas ideias e novos produtos. Atualmente, 50% do *pipeline* de produtos da empresa está aberto a influências de tecnologias e recursos externos.[1]

OUTRO NEGÓCIO QUE UTILIZA A JOGADA DE INOVAÇÃO ABERTA
PROCTER & GAMBLE

"Outrora vista como insular, o gigante de produtos de consumo hoje é conhecida por sua abordagem de inovação aberta", relatou Jena McGregor na *BusinessWeek*, em 2007.[2] Ela estava escrevendo sobre o programa Connect + Develop ("Conecte-se + Desenvolva") da Procter&Gamble, que deu início ao uma iniciativa de crescimento dentro da empresa e funcionou também como filosofia aplicada em 2013. Esse programa envolve colaborações com indivíduos externos para o desenvolvimento de novos produtos, como trabalhar com um fabricante de velas para criar o Febreze Candles ou desenvolve o creme para a pele Olay Regenerist com uma empresa de cosméticos francesa (inovação aberta). A P&G tem equipes multidisciplinares (centro de competência) e, tal como ressaltou Jena McGregor, tem também um processo para atrair, executar trabalhos conjuntos e recompensar os colaboradores (terceirização em massa), ou seja, *crowdsourcing*.

---

1   Esse número foi citado em uma entrevista com Helene Rutledge, então diretora de inovação aberta da GSK Consumer Healthcare: http://tentyp.es/QZSGOK.

2   *P&G Asks: What's the Big Idea?*, de Jena McGregor, *BusinessWeek*, 4 de maio de 2007: http://tentyp.es/XcreMZ.

3   Rutledge refere-se ao creme dental como uma inovação clássica: "A tecnologia foi tomada emprestada de uma categoria adjacente em que existem conhecimentos aprofundados, o produto foi desenvolvido com especialistas contratados externamente e o sucesso do produto ficou bem acima das expectativas originais."

Táticas:

Rede
INOVAÇÃO ABERTA
Obter acesso a processos ou patentes de outras empresas para alavancar, ampliar ou utilizar know-how como fundamentação e/ou fazer a mesma coisa com propriedade intelectual e processos internos.

\+

Estrutura
CENTRO DE COMPETÊNCIA
Agrupar recursos, práticas e know-how que apoiam funções e departamentos de uma organização para aumentar a eficiência e a eficácia.

\+

Processo
TERCEIRIZAÇÃO EM MASSA
Terceirizar trabalhos repetitivos ou desafiadores para um grande grupo de indivíduos semiorganizados.

A GSK trabalha com cientistas independentes com empresas de pesquisa para identificar, acessar e desenvolver tecnologias essenciais para utilizar em seus produtos de consumo de saúde — por exemplo, a tecnologia de formação de espuma utilizada em seu creme dental Aquafresh Isoactive, resultado de uma colaboração com quatro parceiros distintos.[3]

A GSK Consumer Healthcare tem centros de inovação globais e focados na marca nos quais parceiros de inovação, cientistas de P&D, especialistas de *marketing* e equipes de vendas trabalham em ambientes abertos que facilitam discussões diretas e estimulam a criatividade. "Se você for *designer* de embalagem e estiver sentado defronte a um médico, você não precisa agendar uma reunião para compartilhar ideias — o que poderia demorar um mês", explicou Robert Wolf, da GSK. "Basta apenas recostar e começar a conversar. E essas interações informais desencadeiam uma energia de criatividade", complementou.

O portal de inovação aberta da GSK, chamado de Innovation at GSK, possibilita que as partes externas procurem pelas necessidades de tecnologia de produto da empresa e ofereçam ideias para colaboração. Os projetos são desenvolvidos por meio do Innovation Pathway, um processo de desenvolvimento exclusivo de 24 meses que é orientado por um gerente de inovação aberta e encaminhado por uma equipe de coordenação.

DEZ TIPOS DE INOVAÇÃO   160

JOGADA DE INOVAÇÃO
CONSUMO COLABORATIVO

ALAVANCAR A CONECTIVIDADE PARA APRUMAR AS FORMAS TRADICIONAIS DE ENVOLVIMENTO E MUDAR O MODO COMO OS CLIENTES RELACIONAM-SE COM PRODUTOS E SERVIÇOS.

O termo **"consumo colaborativo"** tem sido empregado desde a década de 1970, mas ganhou proeminência de fato nos últimos anos, florescendo em um movimento global para reduzir o desperdício e promover uma reflexão sobre o bem maior e mais comum. Em uma era de escassez, densidade populacional e conectividade crescentes, esperamos ver cada vez mais empreendimentos utilizarem essa jogada.

A JOGADA NA PRÁTICA
ZIPCAR

Mudança:
MODELO DE NEGÓCIO

Ambição:
MUDAR AS FRONTEIRAS

Setor:
LOCAÇÃO DE AUTOMÓVEIS

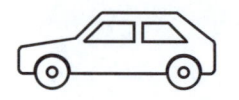

Fundada por dois amigos que expressaram publicamente sua preocupação sobre como poderiam levar a ideia europeia de compartilhamento de automóveis para Cambridge, no Estado de Massachusetts (e para outros lugares), a Zipcar de fato decolou no início de 2000. Aliás, a empresa pôs por terra quase todas as normas no setor tradicional de locação de automóveis. Seus carros podiam ser alugados por hora, e não apenas por dia. Além disso, a empresa não precisava supervisionar muitos atendentes; em vez disso, ela disponibilizava os

Zipcars, nome pelo qual suas locações tornaram-se conhecidas, para os estacionamentos de várias cidades. Bastava passar o *Zipcard* para abrir o veículo. O alvo da Zipcar eram pessoas que não precisavam de um carro em tempo integral (ou que não queriam o inconveniente de possuir um carro), e não os tradicionais locatários de automóveis comerciais. A Zipcar repensou não apenas como deveria oferecer carros para locação — ela fundamentalmente reimaginou o que esse setor poderia fazer.

4 Isso foi motivado por uma lição inicial penosa e famosa para a Airbnb quando o apartamento de uma pessoa foi vandalizado e roubado por um locatário.

OUTRO NEGÓCIO QUE UTILIZA A JOGADA DE CONSUMO COLABORATIVO

AIRBNB A Airbnb ofereceu uma alternativa aos hotéis conectando viajantes com os quartos de hóspedes (switchboard). Isso ajudou os anfitriões a ganhar dinheiro e os viajantes a encontrar acomodações especiais — tudo isso com uma pegada ecológica inferior à da maioria dos quartos de hotel. Oferecendo ferramentas convenientes para os proprietários criarem listas e estabelecerem parâmetros com relação a quem poderia alugar um quarto (automação de processos), a Airbnb funcionava como uma câmara de compensação, retendo o pagamento por 24 h depois que os viajantes faziam o *check-in* — para que eles contassem com reembolso se o quarto não estive à altura do anúncio. Além disso, ela oferecia até US$ 1.000.000 em seguro para os proprietários a fim de diminuir o risco de acolher estranhos[4] (segurança). Em 2012, a Airbnb ofereceu ao todo mais de 200.000 listas, distribuídas entre 33.000 cidades e 192 países (comunidades de usuários/sistemas de apoio).

Táticas:

Modelo de lucro	**Processo**	**Desempenho de produto**	**Marca**
USO MEDIDO *Possibilitar que os clientes paguem apenas pelo que eles usam.*	**AUTOMAÇÃO DE PROCESSOS** *Utilizar ferramentas e infraestrutura para gerenciar atividades de rotina e liberar os funcionários para outras atividades.*	**SEGURANÇA** *Elevar o nível de confiança e segurança do cliente.*	**ALINHAMENTO DE VALORES** *Fazer com que a marca represente uma grande ideia ou um conjunto de valores e os expresse consistentemente em todos os aspectos da empresa.*
Os membros da Zipcar, ou *Zipsters*, tal como a empresa gosta de chamá-los, pagam uma pequena taxa de sócio. Além disso, os motoristas só são cobrados quando tiram um carro. Esse flexível modelo de uso medido possibilita que os clientes aluguem carros por períodos mínimos de uma hora por vez.	O elemento central da Zipcar é o seu sistema FastFleet — um sistema de GPS e de dados sem fio que permite que os clientes entrem no carro, acompanha os seus padrões de uso, coleta dados e alerta os gerentes de frota internos sobre qualquer problema com os carros. Esse sistema é vital para gerenciar e controlar como os carros são usados, o que impulsiona a lucratividade de uma empresa de locação que possui ativos relativamente caros (como os carros).	A Zipcar oferece facilidade de uso — integrando seguro para o motorista, combustível e todas as outras despesas em uma única taxa por hora. Isso garante às pessoas que alugam automóveis que tudo será providenciado se houver um acidente, bem como que o carro estará em bom estado quando for apanhado. Se um motorista anterior deixar o carro em mau estado — cheio de embalagens vazias de comida ou sem combustível —, a empresa oferece um número 0800 para a os afiliados relatarem.	O logotipo da empresa é verde de propósito. A marca Zipcar representa valores em torno da responsabilidade e dos benefícios ambientais próprios do uso compartilhado de automóveis. Tal como o presidente e diretor executivo, Scott W. Griffith, descreveu no relatório anual de 2011 da empresa, "Somos 'automóveis quando você precisa deles.' Nossa marca conota simplicidade, conveniência, inovação, liberdade, prazer, sustentabilidade, comunidade e consumo inteligente."

JOGADA DE INOVAÇÃO
SERVIÇOS COM BASE GRATUITA

OFERECER / SERVIÇOS BÁSICOS GRATUITOS PARA ATRAIR VÁRIOS USUÁRIOS E OBTER LUCRO DE VÁRIAS MANEIRAS.

O que poderia ser mais inovador do que obter lucro oferecendo algo gratuitamente? Tradicionalmente, esse modelo tem se restringido em grande medida a serviços digitais, nos quais o custo incremental de oferecer um site, mídias ou outros conteúdos digitais tende a ser zero mesmo quando o número de usuários aumenta. Isso ajuda as empresas que utilizam essa estratégia a ganhar escala rapidamente e a criar vários fluxos de receita, que incluem produtos/serviços com preço elevado, propaganda e recomendações feitas por parceiros.

A JOGADA NA PRÁTICA
LINKEDIN

Mudança:
MODELO DE NEGÓCIO

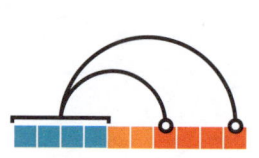

Ambição:
MUDAR O CONHECIDO

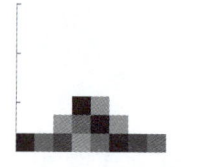

Setor:
MÍDIAS SOCIAIS

Lançado em maio de 2003, o LinkedIn foi uma das primeiras redes sociais on-line dedicada a ajudar os profissionais a construir sua rede pessoal. De acordo com a Forbes (e muitas outras publicações), o LinkedIn tinha mais de 200 milhões de membros no início de 2013.[5] O LinkedIn tem alguns atributos de uma jogada gratuita tradicional — oferece serviços básicos de graça e cobra por serviços especiais e extrai grande parte de sua receita de serviços de contratação, geração de leads e propaganda.[6] Esse tipo de diversificação de receita é importante para tornar esse tipo de jogada lucrativo.

5 *LinkedIn Tops 200 Million Members*, de Tomio Geron, *Forbes*, 9 de janeiro de 2013: **http://tentyp.es/XaqZln**.

6 Para examinar mais a fundo o modelo de negócio do LinkedIn, consulte *LinkedIn Wants to Make More Money From Job Recruiters*, de Quentin Hardy, *The New York Times*, 18 de outubro de 2011: **http://tentyp.es/WZGphb**.

7 Adam Clark Estes decompõe o modelo de lucro do LinkedIn em *How LinkedIn Makes Money*, *The Atlantic*, 5 de agosto de 2011: **http://tentyp.es/159UmOn**.

OUTRO NEGÓCIO QUE UTILIZA A JOGADA DE SERVIÇOS COM BASE GRATUITA
ZYNGA

A Zynga, empresa de jogos de São Francisco (EUA), utiliza um conjunto semelhante de táticas — muitos usuários jogam seus jogos compulsivamente viciantes de graça (**funcionalidade envolvente**, *freemium*), mas uma pequena porção compra itens dentro dos jogos que acentuam a experiência de jogar (**microtransações**). Uma pequena quantidade de receita adicional é obtida por meio de propaganda e recomendações de parceiros (**software apoiado por anúncio**). Neste exato momento, esse modelo de negócio está sofrendo pressões e está aquém das expectativas dos analistas — principalmente em virtude da dependência da empresa para com o Facebook e a receita gerada pelos itens dentro dos jogos. Tal como o LinkedIn, é provável que a Zynga tente diversificar seus fluxos de receita para se concentrar em oferecer espaço para propaganda e serviços de parceiros.

Táticas:

Modelo de lucro
FREEMIUM
Oferecer serviços básicos gratuitamente e cobrar um preço mais alto por recursos avançados ou especiais.

\+

Modelo de lucro
SWITCHBOARD
Conectar vários vendedores com vários compradores. Quanto mais você puder conectar, mais valioso o painel se torna.

\+

Modelo de lucro
AFILIAÇÃO
Cobrar uma taxa de acordo com o tempo para autorizar o acesso a locais, produtos ou serviços que os não afiliados não têm.

\+

As contas básicas do LinkedIn incluem perfil pessoal, rede de contatos e outros recursos. Esses itens são gratuitos para qualquer usuário. Os usuários *premium* pagam por serviços complementares, como possibilidade de enviar mensagens a membros com os quais eles não estão conectados ou de ver mais informações sobre quem está examinando seu perfil.

Nesse caso, os empregos são os bens comprados e vendidos. 50% da receita do LinkedIn provém do serviço de "Soluções de Contratação", que conecta *headhunters* (caça-talentos) e serviços de recrutamento com o banco de dados de possíveis candidatos. Os recrutadores pagam uma assinatura anual para construir portais de emprego e carreira e gerenciar o fluxo de aquisição de talentos.[7]

Usuários *premium* pagam uma taxa mensal para ter acesso a recursos exclusivos. O *site* oferece níveis de afiliação paga. Como *Business*, que em 2012 era a opção básica por US$ 20/mês, incluía privilégios como busca especial e possibilidade de solicitar uma apresentação a uma empresa. O nível mais alto, *executive*, por US$ 80 possibilitava enviar mensagens a qualquer pessoa na rede (resposta garantida ou seu dinheiro de volta).

Modelo de lucro
APOIADO POR ANÚNCIO
Fornecer conteúdo ou serviços gratuitos para uma parte e ao mesmo tempo "vender" ouvintes, espectadores ou visitantes para outra parte.

\+

Desempenho de produto
FUNCIONALIDADE ENVOLVENTE
Acrescentar um recurso inesperado ou notável que eleva a interação do cliente para um patamar além do normal.

"As soluções de *marketing* equivalem à propaganda *display* básica, mas não é só isso", escreveu Adam Clark Estes no *The Atlantic* sobre o modelo de lucro do LinkedIn.[7] "Como o LinkedIn é construído em torno de perfis profissionais, empresas podem criar ou patrocinar grupos personalizados sobre carreiras específicas e desenvolver páginas com ofertas melhores do que em lugares como o Facebook."

Um plano de jogo voltado para ofertas de base gratuita depende do oferecimento de algo que atraia usuários e os envolva como passar do tempo. O LinkedIn consegue fazer isso facilitando a criação de perfis e o desenvolvimento de uma rede pessoal. Além disso, ele oferece atualizações sobre os indivíduos em sua rede e sugere outras pessoas com as quais você desejar se conectar.

DEZ TIPOS DE INOVAÇÃO

JOGADA DE INOVAÇÃO
OTIMIZAÇÃO RADICAL

A JOGADA NA PRÁTICA
CEMEX

Mudança:
MODELO DE NEGÓCIO

Ambição:
MUDAR AS FRONTEIRAS

Setor:
CONSTRUÇÃO CIVIL

TRANSCENDER EFICIÊNCIAS OPERACIONAIS PADRÃO PARA QUE OUTRAS EMPRESAS TENHAM DIFICULDADE DE CONCORRER COM VOCÊ.

Algumas vezes as eficiências tornam-se tão extremas, que elas não estabelecem novos parâmetros comparativos no valor oferecido aos clientes — elas elevam o nível para um patamar que os concorrentes lutam para alcançar. O que constitui otimização **"radical"** variará de acordo com o setor e o contexto, mas pense em como a padronização de procedimentos e a inclusão de conectividade de TI e de um serviço de informações em partes de seu negócio poderiam mudar a base de concorrência.

Muitas cidades no México são famosas pelo congestionamento de trânsito, que dura horas e pode transformar um percurso de quinze minutos em um martírio de **cinco horas**. Isso é bastante problemático para os caminhões de cimento. A certa altura, embora o tambor gire intensamente, a carga de cimento ainda molhado em algum momento perderá a umidade e deixará de ser cimento; em vez disso, você terá uma grande pedra e um caminhão com defeito. Em meados da década de 1990, a Cemex resolveu esse problema examinando tanto como funcionava a central da FedEx em Memphis quanto as ambulâncias e os despachantes de serviços de emergência médica em Houston. A empresa constatou que, embora as necessidades de cimento fossem individualmente imprevisíveis, no todo havia padrões discerníveis (e até certo ponto previsíveis).[8]

8 Consulte o livro *Surfing on the Edge of Chaos*, de Richard Pascale, para uma investigação reveladora sobre o sistema da Cemex. Thomas Petzinger Jr. também conta essa história mais detalhadamente em um artigo para a *Fast Company*. Consulte a parte sete para obter *links*.

OUTRO NEGÓCIO QUE UTILIZA A JOGADA DE OTIMIZAÇÃO RADICAL
HOSPITAL DE OLHOS ARAVIND
O Hospital de Olhos Aravind foi fundado em Madurai, na Índia, em 1976. Sua missão: "Eliminar a cegueira desnecessária". Inicialmente com 11 leitos e quatro médicos, a entidade sem fins lucrativos desde então se expandiu por toda a Índia. Em 2012, 2,8 milhões de pacientes externos foram tratados e mais de 340 mil cirurgias foram realizadas. Entretanto, o que é de fato interessante sobre o Aravind é que os procedimentos intensamente otimizados mantiveram custos baixos (**padronização de processo**) e o hospital iniciou a própria fabricação para oferecer lentes e suprimentos acessíveis (**integração de TI**, **automação de processos**).

Táticas:

Estrutura	**Processo**	**Processo**	**Serviços**
INTEGRAÇÃO DE TECNOLOGIA DA INFORMAÇÃO *Integrar recursos e aplicações tecnológicas.*	**AUTOMAÇÃO DE PROCESSOS** *Utilizar ferramentas e infraestrutura para gerenciar atividades de rotina e liberar os funcionários para outras atividades.*	**PADRONIZAÇÃO DE PROCESSO** *Utilizar produtos, procedimentos e políticas comuns para diminuir complexidade, custos e erros.*	**GARANTIA** *Eliminar o risco de o cliente perder dinheiro ou tempo em virtude de defeitos no produto ou erros de compra.*

+ + +

A Cemex equipou a maioria de seus caminhões misturadores de concreto com localizadores GPS e computadores. Isso possibilitou que os gerentes otimizassem a programação, calculassem os tempos de percurso e supervisionassem a eficiência da frota. Em determinadas áreas, os misturadores tinham até tecnologia para garantir uma distribuição equilibrada da carga de cimento no caminhão — isso, por sua vez, ajudou a preservar as estradas com frequência mal conservadas nesses países.

A Cemex preocupou-se em criar um serviço de entrega sem precedentes no que tange à eficiência. Em vez de depender de um único caminhão para entrega em um local específico, o sistema otimizava constantemente as rotas e os caminhões eram despachados com base na mudança de padrões de tráfego e no local em que se encontravam em determinada cidade. Além disso, a Cemex ajudou seus clientes oferecendo a tecnologia denominada SmartSilo para monitorar o uso de cimento — e tinha caminhões disponíveis para entrega quando o nível de estoque do cliente estava baixo.

Esse sistema só funcionava se sempre houvesse vários caminhões disponíveis para responder à mudança nos padrões de tráfego — e se esses caminhões estivessem interligados e informando o lugar em que se encontravam. Por isso, quase todos os caminhões da Cemex tinham um sistema de Tecnologia da Informação habilitado para GPS instalado e as entregas de cimento eram programadas em uma central de supervisão de todas as operações de uma cidade.

Esse sistema funcionou tão bem, que a Cemex criou o programa Garantia 20x20, assegurando entregas no prazo de 20 min após o horário de agendamento. Se uma entrega demorasse mais do que isso, o cliente receberia um desconto de 20 pesos por metro cúbico. Na época, era uma promessa que os concorrentes não conseguiam igualar.

JOGADA DE INOVAÇÃO
SERVIÇOS/NEGÓCIOS PREDITIVOS

MINERAR DADOS PARA MODELAR COMPORTAMENTOS E AVARIAS PARA FAZER PROMESSAS, PREVER RESULTADOS E IMPULSIONAR EFICIÊNCIAS PARA OS CLIENTES.

Em vista da crescente onipresença e conectividade de dados, paralelamente aos custos decrescentes associados ao acesso, ao armazenamento e à mineração de dados, um número cada vez maior de empresas pode não apenas melhorar seus produtos ou serviços, mas também prever como esses produtos ou serviços podem ser usados. Em certos casos, é possível até mesmo determinar os resultados específicos que eles gerarão para os clientes. Pense em como você poderia utilizar essas constatações para oferecer aos clientes novas garantias convincentes — e talvez até transformar os aspectos econômicos de seu setor.

A JOGADA NA PRÁTICA
GE AVIATION

Mudança:	Ambição:	Setor:
MODELO DE NEGÓCIO	**MUDAR O JOGO**	**AVIAÇÃO COMERCIAL**

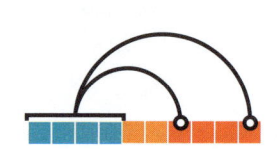

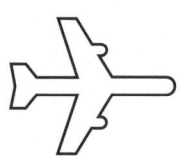

A GE Aviation revolucionou o setor de motores de avião com o OnPoint Solutions, um sistema que integra manutenção, material e serviços de gestão de ativos, bem como recursos de financiamento da GE Capital (se o cliente precisasse deles), em uma oferta que garante tempo de funcionamento do motor — tudo precificado por hora de voo. Existem vários tipos de inovação em vigor nesse caso, mas as quatro táticas mostradas na página ao lado são centrais nesse avanço de ruptura.

OUTRO NEGÓCIO QUE UTILIZA A JOGADA DE SERVIÇOS/NEGÓCIOS PREDITIVOS
JOHNSON CONTROLS

A Johnson Controls modela exaustivamente o custo e o desempenho de suas soluções de gestão predial, que incluem controle de temperatura e umidade, automação de sensores e outras ferramentas de gestão de instalações que são agrupados em soluções abrangentes (agrupamento de produtos, análise preditiva). O notável é que, se a empresa não oferecer ao cliente as economias prometidas, ela garante o reembolso da diferença entre o que foi garantido e o que foi obtido (compartilhamento de risco, garantia).

Táticas:

Modelo de lucro **COMPARTILHAMENTO DE RISCO** *Dispensar taxas ou custos convencionais quando determinadas medidas não são atingidas, mas possibilitar ganhos superdimensionados quando elas são alcançadas.*	**Processo** **ANÁLISE PREDITIVA** *Modelar dados de desempenho passados e prever resultados futuros para desenvolver e precificar produtos e/ou serviços correspondentemente.*	**Sistema de produto** **AGRUPAMENTO DE PRODUTOS** *Colocar vários produtos à venda em um único pacote.*	**Serviços** **GARANTIA** *Eliminar o risco de o cliente perder dinheiro ou tempo em virtude de defeitos no produto ou erros de compra.*
Os motores são precificados e garantidos por hora de voo — o que significa que, se um motor ficar inesperadamente inativo, a GE Aviation assume o custo em nome do cliente. Ao mesmo tempo, se os custos forem inferiores ao esperado, ela capta essa margem de lucro.	A GE Aviation mede, monitora e modela obsessivamente o desempenho de seus motores para prever quando eles precisam de serviços de manutenção, para prever custos futuros e para estruturar apropriadamente seu sistema de serviços. O serviço digital myEngines possibilita que os gerentes de frota monitorem a manutenção mesmo quando o avião está em movimento, ao passo que o sistema otimizado de lavagem de motores ClearCore ajuda os engenheiros da GE a manter os aviões para melhorar o consumo de combustível e ampliar a confiabilidade operacional do motor (*time-on-wing*).	O OnPoint reúne itens antes desconectados, como programas de troca de motores, linha de manutenção e atualizações tecnológicas, em um único serviço, que é também integrado com os recursos da GE Capital para oferecer financiamento de motores por meio de opções flexíveis.	O OnPoint é apoiado por um sistema mundial de equipes de serviço de resposta rápida disponíveis em tempo integral para garantir um funcionamento ininterrupto dos motores. De acordo com o *marketing* desse serviço: "As companhias aéreas operam 24 h por dia e 365 dias por ano. Ter capacidade de tomar decisões em tempo real pode influenciar verdadeiramente na satisfação do cliente e diminuir os custos operacionais."

JOGADA DE INOVAÇÃO
FRANQUIA

DESENVOLVER PRODUTOS/SERVIÇOS E EXPERIÊNCIAS EXCLUSIVAS QUE VOCÊ — E OUTROS — UTILIZAM PARA DESENVOLVER ECOSSISTEMAS DE EXTENSÕES.

Algumas vezes uma história, uma ideia ou uma tecnologia é tão atraente, que é impossível ser contida; ela encontra utilidade e relevância surpreendentes e inesperadas em vários lugares, os públicos leais exigem mais. Essa é a essência da **jogada de franquia** — identificar algo que você faz ou oferece que seja surpreendente e encontrar formas de ampliar isso por meio de séries, expansões, extensões e complementos.

A JOGADA NA PRÁTICA
HARRY POTTER

Mudança:
PLATAFORMA

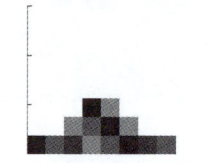

Ambição:
MUDAR O CONHECIDO

Setor:
EDITORIAL

O menino bruxo e seus companheiros mobilizaram a imaginação do mundo e deixaram crianças e igualmente adultos ofegantes para ler o próximo episódio da série.⁹ Harry Potter transformou-se rapidamente em uma franquia transmídia, com filmes, *videogames*, doces, brinquedos e outros produtos que levam a escola de bruxaria Hogwarts aos fãs em várias e diferentes manifestações. Mesmo após a publicação do episódio final da série, essa plataforma continua crescendo e rendeu mais de US$ 1 bilhão para sua autora, J. K. Rowling.

9 Imagine só — crianças desesperadas para ler um livro. Nossos agradecimentos para a autora Rowling.

10 Consulte também *50 Shades of Grey* (arrepiante).

§ N. de T.: *Muggles*, nesse contexto, refere-se a pessoas que nasceram sem poder mágico, que foi traduzido no Brasil por "trouxas", no sentido de otário.

11 Os filmes geraram uma receita bruta de US$ 7,7 bilhões nas bilheterias do mundo inteiro, enquanto a experiência de Harry Potter chamou tanta atenção em Orlando, que, em 2011, a Universal anunciou que pretendia construir outra Hogwarts em seu *resort* em Hollywood.

OUTRO NEGÓCIO QUE UTILIZA A JOGADA DE FRANQUIA
FEBREZE

As franquias não são um território exclusivo das empresas de mídia. Lançada em 1998, a Febreze, marca de odorizador de ar da P&G, tornou-se um componente de um amplo conjunto de produtos. Sua tecnologia de ciclodextrina patenteada liga as moléculas de mau cheiro, restringindo sua liberação no ambiente (**produto superior**). A P&G integrou essa tecnologia em inúmeros produtos odorizantes, como odorizadores em *spray*, produtos de limpeza e odorizadores para carro (**complementos**). A marca e tecnologia Febreze também encontraram lugar em linhas de produto relacionadas, mas distintas, como os produtos de lavanderia Tide, Gain e Bounce da P&G (**extensão de marca**). Segundo a Mintel, a Febreze figurou em 37 novos produtos lançados nos primeiros nove meses de 2010.

Táticas:

Desempenho de produto	**Sistema de produto**	**Marca**
PRODUTO SUPERIOR	**COMPLEMENTOS**	**EXTENSÃO DE MARCA**
Desenvolver um produto cujo design, qualidade e/ou experiência sejam excepcionais.	*Vender produtos ou serviços relacionados ou periféricos a um cliente.*	*Oferecer um novo produto ou serviço sob a mesma estrutura de uma marca existente.*

A essência de uma franquia é atrair nossa atenção, e Harry Potter e seus companheiros com certeza fizeram isso. Os livros da série *Harry Potter* foram escritos de uma maneira envolvente e acessível e apresentaram personagens e mundos atraentes para as crianças e suficientemente significativos também para os adultos. Obviamente, essa série tem seus detratores literários — mas os inúmeros fãs que aguardavam horas e horas na fila quando um novo título era lançado e os 450 milhões de livros vendidos no mundo inteiro demonstram como isso teve pouca importância.[10]

Embora a curva da narrativa tenha chegado ao fim com a publicação de *Harry Potter e as Relíquias da Morte*, em 2007, novos complementos continuam surgindo. Rowling continua publicando novos conteúdos relacionados com Harry Potter no *Pottermore*, um *site* que a autora criou para manter a magia viva. Além disso, Rowling escreveu livros menores ligados à série (*in-story*), como *Animais Fantásticos e Onde Habitam* (um dos livros didáticos de *Harry Potter*) e *Quadribol através dos Séculos*.

As cuidadosas opções de extensão feitas por J. K. Rowling e sua equipe de fato dinamizou a franquia. Os filmes são a manifestação mais óbvia disso — mas existem também 400 produtos autorizados, como a atração O Mundo Mágico de Harry Potter, no Universal em Orlando, as balas de geleia de Bertie Bott's, bonecos colecionáveis e varinhas mágicas de brinquedo. Todas essas extensões mantiveram-se fiéis aos personagens e seus mundos, embora tenham continuado a transformar o mundo humano dos *muggles*[10]§ um pouco mais mágico. As receitas apenas dos filmes, DVDs, *videogames* e atrações de parques temáticos com certeza forem superiores a US$ 10 bilhões.[11]

JOGADA DE INOVAÇÃO
INTERCÂMBIO

A JOGADA NA PRÁTICA
KICKSTARTER

Mudança: **PLATAFORMA** Ambição: **MUDAR AS FRONTEIRAS** Setor: **MICROFINANCEIRO**

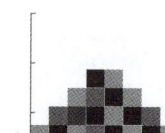

ESTABELECER CENTROS DE ATIVIDADES E COMÉRCIO PARA QUALQUER RECURSO, INTERESSE, MERCADO OU SETOR.

Nós, seres humanos, parecemos condicionados a nos estruturar em torno da troca de interesses e necessidades em comum — das praças de mercado no centro de praticamente qualquer cidade babilônica ao primeiro mercado financeiro na Antuérpia[12] do século XVI ao conjunto estonteante de intercâmbios eletrônicos que se estendem pelo mundo atualmente. Graças à natureza interligada de nossa vida digital, agora podemos nos conectar com uma facilidade e velocidade sem precedentes. Contudo, o truque para fazer uma jogada de intercâmbio funcionar é identificar quais comunidades específicas precisam de uma alternativa para se conectar e descobrir como obter lucro por possibilitar que elas se articulem.

Lançada em 2009, a plataforma Kickstarter tornou-se rapidamente *o* lugar ideal para desenvolvedores de produto, artistas, escritores e criadores independentes de praticamente qualquer tipo encontrarem um público e financiamento para projetos. Os criadores desenvolviam um argumento e um esboço claro sobre o montante necessário, por quanto tempo trabalhariam no projeto e o que os doadores poderiam obter em troca dos recursos financeiros concedidos. As recompensas podiam ser pequenas (digamos, um **"obrigado"** em um determinado *site*) ou grandes (por exemplo, uma obra de arte exclusiva assinada por um artista). O que começou como uma forma de pessoas relativamente desconhecidos procurarem financiamento para iniciar uma atividade transformou-se também em uma plataforma para celebridades que desejam mostrar sua produção independente: pessoas como o cineasta Charlie Kaufman e o escritor de ficção científica Neal Stephenson utilizaram essa plataforma para financiar seus trabalhos.[13]

12 Como seria de esperar, vários autores abordaram a história e a evolução do mercado de ações. Um relato excelente e preocupante da vida real em Wall Street é feito por Michael Lewis, em *Liar's Poker* (W. W. Norton & Company, 2010).

13 Os fãs prometeram US$ 406.237 para a execução do filme de animação *Anomalisa*, de Kaufman. A Stephenson foram prometidos US$ 526.125 para revolucionar os jogos de luta de espada.

14 Além disso, a empresa Amazon tira de 3% a 5% para processar os pagamentos. É verdade, a Amazon de fato está em todos os lugares.

OUTRO NEGÓCIO QUE UTILIZA A JOGADA DE INTERCÂMBIO
CRAIGLIST

Criada como uma lista de *e-mails* para enfatizar eventos interessantes em San Francisco, a Craigslist tornou-se o *site* de classificados locais. Atualmente atende 700 cidades em 70 países. A Craigslist oferece a maioria de seus serviços de graça, mas cobra uma taxa fixa por itens como busca de emprego ou postagens de imóveis. O custo para postar um emprego em uma única categoria em San Francisco é de US$ 75 (**switchboard**). Os próprios usuários posicionam os classificados, utilizando ferramentas e interfaces relativamente de baixa tecnologia (**conteúdo gerado pelo usuário**). A comunidade altamente engajada da Craiglist é praticamente automoderada; usuários qualificados agem como "especialistas" para ajudar os outros quando surgem problemas (**comunidades de usuários/sistemas de apoio**).

Táticas:

Modelo de lucro
SWITCHBOARD
Conectar vários vendedores com vários compradores. Quanto maior o número de compradores e vendedores associados, mais valioso o painel se torna.

+

Processo
CONTEÚDO GERADO PELO USUÁRIO
Convidar os usuários a criar e selecionar conteúdos que potencializem os produtos/serviços.

+

Serviços
COMUNIDADES DE USUÁRIOS /SISTEMAS DE APOIO
Oferecer um recurso comum para suporte, uso e extensão de produtos e serviços.

Os intercâmbios precisam gerar dinheiro por meio da conexão de indivíduos e grupos — e extrair uma porcentagem. A Kickstarter consegue isso extraindo 5% do financiamento concedido a cada projeto.[14] No prazo de três anos, mais de US$ 400 milhões foram levantados no *site*. A maioria dos projetos levantam menos de US$ 10.000, embora vários projetos tenham conseguido angariar milhões de dólares, como o OUYA, um novo tipo de console de *videogame*, e o Pebble E-Paper Watch, um relógio inteligente que se comunica com dispositivos *Android* e *iOS*.

A vantagem dos intercâmbios é que, uma vez que eles conseguem massa crítica, eles se tornam em grande medida autossustentáveis. No caso da Kickstarter, os criadores do projeto alimentam o *site*, desenvolvendo todas as criações, imagens e vídeos para promover os projetos; a empresa só oferece as ferramentas necessárias para facilitar a criação, indexá-la e hospedar o conteúdo. No início de 2013, mais de 80.000 projetos exclusivos foram lançados por meio do *site*.

A Kickstarter identificou uma lacuna no mercado de financiamento e a preencheu de maneira inteligente, enfatizando a natureza "independente" dos projetos e conectando consumidores e investidores interessados com empreendedores estimulados. A comunidade oferece *feedback* e *insights* valiosos sobre a desejabilidade dos projetos — o que pode ser tão valioso quanto o financiamento em si.

JOGADA DE INOVAÇÃO
CRIAÇÃO COLABORATIVA

A JOGADA NA PRÁTICA
THREADLESS

Mudança:
PLATAFORMA

Ambição:
MUDAR AS FRONTEIRAS

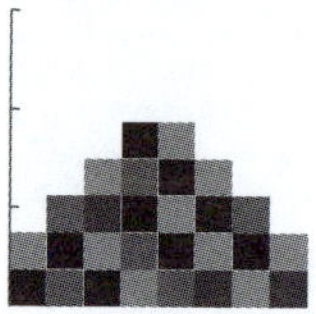

Setor:
VESTUÁRIO

CONECTAR COMUNIDADES OFERECENDO TELAS E KITS DE FERRAMENTAS E ESTIMULÁ-LAS A CRIAR PRODUTOS/SERVIÇOS PARA VOCÊ.

As comunidades de código aberto, como Apache e Linux, são o símbolo da criação colaborativa, em que milhares de especialistas ao redor do mundo trabalham em conjunto para criar um *software* que com frequência é distribuído gratuitamente.[15] Entretanto, a **criação colaborativa** nem sempre se restringe à tecnologia; é possível encontrar formas de usar a energia inacreditável de uma comunidade interligadas e com mentalidade semelhante e fazê-la funcionar para todos os tipos de problema. Essas jogadas munem as comunidades de ferramentas inteligentes que apoiam e ampliam suas iniciativas e garantem que os colaboradores sejam apropriadamente reconhecidos e recompensados.

A Threadless é uma empresa de moda que não tem nenhum figurinista. Em vez disso, ela obtém figurinos da comunidade *on-line*, que compreende compradores e colaboradores interessados. As ideias dos figurinos são postadas *on-line* e a comunidade vota utilizando um sistema automatizado; os mais bem votados são então produzidos (e os usuários que votaram no figurino têm a possibilidade de comprá-lo, se assim desejarem). Essa plataforma ajudou a Threadless a solucionar um dos problemas mais complexos para qualquer empresa de vestuário: como prever o que os fãs muitas vezes instáveis gostariam de comprar?[16] Recentemente, a Threadless passou a utilizar canais de massa por meio de colaborações com varejistas como Beb Bath & Beyond — e abriu uma loja física em Chicago.

[15] A Netcraft fez um levantamento junto a 666 milhões de *sites* em julho de 2012 para identificar os maiores servidores *web* do mundo. O Apache apresentou uma participação de mercado de 61,45%: http://tentyp.es/QZUK9x.

[16] "Considero isso bom senso", afirmou a cofundadora Nickell em uma entrevista em 2008. "Por que você não estaria disposto a fabricar produtos que as pessoas desejam produzir?".

OUTRO NEGÓCIO QUE UTILIZA A JOGADA DE CRIAÇÃO COLABORATIVA
WIKIPÉDIA
A Wikipédia reúne informações sobre ampla variedade de assuntos, fornecidas por uma rede dispersa de colaboradores (Crowdsourcing). O modelo e a arquitetura *Web* para os verbetes da Wikipédia são padronizados, simples e automatizados, facilitando a contribuição dos usuários (automação de processos). A qualidade e a precisão são fundamentais para o sucesso de qualquer *site* que pretenda fornecer informações; a Wikipédia consegue isso por meio de revisão por pares e comunidade de moderação, com diretrizes e políticas de edição claras (comunidades de usuários/sistemas de apoio). Um estudo de 2005 na revista Nature concluiu que a precisão da Wikipédia era semelhante à da *Enciclopédia Britânica*. Geralmente, os colaboradores parecem motivados pelo desejo de coletar, desenvolver e compartilhar conteúdos educacionais (alinhamento de valores).

Táticas:

Processo
CROWDSOURCING
(Terceirização em massa)
Terceirizar trabalhos repetitivos ou desafiadores para um grande grupo de indivíduos semiorganizados.

+

Processo
AUTOMAÇÃO DE PROCESSOS
Utilizar ferramentas e infraestrutura para gerenciar atividades de rotina e liberar os funcionários para outras atividades.

+

Serviços
COMUNIDADES DE USUÁRIOS/ SISTEMAS DE APOIO
Oferecer um recurso comum para suporte, uso e extensão de produtos e serviços.

+

A Threadless obtém a arte para camisetas e outros produtos em sua comunidade de artistas, que interagem com outros usuários, buscando *feedback* e promovendo suas ilustrações para estimular votos e vendas. Se uma arte for estampada, o criador recebe um cheque de US$ 2.000 e US$ 500 de crédito na loja.

O sistemas de cotação e classificação dos figurinos da Threadless são simples e intuitivos. Os usuários são solicitados a classificá-los por meio de uma escala numérica. Os votantes são automaticamente indagados sobre se desejam comprar um figurino se ele for produzido. Além disso, a Threadless oferece a seus artistas *kits* de apresentação digitais que incluem ferramentas HTML para criar anúncios *on-line* para seus figurinos.

Os artistas envolvem-se com a comunidade Threadless por meio de fóruns de discussão, solicitando aos visitantes para avaliar seus figurinos e oferecem sugestões e conselhos. Muitos deles também se conectam com o público por meio do Twitter, Facebook e seu próprio *site*. Em 2012, a Threadless atraiu cerca de 150.000 envios de 42.000 figurinistas e recebeu mais de 80 milhões de votos.

Marca
ALINHAMENTO DE VALORES
Fazer com que a marca represente uma grande ideia ou um conjunto de valores e os expresse consistentemente em todos os aspectos da empresa.

+

Envolvimento do Cliente
STATUS E RECONHECIMENTO
Oferecer dicas que tragam significado e possibilitem que usuários — e todos que interajam com eles — desenvolvam e nutram aspectos da identidade.

A Threadless obtém figurinos de camisetas e de outros produtos junto à sua comunidade de artistas — que interagem com frequência com outros usuários, buscando *feedback* e promovendo os figurinos para estimular votos e as vendas. Se um determinado figurino for de fato produzido, o artista recebe um cheque de US$ 2.000 e US$ 500 de crédito na loja.

Os US$ 2.000 que os artistas recebem pela criação de estampas não é irrisório, mas alguns deles são também motivados pelo grande desejo de ver sua arte exibida para o mundo — bem como pelo *status* e reconhecimento de ser escolhido pelos afiados críticos da Threadless. Os críticos não recebem pelo tempo dedicado, mas são inspirados pela sensação de pertencer a uma comunidade significativa.

JOGADA DE INOVAÇÃO
PLATAFORMA DE COMPETÊNCIA

A JOGADA NA PRÁTICA
AMAZON WEB SERVICE

Mudança:
PLATAFORMA

Ambição:
MUDAR O JOGO

Setor:
SISTEMAS DE TI

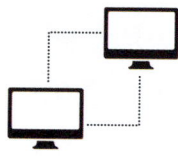

ABRIR ATIVOS E RECURSOS FUNDAMENTAIS E PERMITIR QUE OUTRAS EMPRESAS OS UTILIZEM PARA FORTALECER SEU PRÓPRIO NEGÓCIO.

Recursos distintivos e inconfundíveis de vez em quando são cobiçados pelos indivíduos ao seu redor — inclusive daqueles que não são concorrentes diretos. Possibilitar que outras empresas peguem carona em seus investimentos e recursos (e obtenham um ótimo lucro com isso) é a essência da joga de **plataforma de competência**. Ela permite que outras empresas adquiram muito mais do que conseguiriam por si sós e, ao mesmo tempo, possibilita que você tire proveito de um conhecimento especializado que já tem.

Desenvolver um centro de dados na verdade não é uma opção para a maioria das empresas. O custo dos servidores e aplicativos, sem mencionar o custo de manutenção, é extremamente complexo e proibitivamente caro. Não para a Amazon. Lançada em 2006, a Amazon Web Services (AWS) forneceu uma capacidade de computação praticamente ilimitada por meio de uma infraestrutura virtual e um conjunto de aplicativos. Isso possibilitou que quase qualquer empresa alugue capacidade de computação por um baixo custo e desenvolva um novo negócio lucrativo com base em um dos pontos fortes da Amazon.

OUTRO NEGÓCIO QUE UTILIZA A JOGADA DE PLATAFORMA DE COMPETÊNCIA CATERPILLAR

Em 1987, os executivos do fabricante de equipamentos pesados Caterpillar constataram que seu *know-how* em gestão de cadeia de suprimentos poderia beneficiar também outras empresas. E, por isso, desenvolveram a CAT Logistics para ajudar os clientes a resolver problemas com sua cadeia de suprimentos (**produto superior**, **diversificação**). Empresas como Bombardier, Hyundai e Toshiba contrataram esse serviço. Além disso, a CAT Logistics colaborou com a Ford Motor Company e o fornecedor de *softwares* SAP para desenvolver uma nova solução, Gerenciamento de Peças de Serviço (Service Parts Management — SPM) para ficar à frente no setor de serviços logísticos (**parceria complementar, propriedade intelectual**). Em 2010, a receita total da CAT Logistics foi de US$ 3,1 bilhão; em 2012, a empresa foi desmembrada para se tornar um empreendimento distinto, a Neovia Logistics.

Táticas:

Rede **PARCERIA COMPLEMENTAR** *Alavancar os ativos compartilhando-os com empresas que atendem a mercados semelhantes, mas oferecem produtos e serviços diferentes.*	**Processo** **PROPRIEDADE INTELECTUAL** *Utilizar um processo patenteado ou de propriedade particular para comercializar ideias de uma maneira que os outros não consigam copiar.*	**Desempenho de produto** **PRODUTO SUPERIOR** *Desenvolver um produto cujo design, qualidade e/ou experiência sejam excepcionais.*	**Canal** **DIVERSIFICAÇÃO** *Acrescentar ou entrar em canais novos e diferentes.*
A AWS formou parcerias estratégicas com empresas como Adobe, que fornece plataformas de distribuição de mídia, ESRI, que oferece sistemas de informação geográfica, e Salesforce.com, que fornece *kits* de ferramentas de desenvolvimento. Outros colaboradores técnicos incluem a Oracle e a Symantec.	A Amazon sempre protegeu sistematicamente suas inovações em gerenciamento de infraestrutura de Tecnologia de Informação complexa. A empresa registrou uma aplicação de patente inicial que visava "facilitar interações entre sistemas de computação" em 2004, dois anos antes de lançar a AWS.	A AWS compete com os modelos de infraestrutura física pesada dos departamento de Tecnologia de Informação tradicionais oferecendo algo flexível, ágil, aberto e seguro. As empresas podem alterar rapidamente a quantidade de largura de banda necessária, o que torna esse serviço excelente para *start-ups*, pequenas empresas e empresas que desejam aumentar sua escala em pouco tempo.	Ao desenvolver um novo negócio em torno do que antes era uma competência interna, a AWS diversificou o fluxo de receita da empresa controladora e ampliou sua base de clientes. Em resumo: a AWS acrescentou outra flecha poderosa à aljava já repleta da Amazon.

JOGADA DE INOVAÇÃO
ECOSSISTEMA DE EXPERIÊNCIA

DESENVOLVER UM SISTEMA PERFEITO DE PRODUTOS, SERVIÇOS E EXTENSÕES QUE INTEROPERAM E SE CONECTAM DE UMA MANEIRA CONSISTENTEMENTE INTELIGENTE E ATRAENTE.

Em áreas particularmente complexas, como saúde e tecnologia, os vencedores geralmente são as empresas que oferecem uma simplicidade e coerência surpreendentes em suas atividades, facilitando para que os clientes e usuários realizem atividades difíceis e complexas. Os ecossistemas de experiência entrelaçam uma variedade de itens com inteligência e oferecem uma experiência sistematicamente atraente. Com isso, elas não raro atraem outras empresas que desejam ampliar e melhorar o sistema com seus próprios recursos e produtos/serviços complementares.

A JOGADA NA PRÁTICA
ITUNES DA APPLE

Mudança:
PLATAFORMA

Ambição:
MUDAR O JOGO

Setor::
MÍDIA

O que a Apple conseguiu com o ecossistema iTunes é **revolucionário** e **francamente diferente** de qualquer coisa realizada na história. Essa plataforma específica mudou os setores de música, mídia, *softwares*, celulares e computadores pessoais. Embora com frequência criticadas por oferecerem algo que está mais para um "jardim murado" do que para um ecossistema livremente aberto, as várias apostas da Apple compensaram tremendamente: em agosto de 2012, sua capitalização de mercado a tornou a empresa **mais valiosa do mundo**.[17]

17 A capitalização de mercado da Apple chegou a US$ 623,5 bilhões em 20 de agosto de 2012.

18 Para obter uma prova disso, observe uma criança próxima a uma televisão de tela plana. É provável que em algum momento ela vá até a tela e comece a pressioná-la. Depois, tente lidar com a frustração dela quando a tela da TV não responder de modo semelhante ao *iPhone* e *iPad* de seus pais.

OUTRO NEGÓCIO QUE UTILIZA A JOGADA DE ECOSSISTEMA DE EXPERIÊNCIA
??? (UM EXCELENTE *CONCIERGE*)

Nenhuma outra empresa está executando essa estratégia com a mesma profundidade e rigor quanto a Apple. A plataforma *Android* provavelmente é a que mais se assemelha, mas a Google fez uma opção estratégica para ser mais aberta e flexível do que a Apple — tornando o sistema operacional gratuito para qualquer fabricante de *hardware* e utilizando menores controles no desenvolvimento dos aplicativos e na distribuição. Essa abordagem permitiu à Google obter uma esmagadora liderança na base instalada de telefones; em setembro de 2012, 51,6% dos *smartphones* nos EUA executavam o *Android*, enquanto o *iOS* era executado por 32,4% deles. Entretanto, a Apple predominou facilmente no mercado de *tablets* com o *iPad*. Só o tempo dirá qual plataforma vencerá — mas, por enquanto, o sistema da Apple continua sendo o mais coerente e integrado. Talvez a analogia mais precisa seja "não digital": um brilhante *concierge* (recepcionista) em um excelente hotel. Conectado a todos os restaurantes, cinemas e equipes de esporte próximos, ele é um sistema de experiência em miniatura e extremamente pessoal — por isso, capriche na gorjeta.

Táticas:

Modelo de lucro
LICENÇA
Autorizar um grupo ou um indivíduo a utilizar um produto ou serviço de uma forma definida por um pagamento específico.

Tanto a iTunes quanto a App Store, ambas da Apple, oferecem o conteúdo que alimenta sua coleção de dispositivos de *hardware*. Ambas lucram com uma porcentagem sobre cada música, vídeo, assinatura de mídia ou aplicativo vendido. Não se sabe ao certo a quantia que a Apple de fato consegue obter com a venda de conteúdo, mas sua ampla biblioteca certamente funciona como um potente propulsor de venda de dispositivos.

+

Rede
ALIANÇAS
Compartilhar riscos e receitas para melhorar conjuntamente vantagens competitivas individuais.

Quando a Napster e a música digital estavam abalando os alicerces do setor, os selos grandes agarraram-se aos seus antigos modelos de negócio. Portanto, um enorme crédito é devido a Steve Jobs (e ao seu exército de advogados) por convencer os selos a se juntar e vender músicas uma a uma. Em setembro de 2012, havia 26 milhões de músicas e mais de 700 mil aplicativos, 190 mil episódios de TV e 45 mil filmes no iTunes.

+

Processo
***DESIGN* ESTRATÉGICO**
Utilizar uma abordagem propositada que se demonstra consistente entre produtos/serviços, marcas e experiências.

A Apple é famosa por dar prioridade ao *design* em seu processo de desenvolvimento de produtos. Uma equipe central de aproximadamente 15 *designers* lidera o *design* de todos os produtos da empresa — literalmente sentados em torno de uma mesa para gerar, criticar e refinar ideias e por fim concretizá-las.

Desempenho de produto lucro
SIMPLIFICAÇÃO DE DESEMPENHO
Eliminar detalhes, interações ou recursos supérfluos para diminuir a complexidade.

Os aparelhos da Apple mudaram os conceitos existentes sobre como os eletrônicos pessoais deveriam ser e como deveríamos interagir com eles. Esses produtos diminuíram drasticamente o número de teclas e mecanismos de entrada de informações que costumavam prevalecer nos concorrentes; a interface *touch screen* intuitiva do *iOS* é tão simples, que até crianças pequenas podem utilizá-la.[18]

+

Sistema de produto
PLATAFORMA DE PRODUTO/SERVIÇO
Desenvolver sistemas que se conectam com os produtos e serviços de outros parceiros para criar um produto/serviço holístico.

Todos os serviços e *softwares* no ecossistema da Apple interagem perfeitamente — eles sincronizam automaticamente com o iTunes e *iCloud* para que todo o conteúdo de um usuário esteja disponível em qualquer lugar que haja conexão celular ou WiFi. Essa eficiente interoperabilidade é um dos principais motivos de a Apple ter aderido à sua abordagem de jardim murado.

+

Canal
GO DIRECT
Evitar os canais de varejo tradicionais e conectar-se diretamente com os clientes.

O desejo de controlar a experiência estende-se para os canais da Apple, tanto *on-line* quanto no mundo físico. Estabelecer e gerenciar o ponto de compra ajuda a Apple não apenas a garantir a qualidade das interações de seus clientes, mas também a impor condições para outras empresas que pretendem vender seus produtos e serviços ao vasto público da Apple.

JOGADA DE INOVAÇÃO
BASEADA NO *STATUS*

UTILIZAR DICAS SUTIS OU EXPLÍCITAS PARA CONFERIR *STATUS* AOS SEUS CLIENTES — CRIANDO GRUPOS DE ELITE QUE SE ENVOLVEM ENTUSIASTICAMENTE COM SEUS PRODUTOS E SERVIÇOS.

Todo mundo deseja ser reconhecido por algum aspecto de sua identidade; algo que diz ao mundo que de fato somos um floco de neve especial. As jogadas de experiência de *status* originam-se desse desejo inato. Elas incentivam os clientes a coletar pontos, a competir ou a investir tempo e dinheiro em troca de reconhecimento, tratamento especial e notoriedade em sua vida. Essa abordagem cria especialistas permanentes para exaltar e promover seus produtos e serviços.

A JOGADA NA PRÁTICA
FOURSQUARE

Mudança:
EXPERIÊNCIA DO CLIENTE

Ambição:
MUDAR O CONHECIDO

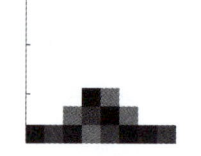

Setor:
MÍDIAS SOCIAIS

O Foursquare é um aplicativo gratuito para celular que possibilita que os usuários divulguem o que eles estão fazendo e onde estão. Segundo Dennis Crowley e Naveen Selvadurai, criadores do aplicativo, o nome do jogo é: "Descobrir novos lugares, entrar em contato com os amigos e formar novos relacionamentos com os lugares que você frequenta. É encontrar novas formas de estender a tecnologia no mundo real." Essa dupla lançou esse aplicativo na South by Southwest Interactive em Austin, em março de 2009; em setembro de 2012, mais de 25 milhões de membros haviam feito *check-in*, em mais de 3 bilhões de vezes.

OUTRO NEGÓCIO QUE UTILIZA A JOGADA DE STATUS

DISCOVERY A Discovery é uma importante empresa de serviços financeiros na África do Sul. Em 1997, ela lançou um programa de bem-estar denominado Vitality (programa de fidelidade), cujo objetivo era estimular os membros a melhorar a qualidade de vida e diminuir seus custos médicos de longo prazo. Ao promover o bem-estar, e não o tratamento, os membros ganhavam "pontos de vitalidade" por se instruírem a respeito de saúde e fazerem opções inteligentes. Esses pontos eram armazenados em um Points Monitor pessoal (personalização). Os membros os utilizavam para galgar quatro níveis de *status*, do Azul ao Diamante (status e reconhecimento). Quanto mais elevado o *status*, melhores as recompensas, e tudo isso estimulava um estilo de vida saudável.

Táticas:

Serviços		Envolvimento do Cliente		Envolvimento do Cliente
PROGRAMAS DE FIDELIDADE *Oferecer benefícios e/ou descontos para clientes frequentes e valiosos.*	**+**	**PERSONALIZAÇÃO** *Mudar um produto/serviço padrão para possibilitar a projeção da identidade do cliente.*	**+**	***STATUS* E RECONHECIMENTO** *Oferecer dicas que conferem significado e possibilitar que os usuários — e as pessoas com as quais eles interagem — desenvolvam e nutram aspectos de sua identidade.*

Em 2013, quase um milhão de empresas haviam aderido à plataforma Merchant do Foursquare, por meio da qual elas podiam informar os usuários que haviam feito *check-in* a respeito de ofertas, descontos e brindes. A ideia: estimular visitas repetidas e aumentar a conexão entre o espaço e o visitante.

Com o Foursquare, os usuários podiam ver se um amigo já havia feito *check-in* em qualquer lugar em um bairro específico. Isso os ajudou a confiar no *feedback* proveniente de pessoas que eles já conheciam, em vez de em moradores aleatórios da Internet. Além disso, o Foursquare desenvolveu um sistema pelo qual foi possível oferecer aos usuários uma lista de lugares dos quais eles poderiam gostar com base em indícios como *check-ins* anteriores, lugares já frequentados por seus amigos e horário do dia.

Os emblemas do Foursquare são símbolos de êxito que só podem ser obtidos se o usuário fizer *check-in* religiosamente. Exemplos incluem: Gym Rat, oferecido por 10 idas à academia em 30 dias; Hot Tamale, por visitas a diferentes restaurantes mexicanos; ou JetSetter, por *check-ins* em aeroportos. Entretanto, os *mayorships* (prefeituras) são concedidos a qualquer pessoa que tenha visitado mais vezes um determinado lugar no espaço de 60 dias — e isso ocasionalmente gerou disputas acirradas de *check-in* entre os usuários que concorrem pelo título.

DEZ TIPOS DE INOVAÇÃO

JOGADA DE INOVAÇÃO
IMERSÃO

A JOGADA NA PRÁTICA
CABELA'S

Mudança:
EXPERIÊNCIA DO CLIENTE

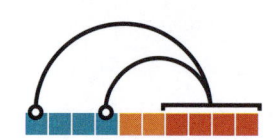

Ambição:
MUDAR O CONHECIDO

Setor:
EQUIPAMENTOS

CRIAR AMBIENTES QUE CATIVAM E FASCINAM OS CLIENTES PARA ESTIMULAR NOVOS NÍVEIS DE ENVOLVIMENTO E COMPROMETIMENTO.

As experiências transformativas norteiam as jogadas de imersão. Elas surpreendem, entusiasmam ou envolvem os clientes de uma maneira que os predispõe a novos comportamentos e os ajuda a ver o mundo de um jeito diferente. Contudo, essa abordagem não está restrita ao âmbito dos filmes, cinemas, museus ou parques temáticos (embora normalmente esses setores sejam muito bons nisso). Hoje, a imersão tem sido cada vez mais um fator para o sucesso de lojas, restaurantes e contextos interativos, e vários outros setores estão experimentando essa jogada.

Fundada em 1961, a Cabela's vende equipamentos de caça, pesca e atividades ao ar livre — e suas 40 lojas estão no âmago de sua estratégia centrada na experiência. "Para muitos entusiastas da pesca em Minnesota, uma visita à Cabela's representa uma viagem de aventura à Owatonna, Rogers ou East Grand Forks para uma experiência ao longo do dia que é uma mistura de comércio e museu", escreveu Janet Moore no *Star Tribune*.[19] O *showroom* das lojas conta com exposições de história natural, aquários, museus de armas e, em alguns locais, galerias de tiro ao alvo, montanhas e cascatas.

19 *Cabela's, Other Outdoor Retailers Take Aim at Twin Cities*, de Janet Moore, *Star Tribune*, 9 de fevereiro de 2013: **http://tentyp.es/12ucBdi**.

20 A Cabela's ficou em 69º lugar. Consulte o relatório completo do Retail Customer Experience em **http://tentyp.es/WHoihl**.

OUTRO NEGÓCIO QUE UTILIZA A JOGADA DE IMERSÃO
ALINEA

Fruto da imaginação do *chef* Grant Achatz, o restaurante Alinea, em Chicago, recebeu aclamação mundial por sua inovadora e futurística abordagem culinária. A experiência de colaboração de um ano com Martin Kastner e o estúdio de *design* Crucial Detail significa que a comida é servida em um conjunto elaboradamente escultural de pratos e bandejas (**design estratégico**), alguns dos quais já disponíveis para compra. O restaurante, projetado por Tom Stringer para ser hipermoderno e confortável, utiliza iluminação LED programável que possibilita que a atmosfera do salão seja mudada ao toque de um botão (**loja-conceito**). Além disso, o restaurante tem um cardápio com preço fixo; todo prato é criado para realçar a experiência sensorial de comer (**viabilização de experiência**).

Táticas:

Processo		**Canal**		**Envolvimento do Cliente**
***DESIGN* ESTRATÉGICO** Utilizar uma abordagem propositada que se demonstra consistente entre produtos/serviços, marcas e experiências.	**+**	**LOJA-CONCEITO** Criar um ponto de venda para exibir atributos quintessenciais de uma marca e produto.	**+**	**VIABILIZAÇÃO DE EXPERIÊNCIA** Estender o âmbito do que é possível para oferecer uma experiência antes improvável.

Tal como Janet Moore escreveu no jornal *Star Tribune*, as lojas tradicionais da Cabela's são grandes e chegam a ter até 23.000 m². Entretanto, mesmo as menores são congruentes em estilo e contam com uma série de instalações que atraem os entusiastas de atividades ao ar livre, como recinto fechado para a prática de arco e flexa e dioramas do mundo natural com qualidade de museu.

O investimento feito nesses *showrooms* estende a lealdade dos clientes também para fora da loja: mais de um terço da receita da Cabela's em 2011 proveio de vendas por catálogo e na Internet.

"A Cabela's leva o conceito de experiência dentro da loja para novos panoramas", escreveu os editores no Retail Customer Experience, que incluíram a loja em sua lista das **100 Melhores Lojas de 2012**.[20] A Cabela's sempre procura encontrar meios para ampliar a experiência de seus clientes — de aplicativos para *iPhone* que ajudam os caçadores a planejar suas trilhas a *videogames*, revistas e programas de televisão da própria loja que celebram a vida ao ar livre.

DEZ TIPOS DE INOVAÇÃO

JOGADA DE INOVAÇÃO
COMUNIDADE CONECTADA

A JOGADA NA PRÁTICA
HARLEY-DAVIDSON

Mudança:
EXPERIÊNCIA DO CLIENTE

Ambição:
MUDAR AS FRONTEIRAS

Setor:
MOTOCICLETAS

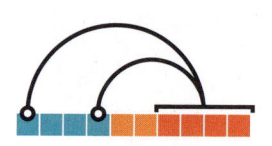

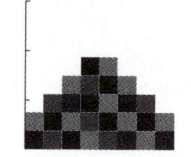

TIRAR PROVEITO DO PODER DOS LAÇOS SOCIAIS PARA APROFUNDAR EXPERIÊNCIAS E ESTIMULAR OS CONSUMIDORES A COMPARTILHAR INTERESSES EM COMUM, ATIVIDADES E PRODUTOS/SERVIÇOS QUE AS APOIEM.

Nós, seres humanos, somos predispostos a nos associar e relacionar com outras pessoas que são semelhantes a nós. Os grupos que contêm pessoas com mentalidade similar ampliam nossa percepção de identidade e, ao mesmo tempo, nos une a um todo maior. As jogadas de comunidade conectada tiram proveito disso, alavancando o poder dos laços sociais para reforçar a autenticidade de uma empresa e aumentar o escopo do empreendimento e a extensão do impacto.

William S. Harley, Arthur Davidson e Walter Davidson criaram sua primeira motocicleta com um único cilindro em 1903. Eles montaram três motos naquele ano. Em 2011, a empresa — hoje conhecida pelo sobrenome dos fundadores — tinha uma receita de US$ 4,66 bilhões, proveniente da venda de motocicletas e produtos relacionados. É uma quantidade e tanto de motos. A Harley-Davidson continua popular entre sua devotada clientela e esforça-se para se manter em contato com seus clientes, seja por meio de encontros, "festas de garagem" ou eventos realizados no mundo inteiro. As motocicletas icônicas são a primeira opção entre as comunidades de mulheres, adultos jovens e hispânicos, e a marca é ativa também no mundo virtual, com 3,2 milhões de amigos no Facebook.

OUTRO NEGÓCIO QUE UTILIZA A JOGADA DE COMUNIDADE CONECTADA

WEIGHT WATCHERS Na década de 1960, Jean Nidetch, fundador da Weight Watchers ("Vigilantes do Peso"), começou a convidar amigos para uma visita a fim de compartilhar dicas sobre a melhor forma de perder peso. Os encontros informais em pouco tempo se transformaram em uma empresa que é líder no mercado em controle de perda de peso (foco, alinhamento de valores). A empresa, que desenvolveu o sofisticado sistema PointsPlus para dividir cada grupo de alimentos, realiza mais de 45.000 encontros por semana, nos quais os membros podem se reunir, conversar e se pesar (comunidades de usuários/sistemas de apoio). Recentemente, a empresa criou o Weight Watchers Online for Men, serviço dirigidos aos homens que desejam perder alguns quilos (comunidade e entrosamento). Esse serviço inclui conteúdo adaptado aos homens, como folhas com sugestões de alimentos populares que os homens costumam comer, como *pizza* e cerveja.

UTILIZANDO O LIVRO DE JOGADAS DE INOVAÇÃO

Táticas:

Desempenho de produto
FOCO
Desenvolver um produto ou serviço para um público específico.

\+

Serviços
COMUNIDADES DE USUÁRIOS/SISTEMAS DE APOIO
Oferecer um recurso comum para suporte, uso e extensão de produtos e serviços.

\+

Marca
ALINHAMENTO DE VALORES
Fazer com que a marca represente uma grande ideia ou um conjunto de valores e os expresse consistentemente em todos os aspectos da empresa.

\+

Envolvimento do cliente de produto
COMUNIDADE E ENTROSAMENTO
Facilitar contatos viscerais para que as pessoas sintam que elas fazem parte de um grupo ou movimento.

As motocicletas Harley-Davidson são reconhecidas imediatamente, mesmo por aqueles que não sabem distinguir entre escapamento e guidom. As motos têm uma aparência e um som inconfundíveis; o ronco do motor é um elemento essencial do apelo. A empresa continua focalizada em fabricar um produto icônico. "Nós nos atemos aos valores que tornaram as motocicletas Harley-Davidson no que elas são e, ao mesmo tempo, modernizamos os métodos que utilizamos para fabricá-las", diz um texto publicitário do *site* da empresa.

A comunidade Women Riders da Harley-Davidson foi criada para estimular as mulheres a adquirir o hábito de andar de moto. São disponibilizados mentores para passar confiança e compartilhar conselhos e as "festas de garagem" servem para ensinar princípios básicos de motociclismo e oferecer às mulheres uma possibilidade de comparar dicas. Há também outros grupos, como "harlistas", para motociclistas latinos, e *"iron elite"*, para motociclistas afro-americanos.

Utilizando *slogans* populares, como: *Ride to Live — Live to Ride*, a Harley-Davidson entrelaçou as motocicletas ao tecido dos EUA. Transmitindo a emoção de pegar uma autoestrada e o prazer de andar de moto, a declaração de missão da empresa inclui esta explicação sobre sua abordagem: "Somos incentivados pela lealdade à marca e a confiança que nossos clientes tem em nós para oferecer uma qualidade especial e a promessa de uma experiência de envolvimento gratificante."

Mais de 1.400 unidades do Harley Owners Group ou o "H.O.G." (grupo de proprietários Harley) ao redor do mundo oferecem a quase um milhão de membros a oportunidade de se encontrarem e passearem com outros proprietários Harley com mentalidade semelhante em sua região. Outros privilégios incluem assistência na estrada e uma revista de publicação regular para entusiastas.

JOGADA DE INOVAÇÃO
VALORES

FAZER COM QUE SEUS PRODUTOS REPRESENTEM ALGO E PROMOVER UM MOVIMENTO — DIRIGIDO PARA UM DETERMINADO PÚBLICO, CAUSA OU MOTIVO DE EXISTÊNCIA.

Todos nós temos crenças, princípios ou causas. Essas motivações individuais nos conectam com questões mais amplas do mundo em geral e podem conferir um significado adicional a comportamentos e atividades que de outra forma seriam corriqueiros. As jogadas baseadas em valores nos conectam com essas motivações intrínsecas, induzindo o comportamento dos clientes e estimulando o envolvimento e a lealdade.

A JOGADA NA PRÁTICA
PATAGONIA

Mudança: **EXPERIÊNCIA DO CLIENTE**

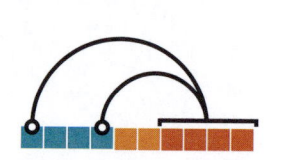

Ambição: **MUDAR O CONHECIDO**

Setor: **EQUIPAMENTOS DE DESEMPENHO PARA ATIVIDADES AO AR LIVRE**

Em 1957, Yvon Chouinard começou a fabricar pitons de aço temperado para si mesmo para não danificar as rochas que ele escalava com os pítons de aço mole que eram comumente usados. Quando seus amigos viram seus projetos, quiseram participar, e antes mesmo que ele se desse conta do que estava ocorrendo, a Chouinard Equipment estava em operação. A Patagonia surgiu dessa empresa para vender roupas criadas de uma maneira sustentável com recursos substituíveis. Hoje a empresa vende seus produtos em lojas exclusivas (e por meio de parcerias) no mundo inteiro.

OUTRO NEGÓCIO QUE UTILIZA A JOGADA DE VALORES
WHOLE FOODS MARKET

O elegante supermercado Whole Foods ganhou um séquito fiel por meio de seu comprometimento com delícias saudáveis (foco). Esse supermercado vende mais de 2.400 produtos naturais ou orgânicos. Apelidando seus produtores locais de "estrelas do *rock*", a empresa faz de tudo para promover essas pequenas empresas — e até as apoia por meio do programa de Empréstimo para Produtores Locais (alinhamento de valores). Em 2011, o supermercado Whole Foods implementou o sistema de classificação Bem-Estar Animal de 5 Passos, da organização Global Animal Partnership, e o Eco-Scale Rating System para produtos de limpeza (transparência). Sua presença nas mídias sociais foi intensificada em 2012 com o lançamento da *Dark Rye*, uma revista *on-line* que "aborda temas sobre comida, arte, saúde e estilo de vida sustentável" (excentricidade e personalidade).

Táticas:

| **Desempenho de produto**
 FOCO
 Desenvolver um produto ou serviço para um público específico. | + | **Marca**
 TRANSPARÊNCIA
 Permitir que os clientes vejam suas operações e envolvam-se com a marca e os produtos/serviços oferecidos. | + | **Marca**
 ALINHAMENTO DE VALORES
 Fazer com que a marca represente uma grande ideia ou um conjunto de valores e os expresse consistentemente em todos os aspectos da empresa. | + | **Envolvimento do cliente**
 EXCENTRICIDADE E PERSONALIDADE
 Humanizar um produto/serviço com pequenos ornamentos consistentes e fiéis à marca que passam a ideia de que ela tem vida. |

A missão da Patagonia declara que a empresa "fabricará o melhor produto sem provocar nenhum dano desnecessário". Desse modo, a empresa trabalha intimamente com fornecedores para desenvolver tecidos eficazes e confiáveis, como a lã *Synchilla* e o isolamento *Regular*. Em 1996, a empresa se reestruturou para usar exclusivamente o algodão orgânico em suas roupas.

A Patagonia divulga os detalhes sobre toda a sua cadeia de suprimentos por dois motivos: primeiro, para garantir que ela se mantenha o máximo possível sensível ao meio ambiente; segundo, para tentar inspirar outras empresas a seguir seus passos e diminuir seu impacto sobre o meio ambiente. *The Footprint Chronicles* é um serviço *on-line* que fornece informações sobre as fábricas e confecções de tecidos que a Patagonia utiliza, incluindo detalhes como a combinação de número e gênero dos funcionários que trabalham com os produtos da empresa.

A iniciativa *Common Threads* (Linhas em Comum) é um compromisso conjunto da empresa, de fabricar produtos úteis e duráveis, e dos consumidores, de comprar apenas o que eles precisam, o que representa uma união entre a empresa e sua clientela para uma missão em comum. Além disso, a Patagonia tem mais de 75 "embaixadores" de marca, em cada uma das suas sete principais linhas esportivas (como pesca com mosca, corrida em trilha e alpinismo).

Esses grandes atletas trabalham diretamente com o setor de *design* para criar e testar o melhor e mais novo vestuário para seu esporte.

No *blog* da Patagonia, denominado *Cleanest Line*, os funcionários e os embaixadores de marca contam histórias sobre o que eles têm feito (alguém está surfando na Rússia ou pescando na Colúmbia Britânica?) Ao compartilhar fotos francas e abertas e opiniões não censuradas sobre várias proezas, o *blog* divulga as paixões da empresa (sensibilidade ambiental; ativismo político) de uma maneira acessível e não coercitiva.

JOGADA DE INOVAÇÃO
SIMPLIFICAÇÃO

FACILITAR RADICALMENTE O QUE FOR COMPLEXO, INOPORTUNO OU HERMÉTICO PARA OS CLIENTES — POSSIBILITANDO QUE ELES CONCRETIZEM COISAS QUE ANTES SIMPLESMENTE NÃO CONSEGUIAM.

A promessa da tecnologia é tornar nossa **vida mais fácil**, mais segura e mais produtiva. Contudo, não obstante sua surpreendente sofisticação e ubiquidade no presente, a tecnologia com frequência apenas torna nossa vida mais **complicada** e **difícil** — apresentando-nos um monte infindável de recursos e opções que exigem muito do nosso tempo e atenção. A **simplificação** transforma essa complexidade em soluções inteligentes e simples. Ela facilita a execução de coisas difíceis e oferece excelentes experiências de uma maneira que exige um esforço mínimo dos clientes.

A JOGADA NA PRÁTICA
WII

Mudança:
EXPERIÊNCIA DO CLIENTE

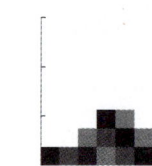

Ambição:
MUDAR O CONHECIDO

Setor:
SISTEMAS DE JOGOS

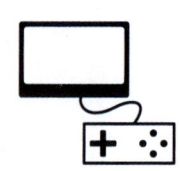

Lançada em 2006, a princípio parecia improvável que o *Wii* fosse interferir na predominância de plataformas como o *PlayStation*, da Sony, ou *Xbox*, da Microsoft. Esses consoles de jogos de alta qualidade ofereciam imagens extremamente realistas e uma experiência de jogo superior com melhor resolução. Contudo, por meio de seu controlador gráfico simples e sensível a movimentos, a Nintendo fez sucesso. Esse sistema gerou US$ 190 milhões na primeira semana de venda nos EUA.

OUTRO NEGÓCIO QUE UTILIZA A JOGADA DE SIMPLIFICAÇÃO
MINT.COM

A missão do Mint.com é ajudar as pessoas a compreender e aproveitar mais seu dinheiro otimizando o processo contábil (**simplificação de experiência**). Lançado em setembro de 2007, esse *site* apresentou uma tecnologia com patente pendente que identificava e organizava transações de quase todos os bancos nos Estados Unidos. Ao coletar informações bancárias em um determinado lugar e exibi-las de uma maneira fácil de analisar e organizar (**funcionalidade envolvente, facilidade de uso**), o Mint.com identificou oportunidades de economia com base no histórico do usuário. O *site* ganhou mais de dez milhões de membros, atraídos pela abordagem amistosa ao mundo intimidante de finanças pessoais (**excentricidade e personalidade**). A Intuit certamente foi atraída por seu apelo, comprando o *site* por US$ 170 milhões em 2009.

Táticas:

Desempenho de produto **FACILIDADE DE USO** *Desenvolver um produto simples, intuitivo e fácil de usar.*	**+**	**Desempenho de produto** **FUNCIONALIDADE ENVOLVENTE** *Acrescentar um recurso inesperado ou notável que eleva a interação do cliente para um patamar além do normal.*	**+**	**Envolvimento do cliente** **SIMPLIFICAÇÃO DE EXPERIÊNCIA** *Diminuir a complexidade e enfatizar o oferecimento de experiências específicas e excepcionalmente agradáveis.*	**+**	**Envolvimento do cliente de produto** **EXCENTRICIDADE E PERSONALIDADE** *Humanizar um produto/serviço com pequenos ornamentos consistentes e fiéis à marca que passam a ideia de que ela tem vida.*

A interface do console foi otimizada para que qualquer pessoa pudesse jogar *videogame*, "tivesse 5 ou 95 anos de idade". Ela fugiu dos controles que tinham vários botões e exigiam que os jogadores os pressionassem de uma maneira cada vez mais complexa apenas para disparar balas de fogo contra alienígenas e recorreu a um controle simples, com o mínimo possível de botões, e sem fio.

Um novo tipo de interação entre o jogador e o jogo foi fundamental para o *Wii*, que possibilitou que os jogadores jogassem tênis ou boxe um com o outro ou praticassem tacadas de golfe com ações semelhantes à vida real representadas na tela. (Um prendedor de pulso foi incluído para que os entusiastas muito fanáticos não acabassem em prantos ou perdessem o controle.)

Com jogos simples que oferecem diversão familiar e social, o *Wii* explorou um novo mercado de entusiastas que antes não costumavam jogar e tinham interesse por plataformas de jogo mais difíceis e complexas. O *Wii* até tornou-se um recurso para algumas clínicas de repouso, visto que os idosos conseguiam entender e se envolver com o jogo. Com isso, esse console fez com que a experiência de jogo tivesse mais a ver com o que está ocorrendo no ambiente do que com o que está acontecendo na tela.

Quando os jogadores começaram a utilizar o *Wii*, eles criaram um avatar digital para representar na tela a atividade que estão realizando no ambiente. Conhecidos como *"Mii"*, esses personagens deram um toque especial a essa plataforma de jogo.

O QUE PERGUNTAR; ONDE FOCALIZAR

Dependendo do tamanho de sua organização, talvez você venha utilizar simultaneamente várias jogadas diferentes em áreas distintas de seu negócio. Tenha consciência das decisões que você está tomando — e compreenda de que forma elas podem evoluir com o passar do tempo.

INSIGHTS

Repense o que seus clientes necessitam, compreenda o que eles detestam em relação a um determinado setor e reimagine como sua empresa pode de fato mudar a vida deles.

❶ REPENSE

Que novas atividades você pode acrescentar que não são a norma em seu setor no presente? Como você pode integrá-las harmoniosamente e sem esforço (tanto para a sua organização quanto para seus clientes)?

❷ REIMAGINE

Você acha que manter o status quo é algo estúpido? O que frustra os clientes, desperdiça o tempo deles ou é insanamente difícil a ponto de impedi-los de fazer?

❸ REENQUADRE

Como você poderia ampliar ou reinventar sua categoria? Muitas vezes o que ocorre é que (paradoxalmente), ao tornar o problema maior, você pode favoravelmente torná-lo mais elementar, simples e importante de uma maneira original.

ATIVIDADES

Todas as empresas utilizam um sistema de atividades — alguns conjuntos de ativos, processos, produtos/serviços e canais. A inovação exige que você imagine, desenvolva e mantenha novos recursos.

❹
ENVOLVA
Que promessa ousada ao cliente seria surpreendente e notável? Pense em oferecer algo que nenhum concorrente oferece e depois reflita sobre como você poderia oferecer isso com uma garantia (promessa).

❺
ESTENDA
Quem são seus participantes ideais? Seja o máximo expansivo possível. Idealmente, seu ecossistema deve possibilitar que vários participantes prosperem. Como o seu estilo pode se tornar o mais fácil para qualquer um que opere em seu setor no futuro próximo?

❻
EXPANDA
Quem fará o quê? Os ecossistemas de negócios modernos envolvem vários participantes que se encontram em diferentes fronteiras, mas eles tendem a ter estruturas de poder assimétricas. O que lhe dá o direito de ser o participante central?

PARTE CINCO: EM RESUMO
VÁ FUNDO

Essas três ferramentas oferecem uma sólida estrutura para qualquer iniciativa. Juntas, elas oferecem um conjunto inteligente de métodos que podem ajudá-lo a pensar mais a fundo e estrategicamente a respeito de inovação.

1. TRÊS MUDANÇAS
Examine como você poderia utilizar um modelo de negócio, plataforma ou experiência como ponto focal de seu trabalho. Dessa forma, você terá um ponto de partida favorável para garantir que a inovação que você está desenvolvendo é **sofisticada**, **sustentável** e **defensável**.

2. TÁTICAS DO MODELO 10TI
Confira seu projeto utilizando como base de comparação a lista de táticas e identifique aquelas que são visivelmente apropriadas. Experimente várias alternativas e combinações em seu projeto para testar ideias diferentes e avaliar rapidamente quais poderiam valer a pena incorporar em seu produto/serviço.

3. JOGADAS E PLANOS DE JOGO
Decomponha os componentes das inovações bem-sucedidas para identificar por que elas funcionaram. Utilize as jogadas arquetípicas como inspiração e ponto de partida para criar avanços de ruptura. Utilize combinações inteligentes de táticas de inovação para desenvolvê-las e obter os melhores resultados.

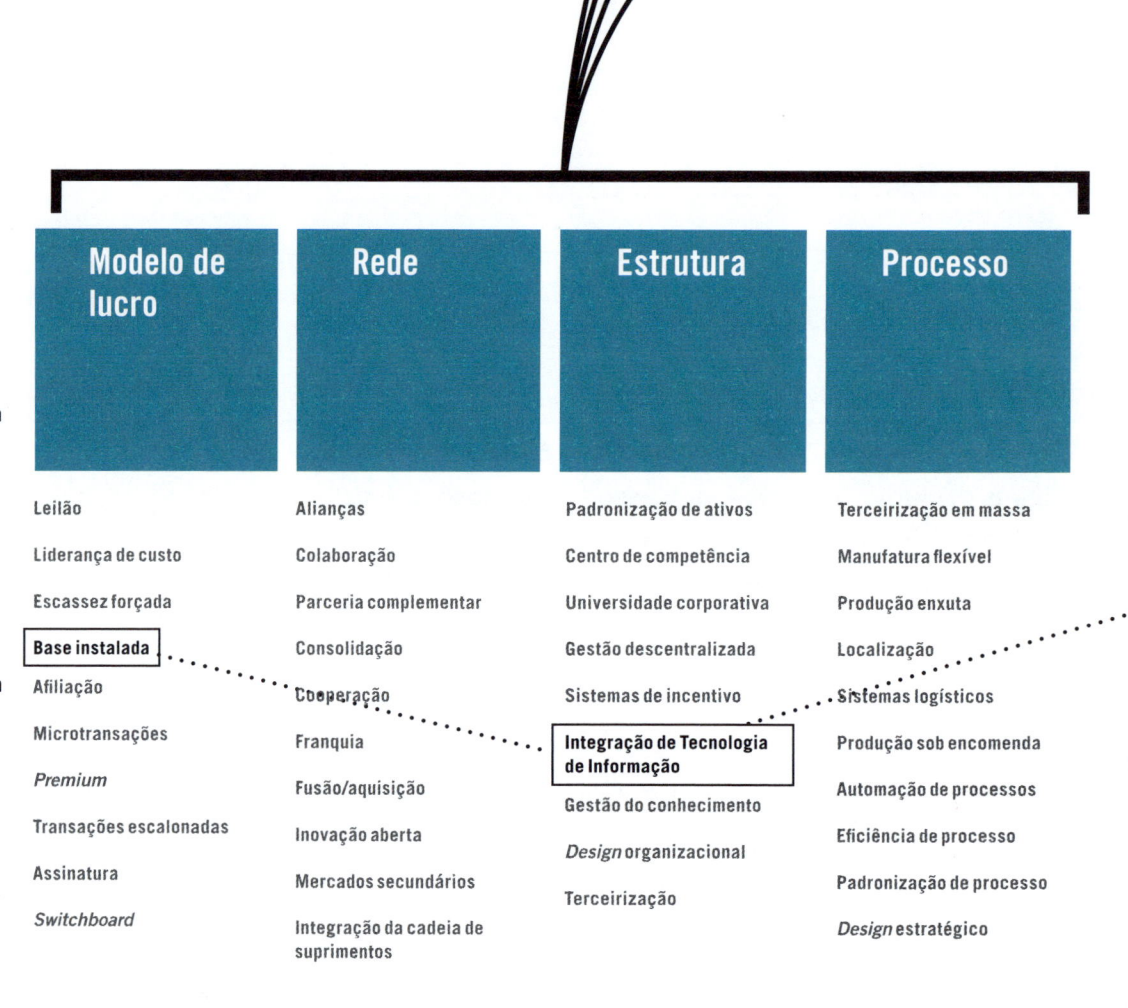

Modelo de lucro	Rede	Estrutura	Processo
Leilão	Alianças	Padronização de ativos	Terceirização em massa
Liderança de custo	Colaboração	Centro de competência	Manufatura flexível
Escassez forçada	Parceria complementar	Universidade corporativa	Produção enxuta
Base instalada	Consolidação	Gestão descentralizada	Localização
Afiliação	Cooperação	Sistemas de incentivo	Sistemas logísticos
Microtransações	Franquia	Integração de Tecnologia de Informação	Produção sob encomenda
Premium	Fusão/aquisição	Gestão do conhecimento	Automação de processos
Transações escalonadas	Inovação aberta	*Design* organizacional	Eficiência de processo
Assinatura	Mercados secundários	Terceirização	Padronização de processo
Switchboard	Integração da cadeia de suprimentos		*Design* estratégico

PARTE CINCO: EM RESUMO 191

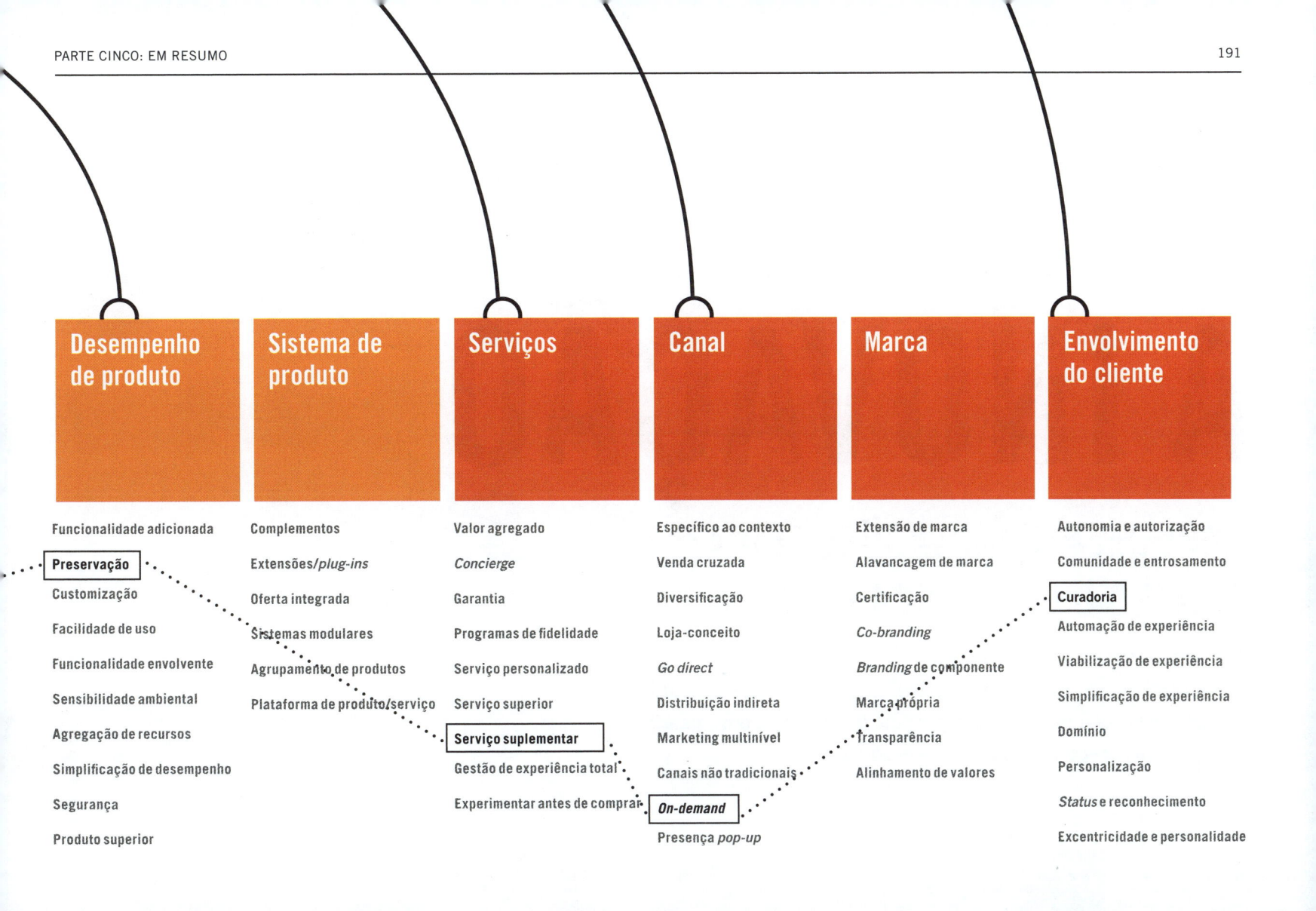

Desempenho de produto	Sistema de produto	Serviços	Canal	Marca	Envolvimento do cliente
Funcionalidade adicionada	Complementos	Valor agregado	Específico ao contexto	Extensão de marca	Autonomia e autorização
Preservação	Extensões/*plug-ins*	*Concierge*	Venda cruzada	Alavancagem de marca	Comunidade e entrosamento
Customização	Oferta integrada	Garantia	Diversificação	Certificação	**Curadoria**
Facilidade de uso	Sistemas modulares	Programas de fidelidade	Loja-conceito	*Co-branding*	Automação de experiência
Funcionalidade envolvente	Agrupamento de produtos	Serviço personalizado	Go direct	*Branding* de componente	Viabilização de experiência
Sensibilidade ambiental	Plataforma de produto/serviço	Serviço superior	Distribuição indireta	Marca própria	Simplificação de experiência
Agregação de recursos		**Serviço suplementar**	Marketing multinível	Transparência	Domínio
Simplificação de desempenho		Gestão de experiência total	Canais não tradicionais	Alinhamento de valores	Personalização
Segurança		Experimentar antes de comprar	**On-demand**		*Status* e reconhecimento
Produto superior			Presença *pop-up*		Excentricidade e personalidade

PARTE SEIS

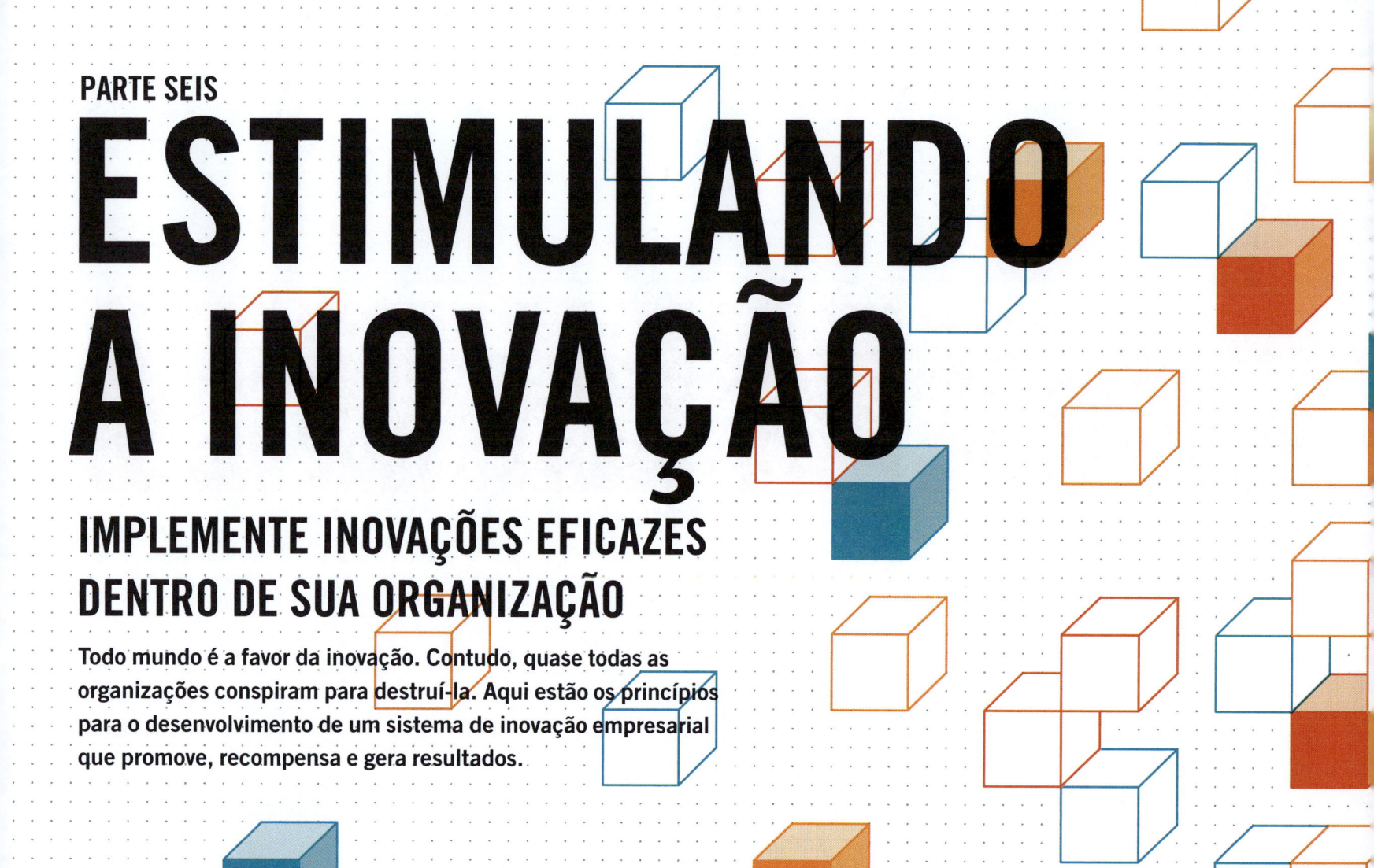

ESTIMULANDO A INOVAÇÃO

IMPLEMENTE INOVAÇÕES EFICAZES DENTRO DE SUA ORGANIZAÇÃO

Todo mundo é a favor da inovação. Contudo, quase todas as organizações conspiram para destruí-la. Aqui estão os princípios para o desenvolvimento de um sistema de inovação empresarial que promove, recompensa e gera resultados.

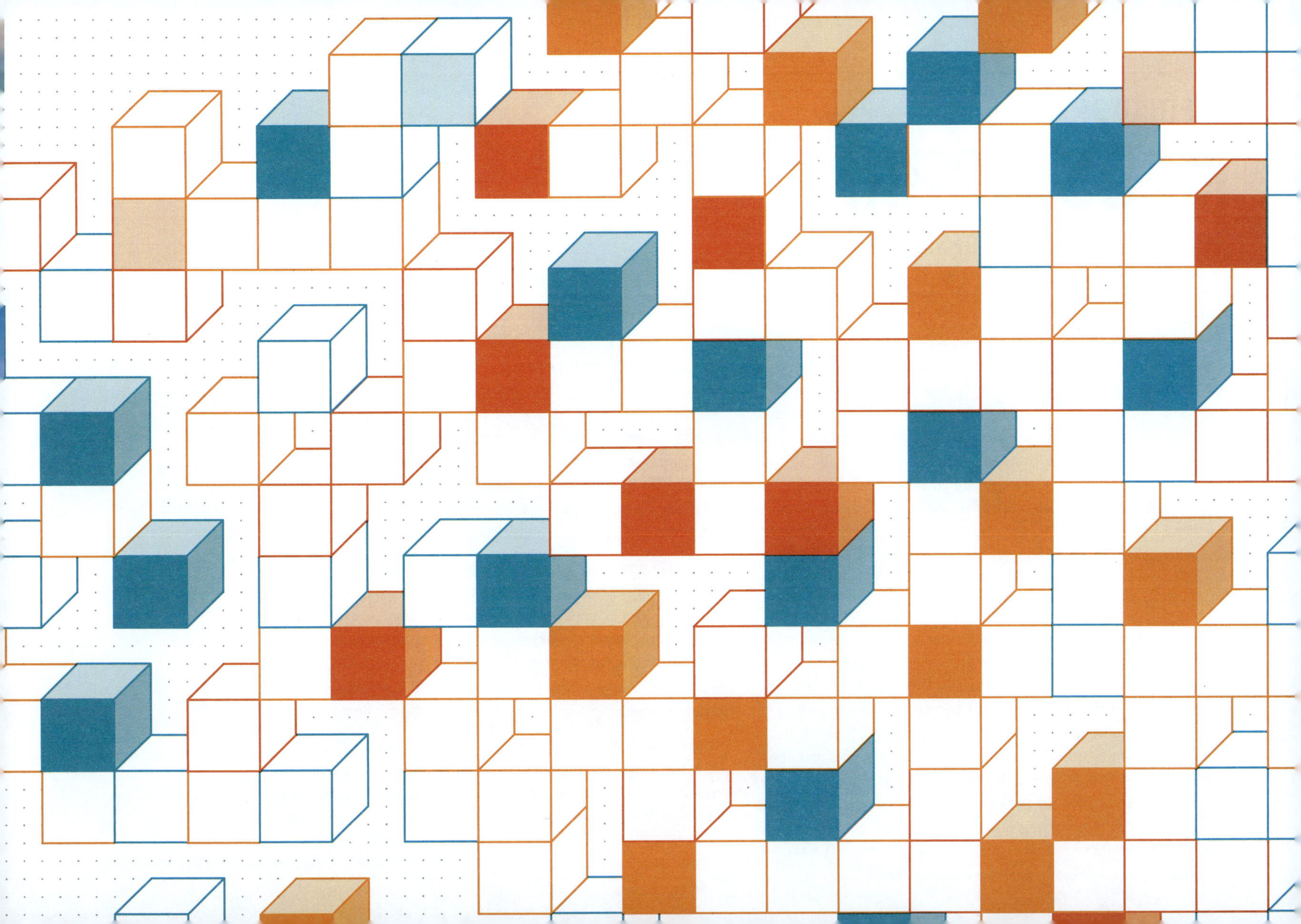

CAPÍTULO 21
MÃOS À OBRA
TODO MUNDO TEME O DESCONHECIDO. VEJA COMO INOVAR MESMO ASSIM

É natural ter receio do desconhecido. Na verdade, é **totalmente** natural. Nós, seres humanos, estamos programados e condicionados a isso; é um mecanismo de autodefesa que nos faz ficar de prontidão e vigilantes quando os padrões normais do mundo de repente se tornam anormais. Ouvimos um ruído de algo se mexendo no mato; uma descarga de adrenalina percorre nosso corpo; a ansiedade inunda nosso cérebro e fugimos em disparada. Com o tempo, aprendemos a discernir quais ruídos são inofensivos e quais apresentam um risco real. De acordo com o historiador e humanista Michael Shermer: "O ser humano é um animal buscador de padrões e contador de histórias tentando dar sentido ao mundo." Foi por meio dessa estrutura que conseguimos evitar sermos comidos por leões, tigres e hienas durante milênios.

Entretanto, essa mesma estrutura tende a provocar ansiedade por **tudo** que é novo e desconhecido. Se em princípio somos todos a favor da inovação, na prática tentamos tornar nosso mundo seguro e certo. Pense em seu próprio comportamento. Quando chega o fim de semana, você veste as roupas mais familiares; você assiste aos jogos de seu time preferido; você percorre tudo o que está gravado em seu DVR[1] para encontrar seus programas favoritos. Essa é a situação predominante que você enfrentará também na organização em que trabalha. Se você quiser ajudar as pessoas a inovar mais — e a **inovar melhor** —, vai precisar fazer com que indivíduos e equipes, em vez de resistir, **acolham o desconhecido**.

Enquanto líder, você precisa ajudar sua organização a compreender que a inovação **não é facultativa**. Atualmente, a maioria das empresas está interconectada — com outras empresas, serviços, sistemas e clientes. Essa conectividade crescente acelera ciclos de mudança e obscurece as fronteiras entre mercados, governos e setores. Basta pensar: 40% das empresas listadas na *Fortune 500* em 1999 não integravam mais essa lista dez anos depois. O fundador do Facebook, Mark Zuckerberg, já era bilionário aos 23 anos de idade. Hoje, para se manter relevante e ressonante, qualquer empreendimento precisa inovar.

Além disso, você deve ajudar sua organização a ver que a inovação é uma disciplina. Nosso ponto de vista é de que a inovação não é uma arte hermética que só pode ser praticada por alguns poucos especialistas. **Qualquer** pessoa pode inovar e **qualquer** empresa pode desenvolver as abordagens, as estruturas de gestão, as ferramentas e os recursos necessários para ajudar as pessoas a se tornar melhores inovadores. Sua função é catalisar essa mudança.

Portanto, quando você se deparar com motivos e desculpas para não inovar, ouça pacientemente. Tente mostrar-se empático com a ansiedade e o medo subjacentes a essas explicações. Depois, explique por que até mesmo os motivos mais sensatos devem ser superados.

---

1 É um sistema de gravação de vídeo criado para impulsionar as vendas de TV por cabo e por satélite digital, que permite gravar os programas, podendo estes serem posteriormente reproduzidos livremente.

- NÃO CONHECEMOS NOSSOS CLIENTES SUFICIENTEMENTE BEM.
- NOSSO PROBLEMA É MELHORAR A VENDA DOS PRODUTOS QUE JÁ TEMOS, NÃO DE DESENVOLVER NOVOS PRODUTOS. SABEMOS FAZER ISSO MUITO BEM.
- PRECISAMOS TER ALGUMA PROVA DE SUCESSO ANTES DE INVESTIRMOS EM QUALQUER COISA.
- ACHAMOS DIFÍCIL LEVAR UMA IDEIA DE SUA FASE CONCEITUAL AO LANÇAMENTO NO MERCADO.
- ESTAMOS SEMPRE TENTANDO CORRIGIR PROBLEMAS DO PASSADO E NÃO BUSCANDO NOVAS OPORTUNIDADES.
- ESSA NOVA BUGIGANGA NÃO GERARÁ NENHUMA MUDANÇA NOTÁVEL.
- NÃO TEMOS CORAGEM PARA ASSUMIR RISCOS.
- SOMOS EXAGERADAMENTE VOLTADOS PARA DENTRO. OLHAMOS PARA TUDO ATRAVÉS DAS LENTES DE NOSSA ORGANIZAÇÃO, SEMPRE.
- DIVERSAS FUNÇÕES INTERNAS COMPETEM ENTRE SI.
- NUNCA FALAMOS UM COM O OUTRO A RESPEITO DE INOVAÇÃO.
- NÃO EXISTE NENHUM PLANO DE IMPLEMENTAÇÃO OU EXECUÇÃO. AS BOAS IDEIAS ACABAM NA GAVETA.
- TEMEMOS A CANIBALIZAÇÃO.
- NOSSOS SISTEMAS INIBEM OU PUNEM AS PESSOAS POR TENTAREM INOVAR.
- A ALTA ADMINISTRAÇÃO NÃO ESTÁ TOTALMENTE COMPROMETIDA.
- NÃO TEMOS A MENTALIDADE OU CULTURA CORRETA PARA A INOVAÇÃO.
- NOSSA CULTURA É CONTRA INOVAÇÕES DE RUPTURA E A FAVOR DO INCREMENTALISMO.
- NÃO PODEMOS ARCAR COM UM LABORATÓRIO DE P&D. NÃO TEMOS CIENTISTAS.
- E SE ISSO DE FATO NÃO FOR UMA RUPTURA...
- NÃO FAZEMOS BOAS PARCERIAS. DISPUTAMOS EM PREÇO COM NOSSOS PARCEIROS.
- AS PESSOAS TÊM MEDO DE TENTAR ALGO NOVO. O INSUCESSO É PUNIDO SEVERAMENTE. PORTANTO, NÃO COLOQUE SUA CABEÇA A PRÊMIO.
- APENAS OS NOVOS PRODUTOS SÃO CONSIDERADOS INOVAÇÃO.
- NÃO EXISTE NENHUMA PLATAFORMA IMPORTANTE PARA INOVAR.
- SEMPRE OLHAMOS PARA OS MESMO LUGARES PARA BUSCAR IDEIAS DE INOVAÇÃO.
- ESTAMOS EMPACADOS NO MESMO LUGAR EM QUE ESTÁVAMOS CINCO ANOS ATRÁS. NÃO SEI QUAL É O OBSTÁCULO.

ALGUMAS DESSAS FRASES LHE PARECEM FAMILIARES?

MOTIVOS APARENTEMENTE SENSATOS PARA NÃO INOVAR

Essas são algumas das desculpas mais comuns que ouvimos das pessoas que ainda não estão convencidas que também são capazes de inovar – e como podemos superá-las.

"SOMOS EXAGERADAMENTE FOCADOS PARA DENTRO. OLHAMOS PARA TUDO ATRAVÉS DAS LENTES DE NOSSA ORGANIZAÇÃO, SEMPRE."

Livre-se dessa miopia forçando sua organização a buscar inspiração lá fora. Uma das maneiras de contestar as ortodoxias de sua empresa é utilizar o modelo 10TI para mostrar onde e como seus concorrentes costumam inovar. Examine os concorrentes atuais e potenciais e avalie o trabalho que eles estão fazendo para identificar se eles estão inovando de uma forma diferente. Ao analisar o que eles estão fazendo de diferente, você ganha uma nova percepção de possibilidade para suas próprias atividades.

[2] Em referência a Bill Joy, o lendário tecnólogo e cofundador da Sun Microsystems.

"CONHECEMOS NOSSO SETOR MELHOR DO QUE QUALQUER OUTRA ORGANIZAÇÃO. SABEMOS QUAIS SÃO OS PRINCIPAIS PROBLEMAS — E CONHECEMOS AS RESPOSTAS."

De acordo com a lei de Joy: "Não importa quem você seja, a maioria das pessoas mais inteligentes trabalha em outro lugar.[2] Um ponto cego fundamental na maior parte das empresas bem administradas é que elas parecem extremamente direcionadas aos clientes melhores e mais exigentes e aprimoram de maneira constante o conhecido em vez de inventar o novo. Particularmente em um mundo hiperconectado que costuma se apoiar em avanços tecnológicos, simplesmente não há espaço para essa atitude — em especial porque é quase certeza que a empresa que pode abalá-lo não se encontra em seu setor no presente.

"NOSSA CULTURA É MUITO AVESSA AO RISCO E CONTRA AVANÇOS DE RUPTURA."

O **urgente** sempre substitui o **importante**. A pressão que as empresas enfrentam no momento para gerar lucros de trimestre para trimestre é real e isso pode levá-las a se concentrar demasiadamente na inovação incremental, a melhorar constantemente os produtos existentes. Isso não quer dizer que seja um erro desenvolver inovações essenciais; na verdade, propomos que a maioria das iniciativas de inovação de uma organização deva girar em torno desse tipo de inovação. Entretanto, é importante que você **também** estimule algumas outras iniciativas mais sofisticadas e mais ambiciosas. Os inovadores eficazes gerenciam a inovação como uma carteira de investimento composta de várias ações com desempenho confiável, mas também salpicada com algumas apostas ousadas.

"NÃO SABEMOS SER CRIATIVOS OU PRODUTIVOS, APENAS ANALÍTICOS E AVALIATIVOS."
Esse ponto de vista geralmente é defendido pelos executivos de empresas grandes e bem estabelecidas que incorporaram ciências de administração como o *Seis Sigma* e processos de stage-gate em toda a organização. Retornemos à nossa argumentação de que a criatividade raramente é o recurso escasso em inovação. O que a maior parte das organizações precisa é de **disciplina**, e não de **mais ideias criativas**. Uma das formas mais rápidas de superar esse obstáculo é encorajar o envolvimento de pessoas com diferentes maneiras de pensar. Os *designers* não são mais adequados apenas ao departamento de *design* e ou projeto; eles podem ajudar a trazer à tona ideias provocativas para mudar a forma como você trabalha. Os cientistas sociais também podem ajudar a trazer à tona *insights* fascinantes sobre o que os clientes estão de fato procurando.

"ACHAMOS DIFÍCIL LEVAR UMA IDEIA DE SUA FASE CONCEITUAL AO LANÇAMENTO NO MERCADO."
Absolutamente correto. É difícil conduzir as ideias do conceito à realidade; trata-se de uma viagem difícil e cansativa em que há muito vento contrário e muitos solavancos. Contudo, existem métodos para fazer com esse processo seja bem-sucedido regularmente. Por exemplo, faça o protótipo de toda a sua empresa, de um extremo ao outro, e faça-o visualmente para que os interessados internos e os clientes possam ver o mesmo futuro que você vê.[2] Utilize essas visualizações não apenas para promover a iteração rápida e barata de uma ideia, mas também para desenvolver um comprometimento emocional para com o conceito em toda a sua organização. Abarque a parte viável mais ínfima da ideia para introduzi-la primeiro no mercado e utilize isso como uma cabeça de ponte para promover o crescimento e escalonar seu negócio. Todos esses princípios e abordagens ajudam a eliminar o risco do processo até o mercado.

2 Constatamos que os clientes tendem a achar as ideias mais ousadas fáceis de apreender e defender — em geral eles aceitarão rapidamente que algo difícil e notável pode ser feito. A história é outra quando, em vez disso, seus colegas se concentram em todos os obstáculos. Esse é um dos principais motivos pelos quais é necessário tornar as ideias de negócio tangíveis, e depressa. Isso ajuda a convencer os céticos.

"A INOVAÇÃO É MAIS FÁCIL NAS PEQUENAS EMPRESAS OU *START-UPS*."
Muitas pessoas acreditam que a inovação é mais fácil nas pequenas empresas. Além disso, elas costumam acreditar que a inovação é mais simples de ocorrer em empresas de tecnologia ou engenharia do que em outras empresas. Essas crenças estão erradas e servem apenas para reassegurar às pessoas que trabalham em organizações maiores de que elas não precisam inovar. **Elas precisam, sim!** Você precisa. Todo funcionário de toda e qualquer empresa precisa olhar para o futuro e abraçá-lo — independentemente do quanto isso pareça difícil ou assustador ou do quanto uma meta pareça impossível de ser concretizada. E todo funcionário e toda organização podem se tornar melhores e inovação. O truque é começar e ser preciso quanto aos métodos e às ferramentas que você está utilizando.

EQUILIBRANDO TENSÕES ESSENCIAIS (E RESISTINDO AOS FALSOS *TRADE-OFFS*)

Algumas qualidades que os inovadores precisam dominar parecem se contradizer. Como posso ser criativo e disciplinado? É realmente possível ser prático e ambicioso? Contudo, os *designers* e cientistas normalmente não têm nenhum problema específico para abordar esses dilemas aparentes. Muitos avanços de ponta exigem uma profunda avaliação e a resolução da tensão essencial em um desafio: "Como um dispositivo pode ser menor, mais leve e mais potente?" ou "Como um carro pode ser mais confortável e mais eficiente em energia?". Ou ainda: "Como o sistema de saúde pode gerar resultados melhores e ter um custo drasticamente inferior?". Qualquer sistema de inovação de excelência respeita e resolve esses conflitos aparentes. O segredo é vê-los como tensões a serem controladas, e não como *trade-offs* (compensações) que precisam ser feitas.

A INOVAÇÃO EXIGE

CRIATIVIDADE
+
DISCIPLINA

A criatividade não é um recurso escasso nas iniciativas de inovação. A disciplina é. Ela se refere ao domínio dos métodos e ferramentas necessários para identificar, sequenciar e solucionar todos os problemas de um desafio de inovação. Do mesmo modo que os músicos praticam regularmente escalas e arpejos, os inovadores precisam ser disciplinados em seu ofício para maximizar seu impacto. As restrições ampliam a criatividade; elas nunca a obstruem. É justo, razoável e prudente esperar que qualquer pessoa inove, de forma criativa ou não, e persiga essa missão com rigor.

PRAGMATISMO
+
AMBIÇÃO

Uma parte essencial (e com frequência desconfortável) da inovação é o compromisso de solucionar desafios arrojados e complexos — especialmente quando você não sabe com precisão **como** você os solucionará. Não deixe a ansiedade natural do momento diminuir sua ambição; primeiro, tenha confiança em utilizar métodos e ferramentas mais adequados e, com o tempo, tenha confiança em seu talento. Procure abordar os desafios que são relevantes para a sua empresa e seus clientes e procure toda e qualquer oportunidade para eliminar o risco de sua iniciativa. Utilize protótipos e pilotos para promover um desenvolvimento iterativo e pense em como você pode resolver a parte mais difícil desse grande desafio.

FOCO DE CIMA PARA BAIXO
+
DE BAIXO PARA CIMA

Os altos executivos não podem ficar imersos em cada detalhe de todo projeto — mas eles podem expressar um foco de inovação **inspirado** e **inspirador** e responsabilizar as equipes pelos resultados. Os melhores líderes de inovação mantêm-se abertos ao trabalho fazendo mudanças e experimentações surpreendentes e gerando resultados inesperados. À medida que a inovação se desenvolve, o cliente ou usuário pretendido pode mudar; a solução pode envolver tipos radicalmente diferentes à proporção que trabalho evoluir. É também essencial que a liderança ofereça o apoio que as equipes precisam para ter êxito — e estimule o sentimento de apropriação em todos os níveis da organização.

ANÁLISE
+
SÍNTESE

A **análise** (solucionar os problemas decompondo e examinando seus componentes) e a síntese (solucionar os problemas criando novas soluções formadas por componentes desconexos) são processos bastante distintos. Ambas são necessárias para o êxito da inovação e são mais potentes quando associadas. Nossa abordagem de inovação exige ambas: analisar inovações potentes e padrões setoriais e sintetizar novas inovações de elementos básicos importantes. Há muito tempo tem havido uma separação desfavorável entre esses dois lados: o pessoal de criação descartam os MBAs, considerando-os embotados e entediantes, e vice-versa. Felizmente, essa discrepância está se dissolvendo e as equipes de peso utilizam essas duas habilidades de maneira recorrente e em abundância.

CAPÍTULO 22
PATROCINADORES E AUTORES
AS GRANDES EMPRESAS GARANTEM QUE A INOVAÇÃO NÃO É FACULTATIVA

Os líderes desempenham um papel indispensável no sentido de catalisar e estimular a inovação. Como a maioria das pessoas (e das organizações) por natureza resiste à inovação, a função de um líder de inovação é superar essa inércia e abrir um caminho para o futuro. Existem várias alternativas diferentes para fomentar esse *momentum*, mas o mesmo comportamento fundamental subsiste nos exemplos a seguir, extraídos de empresas icônicas como Amazon, General Electric (GE) e IBM. Os grandes líderes tornam a inovação obrigatória, e não facultativa; eles patrocinam a mudança que desejam ver e estabelecem as condições necessárias para que sua organização crie e estimule de maneira que se obtenha sucesso nas as iniciativas, desde o conceito até o mercado.

OS LÍDERES DE INOVAÇÃO FAZEM OPÇÕES OUSADAS E COMPROMETEM-SE COM ELAS

1 § N. de T.: O *Day One* é uma das principais ideias de motivação para Bezos, que vem lembrando o público desde sua primeira carta aos acionistas em 1997 de que ainda estamos nos primórdios do desenvolvimento da Internet.

Em 1997, ano em que ele abriu o capital de sua emplumada empresa, Jeff Bezos escreveu algumas poucas palavras para os novos acionistas da Amazon. Em sua carta, ele se referiu ao ambiente coletivo da empresa como estando ainda nos primórdios (Day One) da Internet.¹§ "Pelo fato de enfatizarmos o longo prazo, podemos tomar decisões e avaliar os *trade-offs* de maneira diferente em relação a algumas empresas", escreveu ele, descrevendo em seguida uma visão precisa para a sua empresa. Bezos delineou suas convicções a respeito de tomar decisões de investimento a fim de promover uma liderança de mercado sustentável, e não a busca de uma lucratividade de curto prazo, e seu comprometimento para com uma gestão dinâmica de todo programa interno. "Tomaremos decisões de investimento ousadas em vez de tímidas em que possamos ver uma probabilidade suficiente de obter vantagens de liderança de mercado. Alguns desses investimentos valerão a pena, outros não, e em ambos os casos teremos aprendido outra lição valiosa", salientou ele.

Não obstante o ceticismo com relação a algumas de suas decisões ao longo dos anos, Bezos raramente titubeou. A busca mais recente da Amazon pelo mercado de alta-costura com o MyHabit.com é um excelente exemplo disso. A despeito da concorrência acirrada de empresas como Yoox.com e Gilt, a Amazon está perseguindo o mercado com seu comprometimento de longo prazo usual — com três mulheres contratadas para trabalhar em tempo integral para experimentar calçados de tamanho 37 a 38 e um estúdio de moda que utiliza tecnologia patenteada para fotografar 3.000 imagens por dia. O comprometimento de Bezos de conduzir a Amazon da sua forma — tomando decisões de longo prazo e ampliando inexoravelmente um império — foi eficaz: a Amazon obteve uma receita de US$ 147,8 milhões em 1997, e esse número aumentou para mais de US$ 48 bilhões em 2011; além disso, ao lado de sua nota para os acionistas, em 2011, Bezos incluiu sua carta original, dizendo: "Nossa abordagem mantém-se a mesma, e continua sendo Day One!".

A inovação sempre parece óbvia a *posteriori*. Contudo, o processo desde a ideia até a implementação não é nem um pouco óbvio; é repleto de dúvidas e riscos e, como líder, você será criticado pelos analistas, acionistas e funcionários. Sua função é manter a iniciativa. Tal como Bezos explicou em uma reunião com os acionistas em 2011: "Toda vez em que você faz algo grande, isso provoca rupturas, haverá críticos... Você então os ouve, porque deseja ver — sempre testando — será possível que eles estão certos? Porém, se você se detém e diz 'Não, acreditamos nesta visão', então você simplesmente se mantém concentrado e focado e leva sua visão adiante."

OS LÍDERES DE INOVAÇÃO CONFIAM EM SEUS TALENTOS — E COBRAM DELES

Manter a trajetória de crescimento fica difícil à medida que um empreendimento aumenta em escala. Considere o seguinte: a GE obteve uma receita de cerca de US$ 147 bilhões em 2011. Portanto, para a empresa crescer 5% anualmente, ela precisa criar o equivalente ao que uma empresa *Fortune 500* consegue todos os anos. O diretor executivo Jeff Immelt assumiu esse desafio cobrando responsabilidade de seus gestores pela inovação. O programa Imagination Breakthroughs ("Rupturas da Imaginação"), lançado em 2003, foi especificamente desenvolvido para envolver e obter o comprometimento dos gestores e funcionários por inovar em toda a empresa e aproveitar, proteger e promover ideias brilhantes.

Todos os anos, os diretores de cada unidade de negócios da corporação submetem suas melhores ideias para promover um crescimento orgânico. Essas propostas são revistas por uma equipe da liderança (que inclui Immelt) e todos os anos inúmeros recebem a aprovação oficial Imagination Breakthrough (IB). **Observação importante**: Não se trata de uma insígnia de honra inexpressiva. Os assim chamados "projetos IB" são concebidos, nutridos e implementados nas unidades de negócios individuais, mas todo mês a alta administração toma o cuidado de rever o *status* atual de alguns deles. Isso oferece aos projetos e aos participantes maior visibilidade, conhecimento comercial e, algumas vezes, financiamento complementar.

"No final, gostaria de ver essa ideia se transformar de tal maneira que tenhamos 1.000 rupturas de imaginação e o foco gire menos em torno desses grandes elefantes e mais em torno da criatividade em todas as unidades", comentou Immelt em 2006.[2] Os resultados foram promissores: nos anos subsequentes, Immelt destinou bilhões de dólares para mais de 100 projeto IB, que variaram desde energia distribuída a softwares e serviços avançados.

....

Pare para pensar por um minuto, se assim desejar, no início de sua carreira. Você se lembra de algum momento em que alguém tenha apostado em você e lhe dado uma chance? Você já teve um mentor que apostou que você se destacaria e se sairia bem, embora praticamente não houvesse nenhuma evidência de que você fosse capaz de fazer qualquer coisa do tipo? Acreditamos que os melhores líderes de inovação façam isso habitualmente: eles criam nos indivíduos jovens e de alto potencial a expectativa de que eles inovarão e confiam que eles conseguirão realizar iniciativas difíceis. Ao mesmo tempo, você deve responsabilizar sua organização pela inovação utilizando medidas e incentivos inteligentes. É assim que você dá força e poder à inovação.

....

[2] "Eu sabia que, se conseguisse definir um processo e estabelecer as medidas corretas, essa empresa poderia correr a 160 km/h na direção correta", afirmou Immelt nessa mesma entrevista à *Harvard Business Review*.

OS LÍDERES DE INOVAÇÃO FIRMAM-SE NO FUTURO E AJUDAM OS OUTROS A ENXERGÁ-LO

3   Para ler um fascinante relato dessa história — que inclui um conto sobre uma visita de Steve Jobs ao Centro de Pesquisa de Palo Alto (PARC) da Xerox em 1979 —, consulte *Creation Myth*, de Malcolm Gladwell, publicado em *The New Yorker* (16 de maio de 2011).

Na década de 1990, Lou Gerstner notoriamente fez com que a IBM **deixasse de fabricar produtos** e passasse a **fornecer serviços**. Foi uma mudança ousada, uma mudança que a esta altura já foi minuciosamente examinada e documentada em vários lugares. Menos notáveis são as grandes apostas feitas pelo sucessor de Gerstner, Sam Palmisano, que se tornou diretor executivo da empresa em 2002, de dobrar e triplicar a aposta nessa mudança para serviços.

Foi Palmisano que propôs que a Big Blue (apelido da IBM) se livrasse da unidade ThinkPad, vendendo-a para empresa chinesa Lenovo. Além disso, ele supervisionou a aquisição de mais de 100 empresas, como PricewaterhouseCoopers Consulting e Cognos, para entrar agressivamente no mercado global de consultoria e análise de dados. Esse foi o início de uma mudança verdadeira e decisiva na natureza da empresa e de uma **verdadeira reinvenção** de um **empreendimento** que antes havia liderado um setor.

No cômputo geral, Palmisano induziu a IBM a gastar US$ 50 bilhões em aquisições e P&D. A empresa tem um orçamento anual de P&D de US$ 6 bilhões e o departamento produz continuamente milhares de patentes todos os anos — sendo quase sempre o principal contribuinte global de patentes anuais.[3] Os consultores da IBM encontram, agrupam e alavancam os "ativos repetíveis" resultantes — concebendo-os como tecnologias de resolução de problemas que podem funcionar em vários ambientes. O resultado é que a IBM tem um conhecimento aprofundado sobre um imenso conjunto de assuntos diversos. E agora ela pode oferecer uma consultoria não relacionada à implementação de *softwares* empresariais cuja margem de lucro é baixa, mas conceitos com alta margem de lucro que provêm de valiosas descobertas de pesquisa.

A história está repleta de contos aconselhatórios a respeito de empresas que não perceberam mudanças fundamentais em seus mercados — desde o fato de a Xerox ter desenvolvido e depois ignorado muitos dos componentes integrais da computação pessoal, como o *mouse* **as interfaces gráficas com o usuário, ao fato de a Blockbuster não ter reagido à ameaça existencial que a Netflix e o** *video-on-demand* **apresentaram ao seu modelo de negócio. Sua responsabilidade enquanto líder é focar-se no futuro e abraçá-lo com coragem, independentemente de suas implicações para o seu negócio no presente — e então ajudar sua organização a também se firmar nesse futuro.**

CAPÍTULO 23
IMPLEMENTANDO INOVAÇÕES
NÃO SE PREOCUPE COM A CULTURA. DESENVOLVA UMA CAPACIDADE SISTEMÁTICA

Muitos líderes acreditam que a construção de uma organização inovadora depende da cultura. Eles olham para gigantes da inovação, como Apple e Google, e pensam: "Se ao menos tivéssemos uma cultura como a delas. Os corredores devem respirar inovação. Elas têm belos escritórios, cafés fabulosos, excelentes privilégios…". Muito tempo e milhões de dólares depois, a empresa ostenta um reluzente centro de inovação, o adornam com belos pôsteres na parede, realizam feiras de inovação corporativa e exibe orgulhosamente as mesas de pingue-pongue da empresa. Só existe um problema: é efetivamente muito raro uma inovação verdadeira chegar ao mercado após toda essa ostentação e badalação.

O problema de tentar mudar a cultura de uma organização é que isso é levemente semelhante a tentar abraçar uma nuvem — você pode vê-la e senti-la, mas é difícil compreendê-la. É por isso que estimulamos as empresas a se preocupar com a capacidade de inovação.

Definimos capacidade de inovação como poder institucional para inovar confiavelmente e repetidamente com o passar do tempo — o que significa que ela não depende de sorte nem do talento de nenhum funcionário. Na verdade, ela depende de um conjunto coordenado de comportamentos organizacionais. O que acontece é que, quando as pessoas agem e pensam diferentemente com o passar do tempo — e quando elas veem resultados diferentes e melhores surgirem dessas mudanças comportamentais —, a cultura toma conta de si mesma. Em poucas palavras, nada incentiva a inovação de uma ponta a outra de uma organização como o ato de realmente introduzir algumas ideias incríveis no mercado.

Depois disso, você pode dependurar todos os pôsteres que desejar.

Para mudar os comportamentos de sua organização, você precisa definir e incentivar a mudança sob vários ângulos. Não é suficiente apenas contratar indivíduos mais inovadores. Sem uma abordagem clara para orientar e coordenar as iniciativas dessas pessoas, o lugar certo na organização para alojá-las e as medidas e os incentivos apropriados para norteá-las, elas fracassarão. De acordo com nossa experiência, mudar os comportamentos de uma organização e desenvolver capacidades duradouras exige quatro componentes distintos — concebidos com extremo cuidado para se reforçarem mutuamente e funcionarem em harmonia e, dessa forma, impulsionarem a inovação de uma maneira confiável e recorrente.

OS QUATRO COMPONENTES DA CAPACIDADE DE INOVAÇÃO

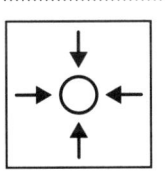

ABORDAGEM
Definições claras sobre o trabalho a ser realizado no desenvolvimento de inovações — as fases, atividades, resultados e direitos de decisão — bem como quaisquer ferramentas e métodos específicos que devam ser utilizados.

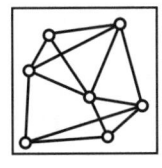

ORGANIZAÇÃO
As unidades que abrigam a capacidade de inovação — equipes, divisões, liderança —, assim como as interfaces que a conectam com a empresa e o mundo em geral.

RECURSOS E COMPETÊNCIAS
Os indivíduos que realizam o trabalho de inovação, as habilidades e o treinamento dos quais eles precisam para realizá-lo competentemente e do mesmo modo financiamento e tempo para alimentá-lo.

MEDIDAS E INCENTIVOS
As metas que direcionam o desempenho, as medidas que avaliam o avanço e os incentivos (monetários ou não) para motivar comportamentos de apoio.

CAPACIDADE DE INOVAÇÃO
DETALHAMENTO DOS QUATRO COMPONENTES

Quase todas as empresas têm alguma área funcional para desenvolver inovações simples — em geral dentro de P&D, *marketing* ou desenvolvimento de produtos. Contudo, uma inovação altamente sofisticada não se enquadra de maneira impecável em uma organizacional comum. Ela depende de equipes multidisciplinares que incluam todo e qualquer indivíduo, de engenheiros a profissionais de *marketing* e de estrategistas de marca a especialistas financeiros. O erro mais comum que vemos os executivos cometerem ao tentar construir uma capacidade de inovação é que eles presumem que tanto as inovações simples quanto as sofisticadas podem vir do mesmo sistema. Elas não podem!!! "Melhorar o conhecido" e "Inventar o novo" exige e merece uma abordagem diferente. A responsabilidade de um líder de inovação é compreender as diferenças e conceber e implementar o sistema correto para cada tipo de inovação.

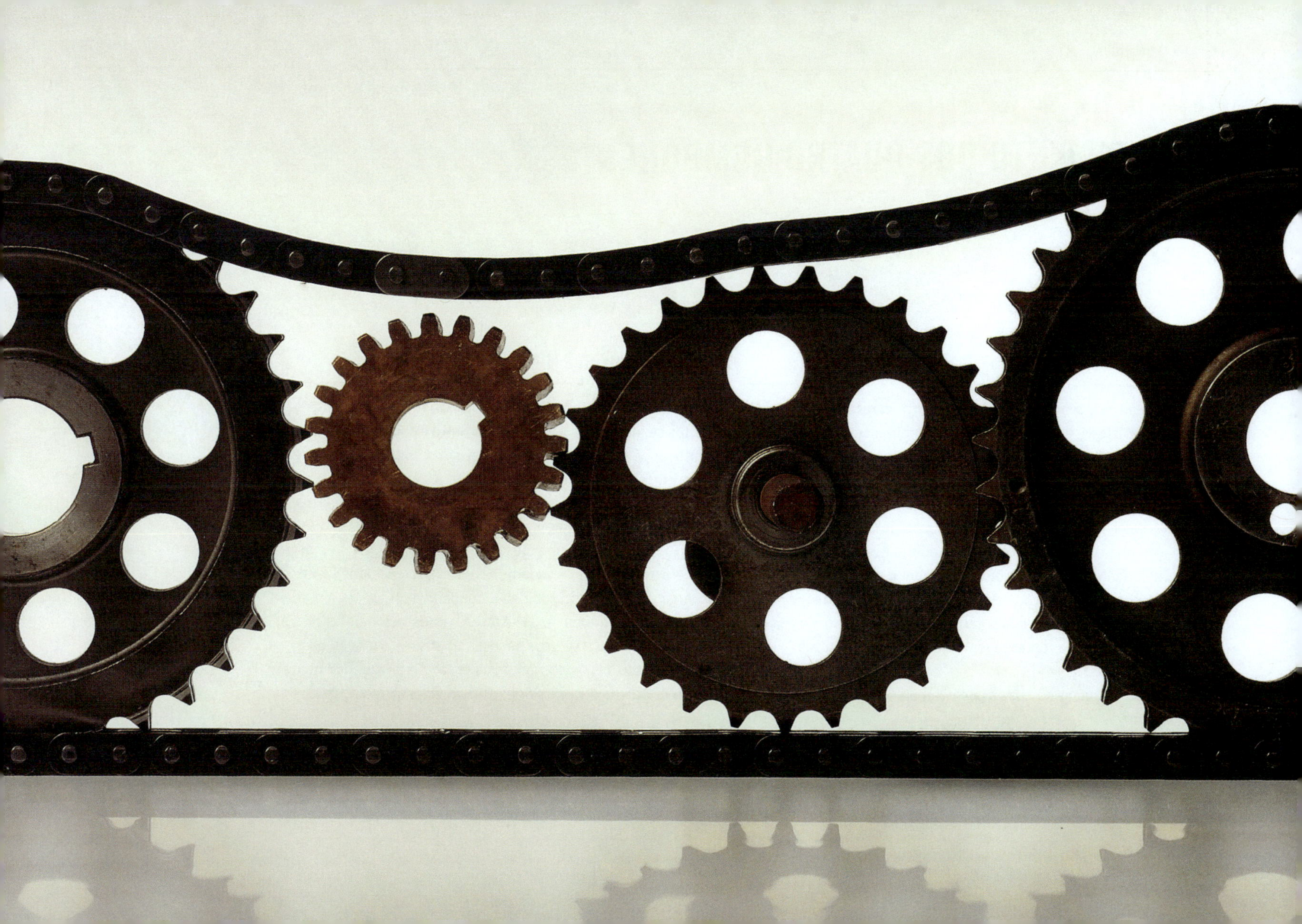

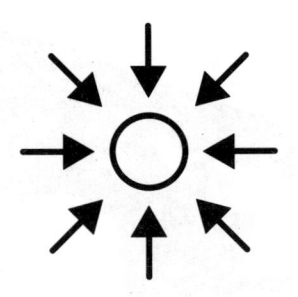

ABORDAGEM

As abordagens de **inovação essencial** tendem a ser razoavelmente lineares e previsíveis: em geral elas se fundamentam em tecnologia e execução e controladas para utilizar processos de *stage-gate* firmes e normalizados (precisamos de um número x de ideias no primeiro estágio, que serão reduzidas a um **número y** de ideias no segundo estágio e assim por diante). As inovações mais ambiciosas exigem uma abordagem diferente — uma abordagem que aprecia a experimentação e a iteração e oferece às equipes espaço para explorar mudanças de direção, revelar grandes surpresas e seguir um caminho não linear. Isso não autoriza as equipes a maquiar as coisas à medida que elas prosseguem — as empresas eficazes utilizam protocolos rigorosos, com fases, métodos e ferramentas distintos, para ajudar as equipes a perseguir uma inovação ousada com disciplina.[1]

ABORDAGEM DE RUPTURA DA MAYO CLINIC

A Mayo Clinic utiliza um processo de cinco fases para avaliar projetos de inovação: **"esquadrinhamento e enquadramento"**, para identificar oportunidades; **"pesquisa e experimentação"**, para desenvolver *insights*; **"sintetização"**, para transformar os *insights* em conceitos; **"prototipagem"**, para desenvolver os conceitos iterativamente; e, finalmente, **"implementação"**, para lançá-los no mundo em geral. Cada uma dessas fases é concebida para divergir e explorar uma ampla variedade de novas possibilidades antes convergir para uma oportunidade, conceito e protótipo. À medida que as ideias progridem, elas se tornam cada vez mais tangíveis e recebem um maior volume de investimento — o que ajuda a eliminar o risco de investimento que essa clínica mundialmente famosa realiza no desenvolvimento de avanços de ruptura.

1 Visite o *site* tentypesofinnovation.com para examinar outras formas de desenvolver um número menor de ideias mais sofisticadas — e de eliminar suficientemente o risco dessas ideias para que elas se tornem mais propensas ao sucesso do ao fracasso.

2 É por isso que normalmente somos contra a criação de unidades isoladas de projeto de ponta (*"skunkworks"*). Talvez esse passo seja necessário quando um empreendimento evolui, mas raramente é um bom modelo durável. Ele propaga o tribalismo e a desconfiança e até mesmo as grandes inovações podem sofrer

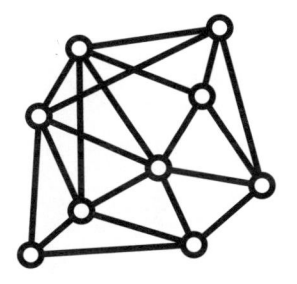

ORGANIZAÇÃO

rejeições de transplante por parte do restante da organização quando chegar o momento de transferi-las para unidades de negócios mais maduras.

3 Até mesmo o manual dos funcionários da Valve é uma obra de arte, concebido para oferecer aos novos contratados um percepção clara do espírito de inovação e experimentação existente dentro da empresa.

Quase todas as empresas têm alguma estrutura em vigor para coordenar **inovações essenciais** e o desenvolvimento contínuo de produtos. A promoção de **inovações adjacentes** e **transformacionais** com frequência exige estruturas e interfaces organizacionais distintas. Nem todas as empresas têm estruturas exclusivas para desenvolver novos mercados e negócios. Existe uma variedade de opções organizacionais: "incubadoras" que abrigam o conhecimento sobre inovação e criam e desenvolvem inovações; "centros de serviços" que utilizam *know-how* exclusivo para apoiar as iniciativas de inovação de diferentes unidades de negócios; e até mesmo sistemas altamente distribuídos em que a maioria dos funcionários tem alguma responsabilidade pela inovação. O que é constante é que a organização de inovação deve fomentar a colaboração entre as funções e os silos divisionais, sem ser impedida pela burocracia ou por políticas internas, e deve ter uma ótima interação com as unidades de negócios existentes. A certa altura, um conceito de inovação nascente ou um negócio emergente precisa juntar seus irmãos e irmãs ao empreendimento existente — e sobreviver e prosperar durante essa transição.[2]

ORGANIZAÇÃO NIVELADA DA VALVE, CONCEBIDA PARA INOVADORES

A empresa de jogos Valve foi iniciada em 1996 com uma missão clara: **criar jogos excelentes dos quais os jogadores gostem**. Sua submissão não revelada: desenvolver um ambiente interno que promova a excelência entre seus funcionários. Hoje, a Valve tem uma estrutura de gestão totalmente uniforme, um lugar em que nem mesmo o fundador tem mais voz ativa do que outra pessoa qualquer. Os funcionários podem não apenas escolher todo projeto em que trabalham (nesse caso, não existe nenhuma política de "20% do tempo"; trata-se de "100% do tempo"), mas todas as mesas têm rodinhas para que as pessoas possam se deslocar facilmente para trabalhar com uma nova equipe. (Obviamente, as equipes de fato se formam e os líderes de fato surgem, mas essas disposições são temporárias e breves.) Nenhum funcionário é despedido por cometer um (único) erro, enquanto o trabalho fora do expediente é visto como um sinal de que há algo errado. Ao mesmo tempo, todos são solicitados a dedicar tempo e esforço para pensar sobre os objetivos de longo prazo da empresa, bem como sobre objetivos mais imediatos. A falta deliberada de organização formal parece estar funcionando: milhões de exemplares dos jogos da Valve foram vendidos — um exemplo é o Half-Life.[3]

RECURSOS E COMPETÊNCIAS

As inovações adjacentes e transformacionais precisam de indivíduos com diferentes competências, formações, habilidades, além de capacidade de análise, síntese e empatia com o usuário. Recomendamos um mix de designers, pesquisadores de usuários e estrategistas de negócios, complementados com pesquisadores de mercado, especialistas em tecnologia e engenheiros. No mínimo, essas equipes devem ser multidisciplinares e conter funcionários de alto potencial que representem diferentes interessados e interesses na organização. As iniciativas que eles empreendem normalmente são nutridas e gerenciadas diretamente por altos executivos ou pela liderança corporativa e com frequência são financiadas por fontes separadas, como um fundo de capital de risco ou uma verba de inovação corporativa garantida. Essas equipes devem ter tempo e espaço para compreender as necessidades futuras do mercado e devem ser protegidas contra a pressão das necessidades sempre urgentes (mas algumas vezes menos importantes) das atividades de negócio atuais.

OS HOTÉIS-LABORATÓRIO DA CADEIA HYATT DÃO AUTONOMIA AOS FUNCIONÁRIOS

"Na próxima vez em que você ficar em um hotel Hyatt, é provável que você faça parte de um de seus experimentos para melhorar a experiência do cliente, talvez sem ao menos se dar conta disso", escreveu Stacy Collett.[4] A cadeia Hyatt tem 488 hotéis, que operam sob sete nomes de marca e estão espalhados pelo mundo inteiro. E seus assim chamados "hotéis-laboratório" funcionam como cadinhos de inovação, áreas em que as ideias podem ser testadas rapidamente pelos membros da equipe e lançadas mais amplamente para o restante do portfólio de hotéis da rede. Segundo Collett, os hotéis-laboratório experimentam de sete a nove projetos exclusivos por vez: os funcionários são estimulados a propor soluções para os problemas e examinar o que funciona e o que não funciona sem se afligir com os detalhes. O financiamento depende do tamanho e do escopo do projeto; algumas vezes um hotel específico paga pelos experimentos; outras vezes esse suporte vem de uma verba de inovação corporativa mais ampla. As ideias testadas até o momento incluem a disponibilização de dispositivos móveis de *check-in* aos funcionários e a não utilização de funcionários na recepção.

4 *Ready, Set, Compete: The Benefits of IT Innovation*, de Stacy Collett, examina a tendência "fracasse rápido e siga adiante", *Computerworld*, 14 de janeiro de 2013: **http://tentyp.es/XHSveu**. Consulte também o perfil de Mark Hoplamazian, diretor executivo da Hyatt: *Hyatt's Travelin' Man*, apresentado na *Barron's*, 14 de julho de 2012: **http://tentyp.es/VT3AHU**.

MEDIDAS E INCENTIVOS

As medidas das inovações incrementais tendem a exigir confiabilidade; os projetos precisam atravessar o *pipeline* de maneira eficaz e são medidos principalmente com base nos retornos econômicos previstos e reais. Em vista da incerteza inerente de algo que é totalmente novo em um mercado ou no mundo, as inovações de ruptura devem ser medidas de diferentes formas. Utilize uma combinação de medidas de *input* (entrada) e *output* (saída) e indicadores antecedentes e defasados. Até mesmo medidas razoavelmente flexíveis, como "a porcentagem de clientes que manifestaram interesse em comprar o protótipo" ou "o mix de iniciativas de inovação essencial e de ruptura em nosso portfólio", podem ser mais significativas e úteis do que estimativas de receitas ou lucros futuros. Primeiro, compreenda bem as medidas e, em seguida, associa-as estreitamente com incentivos aos funcionários. Embora as recompensas financeiras sejam importantes, a maioria dos funcionários sente-se motivada a inovar por outros motivos — que vão desde reconhecimento da empresa e satisfação pessoal ao significado extraído da criação de algo novo. Por isso, tenha o cuidado de incluir incentivos monetários e outros tipos de incentivo, como prêmios oferecidos pela empresa, tempo para desenvolvimento pessoal e atenção da liderança.[5]

A PROCTER&GAMBLE (P&G) É PIONEIRA EM AVANÇOS DE RUPTURA

"O fator mais difícil para uma empresa é mudar sua mentalidade", afirmou o diretor executivo da P&G, Edwin Artzt, em 1994. "Precisamos ter regras que nos deem permissão intelectual para realizar mudanças", complementou. Dentre suas novas regras estão: uma mudança para o preço baseado em valor, a erradicação da burocracia e o Fortalecimento Global da Eficácia (Strengthening Global Effectiveness — SGE). As quatro regras dos SGE: **mudar o trabalho**, **fazer mais com menos**, **eliminar o "retrabalho"** e **diminuir os custos**.

Ao constatar que muitas das inovações eram incrementais, a P&G eliminou 25% de suas extensões de produto. Ao mesmo tempo, a liderança visualizou uma nova estrutura de gestão por meio da qual os gerentes de marca poderiam apresentar uma ideia promissora a um superior — que tinha autoridade para financiá-la rapidamente com até US$ 1 milhão por projeto. Os sucessores de Artzt continuaram a adotar suas políticas e foco. "Se dedicarmos nosso tempo à realização de pequenas alterações em alguma coisa, não teremos tempo para dedicar a algo novo e importante", reconheceu John Pepper em 1996.[6]

5 Na Apple, Steve Jobs reunia-se anualmente com os *100 Mais*, um grupo que ele convocava para discutir a estratégia futura da empresa.

6 A revista *Fortune* veiculou vários artigos sobre a P&G nessa época. Consulte, particularmente, *P&G Rewrites the Marketing Rules*, de Brian Dumaine, 6 de novembro de 1989: **http://tentyp.es/TjEPID**; *Behind the Tumult at P&G*, de Bill Saporito, 7 de março de 1994: **http://tentyp.es/UTCVtm**; e *P&G New and Improved!*, de Ronald Henkoff, 14 de outubro de 1996: **http://tentyp.es/Q2o6mj**.

REUNINDO TODOS OS COMPONENTES PARA CRIAR SEU MODELO DE CAPACIDADE

Em uma boa concepção e implementação, os quatro componentes se apoiam e reforçam mutuamente. Todos eles são fundamentais para incentivar os comportamentos organizacionais corretos que alimentam a inovação. Seja claro quanto ao nível de capacidade que funcionará antes de implementá-la; do contrário, você correrá o risco de tropeçar logo de saída e reforçar muitos dos piores receios da organização pela incapacidade de inovar.

O **modelo de capacidade** é uma ferramenta que utilizamos com nossos clientes para ajudá-los a ser reflexivos e intencionais no planejamento de sua capacidade de inovação. O exemplo simplificado que apresentamos aqui é apenas ilustrativo — afinal de contas, um modelo genérico e indiferenciado não é adequado para todos os casos. Algumas organizações funcionarão bem com uma área de inovação concentrada e centralizada; outras exigirão a agilidade e a autodireção dos modelos descentralizados. Não existe nenhum modelo adequado para todos os empreendimentos; descubra qual funcionará no seu caso.

COMPONENTES DE CAPACIDADE

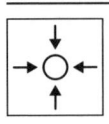

ABORDAGEM
O trabalho a ser realizado e os métodos a serem utilizados no desenvolvimento de inovações.

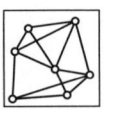

ORGANIZAÇÃO
Onde esse trabalho ocorre e como ele se conecta com a empresa em geral.

RECURSOS E COMPETÊNCIAS
As pessoas, as habilidades, o financiamento e outros ativos que precisamos para alimentar o trabalho.

MEDIDAS E INCENTIVOS
Como avaliaremos nossos avanços, acompanharemos nossos êxitos e recompensaremos os comportamentos corretos.

EXEMPLO ILUSTRATIVO

Precisamos reconhecer oficialmente e impulsionar uma iniciativa para criarmos uma nova unidade avançada de diagnóstico de diabetes e realizar um teste piloto no próximo ano.

Nosso Centro de Inovação conduzirá esse trabalho até o momento em que ele estiver pronto para ser testado; em seguida, a unidade de diagnóstico existente o conduzirá lentamente para a fase de gerenciamento.

O diretor da unidade de diagnóstico patrocinará a iniciativa. A equipe será formada por um *mix* de especialistas de nosso centro e por funcionários de alto potencial da unidade de diagnóstico. O financiamento virá de nosso fundo de inovação.

Utilizaremos avaliações qualitativas como medida no estágio de conceito e previsões de venda e as respostas dos clientes nos estágios de protótipo e piloto. Vinte por cento da remuneração de nossos líderes e da equipe de projeto estará atrelada ao sucesso da iniciativa.

Esses componentes suprem e apoiam novos comportamentos no empreendimento...

...Esse componente exige e impele o empreendimento a exibir os novos comportamentos.

IMPLEMENTANDO INOVAÇÕES

Utilizamos regularmente esses modelos de capacidade com empresas que desejam melhorar suas inovações de ruptura. O quadro abaixo mostra uma visão geral do sistema completo, desde a identificação de oportunidades à autorização de protótipos, pilotos e lançamento de inovações. As páginas restantes detalham cada um desses diferentes componentes e estágios.

	ABORDAGEM Como desenvolveremos as inovações?	IDENTIFIQUE E PRIORIZE AS OPORTUNIDADES Pense nas necessidades variáveis dos usuários, em mudanças na estrutura do setor e em ortodoxias incontestáveis para identificar possíveis oportunidades.	DESENVOLVA CONCEITOS Gere conceitos de negócio novos e tangíveis concebendo plataformas e modelos de negócio inovadores, bem como novas experiências para os clientes.	CRIE E TESTE PROTÓTIPOS Itere e aprimore os conceitos por meio da identificação das principais áreas problemáticas e da criação de protótipos (de todos os tipos) para testá-los juntos aos clientes e usuários.	REALIZE TESTES PILOTO Valide sua ideia desenvolvendo componentes dos novos empreendimentos e lançando-os no mercado — e avalie cuidadosamente a resposta dos clientes.	DÊ PARTIDA NOS NOVOS EMPREENDIMENTOS Crie e lance novos empreendimentos, procurando viabilizar uma rápida expansão e atrair clientes para impulsionar o crescimento.
	ORGANIZAÇÃO Onde a inovação está ocorrendo? Quem está no comando?	**Conselho de Inovação**				
		Líder executivo e grupo de gestão de portfólio				
		Centro de Excelência em Inovação (COE, na sigla em inglês)				
			Equipes de desenvolvimento		**Commercialization Teams**	
	RECURSOS E COMPETÊNCIAS Quem e o que precisamos para alimentar nossas iniciativas de inovação?	Análise competitiva. Estratégia tecnológica. Planejamento de cenários.	Etnografia. Pesquisa secundária. Design visual. Estratégia de negócio.	Planejamento de *design*. Pesquisa avaliativa sobre os usuários. Análise competitiva. Estratégia de negócio.	Gerenciamento do piloto. Desenvolvimento de negócios. Gerenciamento de fornecedores. *Design* e gerenciamento da experiência do usuário (*user experience* — UX).	Estratégia de vendas. Escalada operacional.
		Financiado e suprido pelo COE			**Financiado e suprido por unidades de negócios individuais**		
	MEDIDAS E INCENTIVOS De que forma saberemos se estamos tendo sucesso?	É necessário ter um portfólio equilibrado que inclua tipos de inovação simples, transformacionais e revolucionários.	Quantos conceitos e protótipos estão sendo desenvolvidos atualmente? Avaliação de "avanços de ruptura equilibrados": até que ponto sua ideia será desejável para os clientes, até que ponto sua produção é factível e até que ponto ela será viável do ponto de vista empresarial e estratégico.		Quantos clientes se envolvem com o piloto?	Receita Lucro operacional. Retorno sobre o capital investido.

AS MEDIDAS MOVEM MONTANHAS (MAS SOMENTE SE VOCÊ ESCOLHER AS CORRETAS)

O que pode ser medido pode ser feito. Esse antigo ditado tem permeado a teoria de administração há décadas e constitui a essência da "administração por objetivo" (*management by objective* — MBO) — princípio que postula que, se você estabelecer uma meta e avaliar seu avanço em relação a ela, sua organização inexoravelmente mudará para atingi-la, faça chuva ou faça sol.

Não surpreendentemente, portanto, o que você mede acaba se revelando de extrema importância. A 3M há muito tempo se orgulha de suas inovações e tem um histórico admirável por ter desenvolvido repetidamente novos produtos inovadores. Em 1988, os executivos colocaram um sistema de incentivo em vigor para ajudar a impulsionar a inovação. Uma de suas principais medidas foi o *Freshness Index* (Índice de Originalidade), que media a porcentagem de receita proveniente dos novos produtos. A meta da empresa: 25% da receita em um período de quatro a cinco anos deveria provir dos novos lançamentos.

À primeira vista, isso parece sensato. Isso exige uma meta de desenvolvimento frequente de novos produtos inovadores e a vinculação dessa meta a uma medida facilmente definida e observável. Entretanto, quando essa meta foi elevada para 30% em 1992, os gerentes de produto da empresa começaram a maquiar a diferença desenvolvendo inovações mais incrementais, até o momento em que vários de seus "novos" produtos não passavam de mudanças de cor ou de tamanho de embalagem.[7] Isso multiplicou o número de produtos que a 3M estava fabricando, sem dúvida, mas aumentou também os custos de complexidade e *marketing*, provocando problemas de gerenciamento de canal, e gerou uma pequena receita incremental. Desde então, a 3M aprimorou essa medida, esclarecendo o que constitui um novo produto. Obviamente, isso funcionou; a 3M faz sempre parte de qualquer lista de melhores empresas inovadoras e sua receita praticamente dobrou na última década.

A maioria das organizações tende a perseguir várias iniciativas de inovação pequenas e incrementais e não um número suficiente de iniciativas de ruptura. O *Freshness Index* pode ampliar esse problema porque recompensa desproporcionalmente um tempo menor (e menos arriscado) de lançamento no mercado — e as iniciativas de ruptura são por natureza mais arriscadas e levam mais tempo para serem desenvolvidas. Por esse motivo, tendemos a evitar medidas como o *Freshness Index*.

Em vez disso, nosso objetivo deve ser desenvolver um sistema equilibrado de medidas que possa nutrir iniciativas arrojadas em lugar de rejeitá-las. Isso exige a utilização de uma combinação de indicadores que examinam passado e futuro, fundamentados em medidas internas e externas, como valor para a empresa ou valor para os clientes. Fundamentalmente, você precisa medir o sucesso de iniciativas individuais e o impacto de seu portfólio coletivo de iniciativas.

---

7 Essa história é investigada em *Corporate Creativity*, de Alan G. Robinson e Sam Stern, e aprofundada em *Driving Growth Through Innovation*, de Robert B. Tucker.

Não existe nenhum preceito nem nenhuma fórmula estabelecida para desenvolver as medidas que funcionarão para a sua organização, mas veja alguns princípios que podem servir de ponto de partida:

CRIE UM CONJUNTO EQUILIBRADO DE MEDIDAS
Você deve ter pelo menos uma medida de cada um dos quatro quadrantes — olhe para trás e para a frente, interna e externamente.

EVITE O EXCESSO DE MEDIDAS
As organizações raramente necessitam de mais de seis medidas para impulsionar e orientar a inovação eficazmente.

UTILIZE MEDIDAS SIGNIFICATIVAS
Em algumas empresas, a medida que não estiver vinculada a números concretos será inexpressiva; em outras, as medidas qualitativas serão inteiramente válidas. Escolha medidas que falem a mesma língua de sua organização.

MEDIDAS DE INOVAÇÃO ÚTEIS

	OLHANDO PARA TRÁS	OLHANDO PARA A FRENTE
EXTERNAS	<ul><li>Índice de acertos das iniciativas de inovação do portfólio (número de iniciativas que oferecem retorno sobre o custo de capital).</li><li>Valor econômico criado pela inovação.</li><li>*Net Promoter* Score da empresa.</li><li>Satisfação do cliente.</li><li>Percepção da marca — tanto em iniciativas individuais quanto do portfólio geral.</li><li>Número de menções positivas que a empresa recebe na mídia e de analistas com relação à inovação.</li></ul>	<ul><li>Estimativa do Valor Econômico (*Economic Value Estimation* — EVE) tanto das iniciativas individuais quanto do portfólio geral.</li><li>Porcentagem das iniciativas no portfólio que são nitidamente motivadas por insights convincentes dos clientes.</li><li>Porcentagem das iniciativas no portfólio que envolvem criação colaborativa com fornecedores, clientes ou parceiros.</li><li>Porcentagem dos custos de inovação de sua parte em contraposição aos custos gerados pelos criadores colaborativos — tanto para iniciativas de inovação individuais quanto do portfólio.</li></ul>
INTERNAS	<ul><li>Valor presente líquido (*net present value* — NPV) criado pela inovação</li><li>Crescimento do NPV entre as iniciativas de inovação do portfólio.</li><li>Porcentagem de iniciativas de inovação lançadas no mercado.</li><li>Porcentagem de inovações que sobreviveram três ou mais anos no mercado em comparação com o número de iniciativas no portfólio.</li><li>Receita gerada pelas iniciativas de inovação.</li></ul>	<ul><li>Estimativas de NPV das iniciativas e do portfólio.</li><li>Elevação das estimativas de NPV de projeto no portfólio.</li><li>Tamanho, velocidade e eficiência do pipeline no portfólio.</li><li>Grau de alinhamento do portfólio de inovação com outras plataformas de crescimento estratégico.</li><li>Relação entre inovações incrementais e de ruptura no portfólio, medidas com base no número de iniciativas e/ou nos gastos.</li></ul>

CAPÍTULO 24
EXECUÇÃO EFICAZ
PRINCÍPIOS PARA INTRODUZIR SUAS INOVAÇÕES NO MERCADO NO PRAZO E DE ACORDO COM O ORÇAMENTO

Se algum dia você se vir na função estimulante e algumas vezes apavorante de supervisionar uma iniciativa de inovação — ou mesmo participando de uma —, veja os princípios mais importantes que você deve manter em mente.

INOVE COM BASE EM UMA MISSÃO — NÃO SEJA ALEATÓRIO
Muitas iniciativas de inovação fracassam antes mesmo de serem iniciadas. Os resultados pretendidos não são expressos ou são vagamente definidos, sua conexão com a estratégia e o propósito do empreendimento é obscura e as oportunidades subjacentes são indistintas ou difusas. Os grandes inovadores sabem o que estão tentando alcançar; eles se concentram em um menor número de ideias, mas em ideias mais arrojadas, e executam-nas com cuidado. Sua intenção e os resultados pretendidos são claramente definidos e casados com uma estratégia igualmente clara para atingi-los.

DELIMITE AS MARGENS PARA MANTER A EQUIPE NOS TRILHOS
As restrições ampliam a criatividade. Tal como Charles Eames disse em 1969: "O projeto depende em grande medida das restrições" — e do mesmo modo o sucesso de sua iniciativa de inovação. Na falta desses parâmetros, as equipes se deixam ser levadas e submergidas pelas possibilidades, saltando de uma opção para outra porque, sem diretrizes, tudo é essencialmente opcional e ninguém pode lhe dizer que você está enganado ou no caminho errado.

ENFATIZE AS PARTES MAIS DIFÍCEIS PARA ENTENDÊ-LAS CORRETAMENTE

A forma mais estúpida de simplificar um problema difícil é ignorar todas as partes difíceis. Contudo, isso é precisamente o que muitos líderes incitam suas equipes a fazer. Diante de uma lista de possibilidades, eles recitam seus clichês já desgastados: "O que podemos fazer de diferente na segunda-feira?" ou "O que está mais ao alcance de nossas mãos?". O problema da inovação é que as partes mais difíceis com frequência são as únicas que de fato importam. Se você não decifrar o cerne mais difícil de um problema, suas ideias simplesmente serão comuns e fáceis de copiar.[1] Dedique-se incansavelmente a essas partes até o momento em que conseguir resolvê-las. As partes fáceis normalmente são resolvidas *en passant* (de passagem).

SOLUCIONE OS DILEMAS CORAJOSAMENTE E TENHA PACIÊNCIA PARA COM AS RESPOSTAS

Ao longo do processo de inovação, a cada etapa surgem *trade-offs* (concessões) e dilemas. "Tem certeza de que um produto não pode oferecer um serviço superior e ter baixo custo?". Ou: "De forma alguma podemos oferecer garantia e ao mesmo tempo flexibilidade e alternativas ao cliente". Diante desses desafios (com frequência em meio a uma pressão de tempo crescente e recursos decrescentes), os inovadores muitas vezes escolhem um lado do desafio e ignoram o restante. Isso gera respostas incompletas e soluções parciais. Os grandes inovadores encontram alternativas para desenvolver novas opções que resolvem os problemas e concretizam o impossível. Exija soluções holísticas em vez de ideias que simplesmente filigranam os contornos de um problema espinhoso.

---

[1] A experiência na loja iTunes depende em grande parte de poder visitá-la e comprar uma música. Ouvimos dizer que isso exigiu que 200 advogados trabalhassem dia e noite para a Apple, durante dois anos, para negociar os direitos das músicas. Procure entender bem e logo de cara a parte realmente crítica da inovação. Isso também foi fundamental na empresa que estava se tornando a empresa mais valiosa do mundo em meados de 2012.

UTILIZE INOVAÇÕES DE "ALTO PROTOCOLO" E IDENTIFIQUE QUAIS MÉTODOS FUNCIONAM

Uma das coisas mais cruéis que podemos fazer às pessoas inteligentes é pedir para que elas inovem, trancafiá-las em uma pequena sala e muni-las de nada além de expectativas — nenhum princípio, nenhum método, nenhuma ferramenta para que elas concretizem sua missão. Isso é semelhante a pedir que um médico principiante faça uma cirurgia cerebral. É algo evidentemente injusto e raramente funciona. Em uma inovação de "alto protocolo", você mune suas equipes de ferramentas inteligentes (incluindo o modelo 10TI) e as amplia com instruções passo a passo sobre o que fazer e em que sequência para obter um bom resultado.[2]

VISUALIZE EXPERIÊNCIAS DE UM EXTREMO A OUTRO DO ESPECTRO

Torne seu conceito o mais tangível possível ilustrando-o como se ele já existisse no mundo. Utilize primeiro protótipos em papel; eles são baratos e fáceis de mudar. Lembre-se de ilustrar o conceito global, mostrando como todo o empreendimento funcionará, e não apenas algum produto ou dispositivo central. Esse nível de narrativa o ajuda a transmitir seu conceito para outras pessoas e testá-lo junto aos clientes e garante que todos os membros de sua equipe endossem totalmente um mesmo ponto de vista. Além disso, as visualizações ajudam a esclarecer o que sua equipe precisará criar no final, evitando dispendiosos atrasos ou mudanças de rumo.

---

2 O excelente livro *The Checklist Manifesto*, de Atul Gawande, investiga a importância dos protocolos. Para uma perspectiva histórica, examine *Betty Crocker Cookbook*. A General Mills (na verdade nunca existiu uma Betty Crocker de carne e osso) ajudou as pessoas a preparar confiavelmente e repetidamente refeições caseiras.

3 No filme *Barbarians at the Gate*, o ex-diretor executivo da RJR Nabisco fala sobre uma iniciativa para desenvolver um cigarro sem fumaça: "Investimos US$ 350 milhões e acabamos inventando uma porcaria com filtro?... Utilizamos neste projeto uma tecnologia suficiente para enviar um cigarro à Lua e acabamos inventando um cigarro que tem gosto de merda?". Esse tipo de resposta não indica que um projeto está indo bem.

4 N. de T.: Isto é, se o cliente não gosta do produto, nada mais importa. Não adianta ter um ótimo *marketing*, distribuição ou ponto de venda. Se o produto não for bem testado e não agradar ao gosto do freguês, esqueça.

5 Vale a pena ressaltar que a Agência de Projetos de Pesquisa Avançada em Defesa (Defense Advanced Research Projects Agency — Darpa) —, à qual não faltam preocupações legítimas com a possibilidade de vazamento de um segredo —, utilizou a inovação aberta extraordinariamente bem para desenvolver novos produtos e envolver sua rede de fornecedores, clientes e colaboradores.

NUNCA INOVE NO VAZIO

Qualquer equipe pode ficar presa a uma espiral infindável ao discutir sobre a tecnologia, os recursos e a funcionalidade que ela pode utilizar algum dia. Essas equipes se privam de inspiração e insights. Saia da sala de reunião. Observe os clientes e os usuários finais e analise outras iniciativas que lidaram com problemas semelhantes. Sem esses insights, você patinará sem sair do lugar, ficará sem tempo e acabará aderindo a algum consenso de grupo. Nesse caso, você se apressará para implementar um conceito fundamentalmente desconectado das realidades do mercado e dos clientes. Depois de US$ 10 milhões, você descobrirá que sua ideia é horrível e que os cães não vão comer a ração.[3,4]

CRIE INOVAÇÕES COLABORATIVAMENTE COM SEUS CLIENTES, FORNECEDORES E ATÉ COM SEUS CONCORRENTES

Com frequência, os executivos caem na armadilha de acreditar que tudo deve ser feito internamente. Com relação aos projetos para os quais não existem recursos, as equipes tentam confiar em um fornecedor ou (mais provavelmente) desistem do projeto como um todo. As desculpas citadas são inúmeras: "Veja, é um segredo. Não podemos contar nossa ideia a estranhos!" ou "Nossa propriedade intelectual será comprometida!"[5] No mundo altamente conectado do presente, nenhuma empresa deve fazer tudo sozinha. Adote a **inovação aberta** e encontre alternativas para trabalhar com amigos ou concorrentes para criar, desenvolver e implementar ideias.

FERRAMENTAS PARA AJUDÁ-LO A INOVAR EFICAZMENTE: PROTÓTIPOS E PILOTOS

A estrada entre o conceito e a comercialização de novos produtos e serviços é **acidentada** e **sacolejante**. Não obstante um cuidadoso trabalho, é provável que sua primeira versão de um conceito de inovação não seja a melhor. Se você tiver feito bem o seu trabalho, obterá uma sólida enunciação de sua ideia, como visualizações claras, e compreenderá por que os clientes a desejarão, até que ponto ela gerará lucro e o que é necessário para apresentá-la ao mundo. Entretanto, essas hipóteses são quase sempre fundamentadas, mas ainda não foram comprovadas. Você tem todos os motivos para acreditar que elas são verdadeiras, mas ainda não as confirmou com os clientes e interessados. Inevitavelmente, haverá discrepâncias e incertezas; determinadas partes do conceito estarão menos definidas do que outras.

O pior erro que você pode cometer a essa altura é precipitar-se e saltar diretamente para a comercialização total. Pense em quantos protótipos de automóveis os fabricantes criam antes de se comprometer com a produção de um novo modelo: em geral eles começam com esboços, passam para o *design* auxiliado por computador (CAD) e provavelmente desenvolvem modelos físicos com espuma de poliuretano ou argila ou até "carros-conceito" exclusivos para as feiras de automóveis. Eles criam esses protótipos para desencadear reações nos clientes e obter informações sobre o veículo que eles pretendem fabricar. Entretanto, mais importante do que isso, eles passam por esses estágios sucessivos de protótipo para eliminar o risco do desenvolvimento caro. É bem mais rápido, barato e fácil descobrir que um design é feio e não atrairá os motoristas por meio da modelagem em argila do que a fabricação completa de um carro. Afinal de contas, o grau de risco pode aumentar exponencialmente quando você pensa em desenvolver um produto ou um empreendimento completo que é novidade para o mundo. Os telefones por satélite pareciam um grande negócio até o momento em que — depois de 15 foguetes espaciais, 66 satélites e mais de US$ 5 bilhões — se descobriu que ninguém deseja um telefone do tamanho de um tijolo que não funcionava bem em ambientes fechados.[6]

É aí que entra o desenvolvimento de protótipos e pilotos. **Qual a diferença entre ambos?** Bem, tudo está relacionado ao estágio de desenvolvimento de um conceito e a onde e como ele está sendo desenvolvido. Os protótipos são testados em situações de "laboratório" (e incluem fatores como entrevistas e grupos de usuários) e normalmente dependem de representações em maquete. Os pilotos são experimentos no mercado que envolvem clientes reais com o produto/serviço ou empreendimento real. Ambos estão fundamentalmente assentados em contínuas iterações e testes de hipótese. Ao passarem pelo ciclo de desenvolvimento, teste e aprendizagem, os conceitos de inovação ganham cada vez mais consistência e tangibilidade, ao mesmo tempo em que o risco e a incerteza diminuem. Os bons inovadores sabem como desenvolver eficazmente um protótipo e piloto.

6 Sim, trata-se do *Iridium*. Concebido por três engenheiros da Motorola em 1987, o serviço *Iridium* previu que teria 42 milhões de usuários de telefone por satélite em 2002. Ele foi finalmente lançado em 1998 e atraiu apenas 20.000 usuários, indo à falência nove meses depois. A tecnologia da era espacial que faria um telefone funcionar em qualquer lugar do planeta negligenciou um detalhe crucial: os telefones por satélite precisavam de linha de visão para os respectivos satélites, o que significava que eles necessitavam de grandes antenas e não funcionavam de forma alguma em recintos fechados ou em dias nublados. Desalentador.

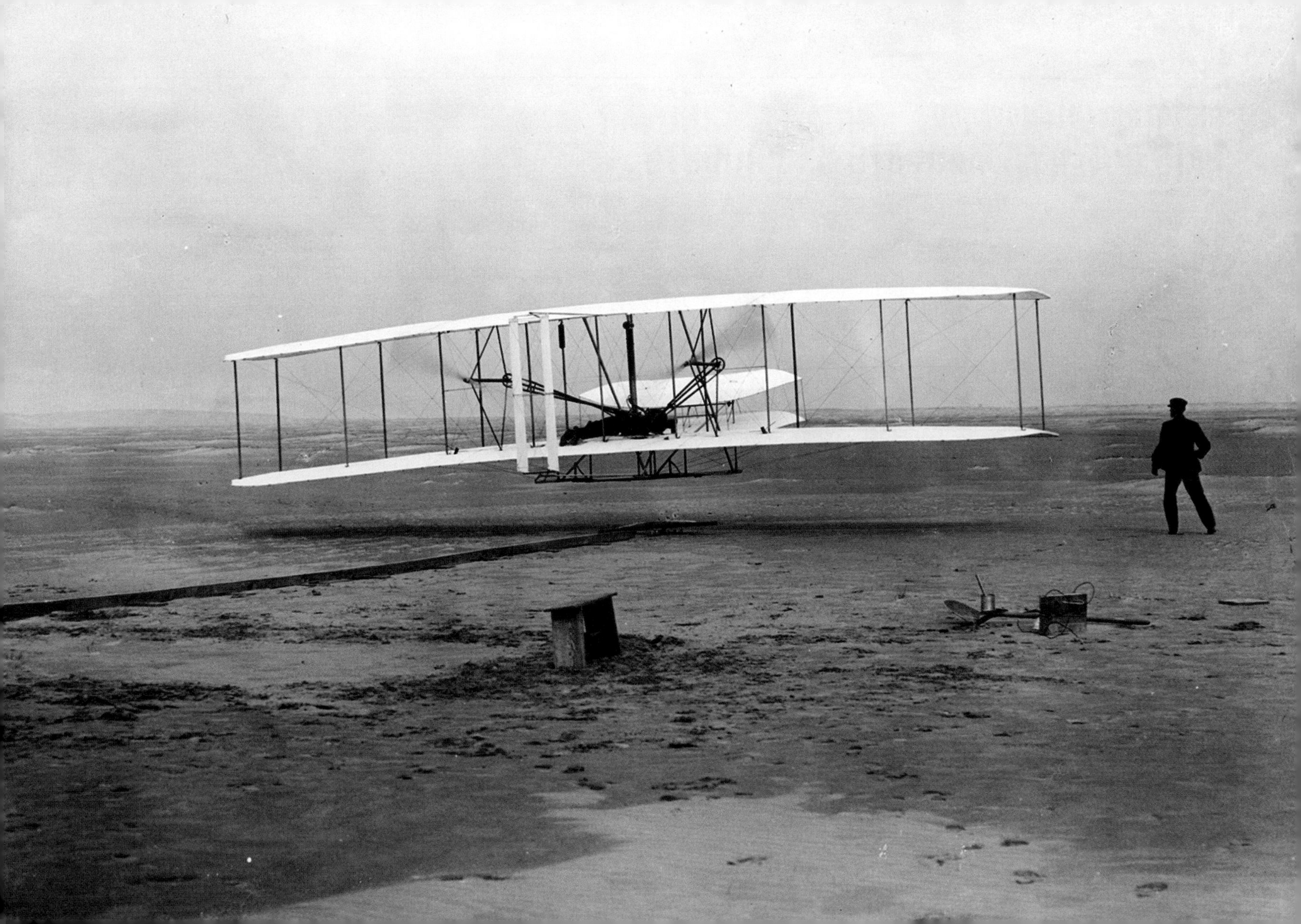

PROTÓTIPOS DE INOVAÇÃO:
MAIS QUE UMA MAQUETE DE PRODUTO

Os protótipos tradicionais criam uma maquete que mostra que aparência determinada coisa terá. São esboços aproximados e tridimensionais de uma ideia. A **prototipagem de uma inovação** tem muito em comum com essa abordagem, mas existe uma diferença significativa. Do mesmo modo que você precisa pensar além do produto em si ao desenvolver uma iniciativa de inovação, você precisa fazer o mesmo no que se refere à prototipagem. Faça um protótipo e teste **todo o empreendimento** — o que inclui como você desenvolverá o sistema em torno de seu produto ou serviço e como você o introduzirá no mercado e o oferecerá aos clientes. Isso o ajuda a testar não apenas sua proposição de valor global junto aos clientes, mas também a ter certeza de que compreende o que de fato é necessário para desenvolver sua inovação e as implicações em torno de como isso se correlaciona com outras partes de seu empreendimento.

Existem vários e diferentes métodos de prototipagem. Veja alguns dos métodos que utilizamos regularmente, mapeados livremente com as três categorias do modelo 10TI.

AO TESTAR E ABORDAR AS INCERTEZAS RELACIONADAS À CONFIGURAÇÃO DE UM CONCEITO DE INOVAÇÃO, FAÇA AS SEGUINTES PERGUNTAS:

Quais componentes do modelo de negócio terão o maior impacto sobre nossa lucratividade?

Quais são as trocas de valor (dinheiro, informações, know-how etc.) entre nós, nossos parceiros, fornecedores e clientes?

Que recursos e ativos adicionais serão necessários?

Compraremos, desenvolveremos ou formaremos parcerias para obtê-los?

EXEMPLOS DE MÉTODOS DE PROTOTIPAGEM

VALOR DA REDE
Desenhe um diagrama que inclua todos aqueles que estão envolvidos na produção, distribuição, compra e utilização de sua inovação — como fornecedores, colaboradores, parceiros de canal, clientes e usuários finais — e visualize os fluxos de valor ao longo desse sistema (monetários ou não).[7]

DIAGRAMAS E SIMULAÇÕES DE PROCESSO
Realize uma análise mais focalizada e aprofundada dos processos que estão direta ou indiretamente envolvidos com o desenvolvimento da inovação. Isso pode ser feito em forma de fluxograma, mas também como simulações interativas a serem utilizadas internamente e com parceiros externos para testar o processo.

7 Consulte *Competitive Strategy*, de Michael E. Porter's (Free Press, 1998), para ver sua análise sobre a cadeia de valor — antepassado da análise valor da rede (*value web*).

AO TESTAR E ABORDAR INCERTEZAS RELACIONADAS COM O PRODUTO/SERVIÇO DE UM CONCEITO DE INOVAÇÃO, FAÇA AS SEGUINTES PERGUNTAS:

Que aparência e sensação o produto/serviço passa?

Até que ponto ele se compara e está conectado com outros produtos e serviços que existem atualmente no mercado?

Quais recursos ou serviços devem ser realmente incluídos?

Quais poderiam ser deixados de lado?

AO TESTAR E ABORDAR INCERTEZAS RELACIONADAS COM A EXPERIÊNCIA DE UM CONCEITO DE INOVAÇÃO, FAÇA AS SEGUINTES PERGUNTAS:

Qual é a melhor forma de envolver nossos clientes-alvo?

Quais canais ou pontos de contato oferecerão uma experiência singular aos nossos usuários?

Qual é a promessa central de nossa ideia de inovação e de que forma devemos transmiti-la?

EXEMPLOS DE MÉTODOS DE PROTOTIPAGEM

ILUSTRAÇÕES DE PRODUTOS E SERVIÇOS
Crie visualizações do produto ou serviço em si, com alguma ênfase sobre questões de *marketing* e marca, para ajudar o público a compreendê-lo e avaliá-lo e a perceber o valor global que ele oferece, bem como ilustrações de recursos e funcionalidade.

ANÁLISE DE VIABILIDADE
Com frequência realizada por meio de uma estreita colaboração com especialistas internos e externos à organização, essa análise representa uma avaliação das ferramentas, das tecnologias e de outros fatores que serão necessários para introduzir uma inovação no mercado.

EXEMPLOS DE MÉTODOS DE PROTOTIPAGEM

SELO DE EXPERIÊNCIA
Retrate de que forma os clientes ou usuários interagirão com uma inovação e como o novo produto ou serviço pode se enquadrar mais amplamente na vida deles. Esse protótipo muitas vezes compreende uma série de ilustrações que demonstram mudanças de comportamento originadas pelo contexto (quando alguém está em movimento *versus* quando está comendo em um restaurante, por exemplo).

ARGUMENTOS DE VALOR
Faça maquetes de prospectos, materiais de apoio às vendas, *sites* promocionais e anúncios que comuniquem a marca, as mensagens e os valores de uma inovação, com frequência em conjunto com representações da experiência de serviço e de compra.

PROTÓTIPOS DE INOVAÇÃO:
ELIMINANDO O RISCO DO DESENVOLVIMENTO

Existem dois motivos principais para a prototipagem de uma inovação. O primeiro é diminuir o risco e a incerteza. Para isso, concentre-se suas iniciativas nos fatores que **precisam** ser bem compreendidos para que a inovação tenha êxito. Começar pelos problemas fáceis é uma fórmula para o insucesso na comercialização das inovações — desse modo, você empurrará todo o trabalho fundamentalmente importante para o final do processo, quando as despesas acumuladas e a exposição aos clientes encontra-se no ápice. Em vez disso, tente identificar quais elementos da ideia de inovação são mais importantes — sem os quais seu conceito simplesmente se desintegrará. Trata-se de um aspecto do comportamento do cliente, da praticabilidade do produto/serviço ou da viabilidade do modelo de negócio? Esses elementos centrais do produto/serviço devem enfatizados em suas iniciativas de prototipagem.

O segundo motivo para utilizar protótipos é desenvolver e melhorar sua inovação iterativamente. Isso significa que os protótipos são fundamentalmente transicionais e efêmeros; algo bem parecido com um molde por cera perdida ou um modelo em miniatura, eles serão consumidos e descartados no processo de desenvolvimento. **Comece pelos métodos baratos** — papel, visualização digital e modelos simples — e faça a transição para métodos com fidelidade superior e custo mais alto somente quando a incerteza diminuir e a validação de seu conceito se evidenciar. Do contrário, correrá o risco de desperdiçar dinheiro em protótipos que você precisará descartar — ou, pior, o custo e seu esforço enviesarão seu julgamento e o farão ficar preso a designs imperfeitos.

O trajeto usual de um protótipo...

MAIOR INCERTEZA

OBTENHA A IDEIA CORRETA

MENOR INVESTIMENTO

VISUALIZAÇÃO DO CONCEITO
Transforme o intangível em tangível

Esse é o primeiro tipo de protótipo que utilizamos em nosso trabalho e um dos primeiros métodos utilizados para transmitir a essência de uma inovação. O objetivo das visualizações de conceito é retratar um conceito de maneira holística, em todo o sistema de negócio, com um nível de fidelidade relativamente baixo. Elas ajudam os interessados e os clientes em potencial a intuir profundamente a intenção da ideia e que aparência, sensação ela terá e como funcionará conceitualmente. Elas quase sempre têm alguma forma de narrativa, muitas vezes em papel ou em formatos de vídeo ou animação digital razoavelmente baratos. Os pormenores da narrativa podem variar de acordo com o contexto, mas sempre devem mostrar o produto ou empreendimento como se ele já existisse no mundo. O truque é ter certeza de que você está contemplando e dramatizando o sistema mais amplo — e que por enquanto está lustrando alguns dos componentes mais detalhados. Em conjunto com as análises financeiras, isso ajuda as pessoas a compreender o valor estratégico de uma inovação não apenas logicamente, mas também emocionalmente. Utilize as visualizações internamente para ajudar os tomadores de decisões a ganhar a confiança necessária para agir e comprometer-se com a fase de desenvolvimento seguinte. Utilize-as externamente para envolver fornecedores, parceiros e clientes e obter *feedback* e motivá-los a desenvolver o conceito colaborativamente com você.

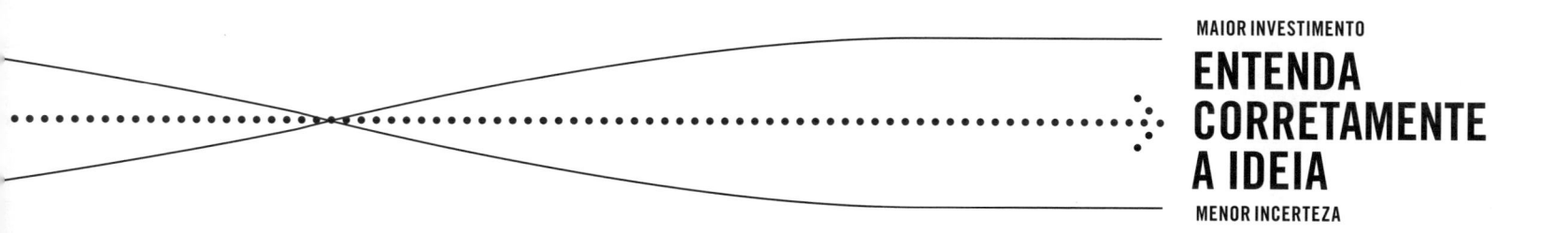

MAIOR INVESTIMENTO
ENTENDA CORRETAMENTE A IDEIA
MENOR INCERTEZA

PROTÓTIPOS FOCADOS
Supere a incerteza e desenvolva o projeto

À medida que você evoluir da criação de um conceito de inovação à reflexão sobre como pode introduzi-lo no mercado, novas incertezas surgirão. Quanto de fato o desenvolvimento desse portal custará? Que tipo de interação e transação é necessário para apoiá-lo? De que forma ele se conectará com os sistemas de fabricação e logística que você visualiza? É nesse ponto que o desenvolvimento e teste de protótipos focados ajudam. Dependendo das incertezas que precisa superar, você pode desenvolver uma narrativa sobre como os clientes acessarão, comprarão e usarão um produto/serviço ou você pode se concentrar no valor das redes e dos diagramas de processo que mapeiam como a organização funcionará e interagirá com outros participantes para produzir o produto/serviço. Você pode fazer uma maquete dos componentes do produto/serviço com uma funcionalidade restrita para observar como os clientes comportam-se e interagem com ele; ou pode realizar estudo de design e marca para imaginar que aparência o produto/serviço terá e qual mensagem passará. Muitos desses protótipos ainda podem ser desenvolvidos rapidamente e por um baixo custo em papel ou por meio de ferramentas de visualização digitais. O princípio fundamental: concentre-se nos aspectos da inovação que são mais importantes e mais incertos e aborde-os desenvolvendo e testando protótipos focados que evoluem iterativamente em termos de refinamento e fidelidade.

PROTÓTIPOS FUNCIONAIS
Integre vários elementos e invista na fidelidade

A certa altura do processo de prototipagem, a incerteza diminui e uma clara validação da inovação se evidencia. Ainda haverá incertezas sobre como o mercado de fato reagirá a isso e algumas questões importunas a respeito do que é necessário para sua organização oferecê-la — mas elas só podem ser resolvidas desenvolvendo o rebento e introduzindo-o no mercado. Esse é o momento de investir em maior fidelidade e funcionalidade; de criar protótipos funcionais que você possa com o tempo testar por meio de pilotos. Aqui, o foco muda para a percepção correta dos detalhes. Entretanto, lembre-se de que você ainda não está na fase de lançamento; ainda existe a possibilidade de que você constatar que **não deve** ampliar sua inovação. É um ato de malabarismo — desenvolver elementos do empreendimento com suficiente fidelidade e oferecer-lhes um tratamento justo, mas preservar a flexibilidade e adaptabilidade. Isso com frequência exige alguns processos manuais — criar um site que tenha um *front-end* (interface) totalmente funcional, mas também alguns back-ends (processos em segundo plano) ainda inacabados e improvisados, produtos que requerem um tempo de produção significativo e experiências de serviço que exigem a utilização de alguns de seus funcionários mais qualificados para interagir com o cliente e momentos de improvisação quando eles interagem com os usuários. Esses são os *trade-offs* (compensações) corretos para esse estágio; embora sua inovação tenha percorrido uma longa distância, ela ainda tem vários testes para enfrentar antes de ganhar asas.

PILOTOS DE INOVAÇÃO:
ELIMINANDO O RISCO DO LANÇAMENTO

O mesmo espírito de iteração e experimentação que orienta seus protótipos deve ser mantido em seus pilotos. Lembre-se: os pilotos de inovação não são lançamentos no mercado. Na verdade, eles são testes focados e dirigidos a um mercado e concebidos para resolver as incertezas em torno de sua inovação e eliminar o risco de seu desenvolvimento. Normalmente eles são conduzidos em uma área geográfica restrita ou segmento de mercado. Na realidade, as empresas com frequência utilizam pilotos iniciais para envolver seus melhores clientes de uma maneira focalizada e exclusiva — oferecendo-lhes uma prévia do que virá e garantindo que eles se sintam ouvidos e valorizados. Ao desenvolver os ativos e sistemas dos quais você precisa para introduzir sua inovação no mercado, sempre dê primazia à flexibilidade e agilidade em detrimento da escalabilidade. Você deve se manter aberto para a possibilidade de um piloto indicar que você não deve lançar seu empreendimento.

O trajeto usual de um piloto...

MAIOR INCERTEZA

TESTE O MERCADO

MENOR INVESTIMENTO

PILOTOS INICIAIS

Os pilotos iniciais sempre parecem transitórios e improvisados. Você provavelmente tem um produto/serviço razoavelmente desenvolvido, mas outros elementos do sistema de negócios parecem ter sido unidos com saliva ou fita adesiva. Nesse estágio, você está apenas tentando validar a proposição de valor da inovação — a conveniência para os clientes e a viabilidade financeira para você e sua empresa. Portanto, comece pequeno. Desenvolva e teste o menor e mais delimitado aspecto da inovação que ainda assim cumpre sua promessa aos clientes. Isso significa que talvez você não incorpore todos os tipos de inovação que você visualizou, mas apenas aqueles que são fundamentais para o seu projeto. E você pode começar com pilotos pequenos, de curto prazo ou de certa forma restritos, que maximizem uma rápida aprendizagem. Escolha uma única área geográfica ou um único mercado e, dependendo do contexto, pense em envolver os clientes apenas por convite. Se você estiver inovando em um empreendimento maior, esses pilotos devem ajudar a indicar e validar quais elementos de sua inovação podem se valer dos ativos e infraestruturas existentes e quais precisarão ser mantidos separados ou desenvolvidos do zero (por exemplo, a força de vendas existente de fato impulsiona a inovação?).

MAIOR INVESTIMENTO

INCORPORE O TESTE

MENOR INCERTEZA

PILOTOS DE FASE FINAL

Quando seus pilotos iniciais começarem a apresentar êxito e uma maior validação se evidenciar, você pode ampliar o escopo e a escala de seus pilotos. O foco então muda para **flexibilização de sua inovação** — testar e refinar totalmente o que for necessário para que você e sua organização ofereçam-na aos clientes. Procure tornar os elementos do sistema de negócios mais expansíveis e automatizados (por exemplo, desenvolva uma infraestrutura de serviços mais robusta, contrate mais representantes de vendas, transforme sua arquitetura de dados improvisada em um sistema empresarial etc.). Realize um teste de pressão operacional ampliando o escopo e a escala do piloto, convidando mais clientes e acrescentando mercados e regiões geográficas. Se você estiver inovando em um empreendimento mais amplo, esse é o momento para começar a conectar e transferir os elementos de sua inovação que se valerão dos sistemas e infraestruturas existentes.

LANÇAMENTO

A certa altura, o limite entre um piloto de fase final e um lançamento mais tímido fica indistinto. Se você estiver inovando em um empreendimento mais amplo, esse é o momento para obter o comprometimento da organização e da liderança — o reconhecimento de que a inovação está andando com as próprias pernas e florescendo no mercado e que merece recursos contínuos (em termos de pessoal, capital e atenção da liderança). Se você for um empreendedor e seus pilotos estiverem tendo êxito, parabéns. Vá em frente. Lembre-se de que nenhuma proposição de valor dura para sempre; você deve renovar e ampliar sua inovação com o passar do tempo. Sua função nesse momento é pensar em como aprender com e adaptar sua inovação com clientes e parceiros. Hoje em dia, isso quase sempre exige a utilização de mídias sociais (e, em contexto digitais, testes A/B constantes). Dessa forma, você melhora consistentemente toda nuança e detalhe.

FERRAMENTAS PARA AJUDÁ-LO A INOVAR:
MODELOS FINANCEIROS PARA A INOVAÇÃO

Os especialistas financeiros das equipes de inovação com frequência ficam palpavelmente aliviados quando chega o momento de analisar a viabilidade de um conceito (e propomos que você inicie esse processo o mais cedo possível).[8] Com o *notebook* aberto, as planilhas lançadas, os modelos *pro forma* acessados, os dedos começam a estalar. Os MBAs e analistas financeiros presentes sorriem — "Finalmente, chegou a hora de acrescentar alguns números reais a todas essas imagens e palavras bacanas. **Isso** eu sei como fazer", dizem eles.

Os analistas financeiros são de fato vitais para esse trabalho. Contudo, algumas vezes, em virtude da experiência anterior que eles têm em desenvolvimento de negócios ou talvez de toda a energia contida à espera do momento em que os números contarão, eles se lançam precipitadamente na direção errada. Eles desenvolvem modelos financeiros que crescem como erva daninha, fazendo brotar planilhas suplementares, análises secundárias e *back-ends* elaborados. Eles se afligem com a configuração de despesas gerais e as programações de depreciação. Eles desenvolvem previsões de sete anos e ajustam as suposições até o momento em que a receita do quinto ano pareça certa.

Todo esse trabalho detalhado é útil e será necessário em algum momento — mas é um **erro investir** em demasia nos **detalhes** em uma **fase tão precoce**. Lembre-se de nossos princípios de prototipagem: utilize os protótipos para resolver a incerteza e invista na fidelidade iterativamente e ao longo do tempo. Esses mesmos princípios devem orientar sua modelagem financeira. Portanto, quando estiver analisando pela primeira vez a viabilidade financeira de um conceito de inovação, faça uma pergunta mais simples e mais importante: **"O que precisaria ser verdadeiro para o nosso conceito gerar lucro?"**.[9] Determinar precisamente um custo médio ponderado de capital para seu empreendimento nascente será inútil se parecer improvável que as receitas superarão os custos algum dia.

Veja alguns princípios e abordagens que você deve manter em mente ao determinar a viabilidade financeira de um conceito de inovação:

ANALISE INVERSAMENTE AS NECESSIDADES FINANCEIRAS DO EMPREENDIMENTO

Os analistas financeiros costumam se concentrar em estimativas pontuais e em projeções. Entretanto, como sempre, prever o futuro é difícil — e muito mais difícil quando você está prevendo o futuro de algo que ainda não existe! Em vez disso, inverta a análise. Em vez de tentar projetar a receita que o empreendimento gerará no terceiro ano, analise quanto ele **precisa** gerar no terceiro ano para ser viável. Essa abordagem economizará previsões desnecessárias; além disso, identificará as principais sensibilidades e hipóteses que você necessita testar em um trabalho subsequente.

LIVRE-SE DOS MODELOS FINANCEIROS CONVENCIONAIS E CONCENTRE-SE NOS PRINCÍPIOS BÁSICOS

Os modelos convencionais de investimento em projeto ou de prospecção *pro forma* que você ou sua empresa têm em mãos são quase certamente muito detalhados. Do mesmo modo que as

---

8 Normalmente começamos logo no princípio, exatamente quando enquadramos a iniciativa de inovação. Assim que definimos os usuários e os mercados aos quais esperamos atender e o problema que desejam resolver, podemos também examinar os fluxos de capital envolvidos — como as receitas provenientes dos produtos/serviços, o valor econômico total gerado, os custos incorridos e os mercados adjacentes. Pensar expansivamente — e logo no início — sobre os possíveis *pools* (combinações) de lucro nos ajuda a imaginar novas alternativas para viabilizar a inovação.

9 Se você estiver trabalhando em um contexto sem fins lucrativos, pergunte: "O que precisaria ser verdadeiro para sustentarmos esta inovação com o passar do tempo?".

10 Isso é verdadeiro até mesmo para empresas, como Google ou Facebook, que dependem das economias digital e/ou de rede; embora os custos variáveis por usuário muitas vezes sejam próximos de zero, a hospedagem não é gratuita e os custos de desenvolvimento precisam ser amortizados. De modo semelhante, para gerar receita de propaganda, microtransações e fluxos de dados secundários, é necessário atrair usuários individuais (e, de preferência, muitos deles).

visualizações de conceito ganham fidelidade por meio de iterações sucessivas, sua modelagem também. Preocupe-se em desenvolver primeiro o esboço mais simples dos aspectos financeiros. Isso com frequência pode ser feito em uma folha de papel ou lousa, em vez de em um modelo Excel. Esse trabalho sempre pode ser transferido para modelos mais detalhados no momento certo.

PRIMEIRO COMPREENDA OS ASPECTOS ECONÔMICOS UNITÁRIOS

Os aspectos econômicos unitários são centrais em praticamente qualquer empreendimento.[10] Isso compreende o custo de produção de um produto, a receita que uma empresa pode obter com ele e de que forma isso muda com o volume. Preocupe-se nesse momento com a principal parte de sua modelagem inicial, porque nada mais importará se você não conseguir visualizar uma alternativa para tornar os aspectos econômicos unitários lucrativos. Compreenda como eles mudam à medida que as unidades aumentam; isso o ajudará a identificar os principais pontos de inflexão no crescimento (por exemplo, quantas unidades você precisa vender para alcançar um ponto de equilíbrio?).

MODELE VÁRIOS FLUXOS DE RECEITA

Pense em toda e qualquer possibilidade de seu produto/serviço ou empreendimento gerar lucro — isso deve incluir não apenas uma variedade de diferentes modelos de negócio, mas também uma variedade de diferentes fontes de receita. Por exemplo, no projeto de inovação do sistema de saúde dos EUA, consideramos de que forma os pacientes, os médicos, as seguradoras privadas, o Centro de Serviços de Medicare e Medicaid e outros fornecedores poderiam, **todos**, se tornar clientes pagantes. Os modelos de negócio modernos sempre dependem de vários fluxos de receita. Pense em como você poderia extrair lucro não apenas da venda de um produto a um cliente, mas atraindo outros fornecedores para atendê-los, acrescentando serviços complementares etc. Esse trabalho gera várias opções, caso seu modelo de lucro inicial revelar-se insuficiente, e cria um roteiro para o crescimento futuro.

A CONVERSÃO DE CAIXA É FUNDAMENTAL

Existe um elemento do balanço patrimonial ao qual você deve prestar atenção logo de início, e esse componente é o **capital de giro** — quanto você precisará ter em mãos e com que rapidez isso deve se converter em caixa. Trata-se do **"ciclo de conversão de caixa"**. Os investidores utilizam-no para avaliar a eficácia administrativa, mas você pode utilizá-lo para calcular a rapidez com que seu novo empreendimento deve crescer e quanto capital será necessário para isso. Quanto mais curto o ciclo, menos capital será necessário para fazer o empreendimento crescer. Isso será particularmente vital se você estiver inovando em setores com exigências significativas de ativos (como o de manufatura pesada) ou cujo estoque seja valioso (dispositivos médicos) e pode também se tornar uma fonte de vantagem: além da loja virtual, que tem um custo inferior ao dos espaços físicos, o gerenciamento da Amazon do ciclo de conversão de caixa ajudou a empresa a oferecer livros por preços inferiores aos dos concorrentes varejistas quando ela foi criada em 1995.

O QUE AGUARDAR QUANDO VOCÊ ESPERA UMA INOVAÇÃO

Em vista de toda a incerteza envolvida na concretização de um conceito de inovação e em sua introdução no mercado, é razoável se **sentir ansioso** nesse processo. Em vários pontos ao longo do caminho, todas as pessoas de uma organização precisam dar seu voto de confiança e investir uma quantia cada vez maior em algo cujo sucesso não pode ser garantido.

Chamamos a travessia desse processo de "**vale da dúvida**". Ao longo do caminho, é provável que você se depare com reações emocionais imprevisíveis entre seu pessoal, reações essas que farão seu novo projeto envergar, acentuando a curva e aprofundando cada vez mais a dúvida improdutiva. Você pode combatê-las e ajudar a evitar que essa curva incline-se violentamente com as seguintes respostas:

COMO CRUZAR O VALE DA DÚVIDA

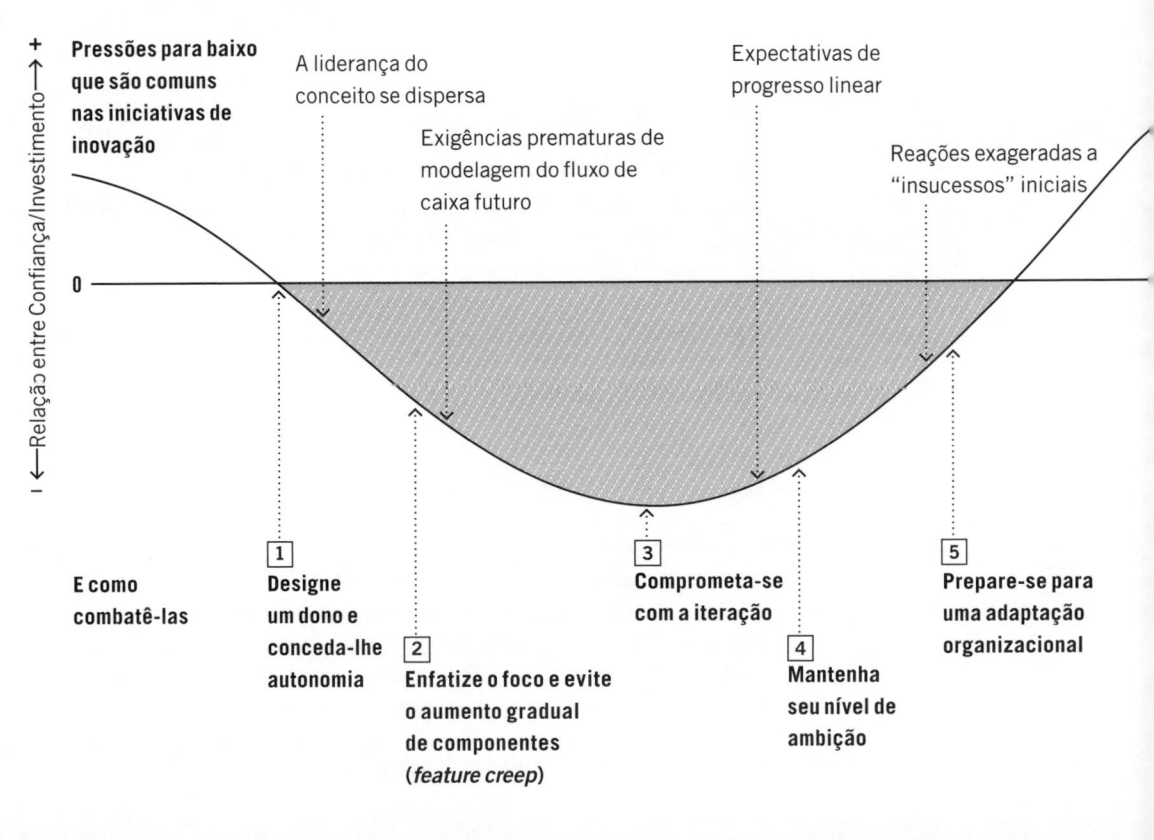

Eixo vertical: Relação entre Confiança/Investimento

Pressões para baixo que são comuns nas iniciativas de inovação

- A liderança do conceito se dispersa
- Exigências prematuras de modelagem do fluxo de caixa futuro
- Expectativas de progresso linear
- Reações exageradas a "insucessos" iniciais

E como combatê-las

1. Designe um dono e conceda-lhe autonomia
2. Enfatize o foco e evite o aumento gradual de componentes (*feature creep*)
3. Comprometa-se com a iteração
4. Mantenha seu nível de ambição
5. Prepare-se para uma adaptação organizacional

tempo →

Esta e qualquer visualização do processo de inovação é errada em termos de detalhe, mas certa em espírito. Estimular a inovação é inerentemente emocional. Enquanto líder, você deve esperar e incentivar pontos de vista firmes. Em qualquer equipe de inovação saudável, o nível de discórdia e ambiguidade provavelmente se estabiliza com o tempo e o entusiasmo compartilhado tende a aumentar gradualmente. Se você não vir ambos os lados desse padrão, isso significa que há algo errado. Nenhum desacordo no princípio significa que as ideias não são ousadas ou suficientemente intimidantes. Nenhum entusiasmo próximo do final significa que todos acreditem que o resultado está fadado ao fracasso.

1. DESIGNE UM DONO E CONCEDA-LHE AUTONOMIA.

Para combater a confusão que surge quando estamos trabalhando em um ideia totalmente nova, cada iniciativa deve ter claramente um dono central (detentor). Esse indivíduo deve ter credibilidade e influência organizacional para reunir apoio interno e atuar entre os departamentos, deve ter capacidade para interagir confiantemente com os altos executivos e, de vez em quando, atuar como um representante externo.

2. ENFATIZE O FOCO E EVITE O AUMENTO GRADUAL DE COMPONENTES (*FEATURE CREEP*).

Estimule as equipes a focar e a resistir ao hábito de aumentar cada vez mais a complexidade ou acrescentar muitos componentes inicialmente. Reserve várias semanas para criar uma visão mais detalhada dos elementos do sistema e comece a avaliá-los e refiná-los para só depois acrescentar novos. Você deve lançar a menor versão viável de sua grande ideia, utilizá-la para criar uma cabeça de ponte e depois aumentar a complexidade e sofisticação.

3. COMPROMETA-SE COM A ITERAÇÃO.

Não caia na armadilha de tentar "provar" um conceito primeiro. Você terá mais sorte se criar um piloto e analisar rapidamente todas as opções para testar e experimentar. Isso será mais rápido e mais eficiente do que as técnicas de análise tradicionais.

4. MANTENHA SEU NÍVEL DE AMBIÇÃO.

Uma equipe pode naturalmente ficar desanimada quando a claridade recusa-se a apontar entre o nevoeiro! A criação de novos produtos/serviços e de formas de valor para novos públicos necessariamente exigirá o máximo de sua organização, tanto coletiva quanto individualmente. Veja como você pode manter a calma diante de "insucessos" iniciais encarando-os como um ensinamento importante e útil. Mantenha um nível de ambição apropriado e questione seus colegas para que resistam ao rápido impulso gravitacional em direção ao que é familiar.

5. PREPARE-SE PARA UMA ADAPTAÇÃO ORGANIZACIONAL.

Sua estrutura atual provavelmente não oferecerá o lugar certo para alguns de seus novos conceitos. Você não precisa criar uma nova organização formal imediatamente, mas de fato precisa estar preparado para adaptá-la. Não permita que seus sistemas e práticas gerenciais tornem-se muito rígidos; inculque o espírito de flexibilidade em suas equipes mudando a marca das coisas regularmente.

CONCLUSÃO:
GRANDES MUDANÇAS A PASSOS RÁPIDOS...

Praticamente em todos os lugares deste livro nós o exortamos a controlar as minúcias da inovação. Erradique as crenças tradicionais, mude a lógica. Identifique os mitos, introduza métodos. Conscientize-se de que existem dez tipos de inovação; utilize mais métodos. Identifique ortodoxias e elimine-as. Esteja preparado para ouvir evasivas; faça as pessoas inovarem mesmo assim. Faça com que os líderes patrocinem a inovação de cima para baixo; faça com que as pessoas com alto potencial desenvolvam inovações de baixo para cima. Entenda corretamente os detalhes. Fundamentalmente, este livro está cheio de segredos de ofício — alternativas práticas e reais para garantir que a inovação de fato ocorra.

Obviamente, temos orgulho dessas minúcias. Os segredos de ofício que compartilhamos foram duramente conseguidos ao longo de décadas de trabalho com nossos clientes. Eles nasceram de insucessos penosos, foram endurecidos em combate, recozidos na fornalha dos prazos urgentes e testados com os grupos de usuários mais difíceis, de crianças pequenas a generais. A maioria das pessoas cria inovações de uma maneira que está fadada ao fracasso. É de fato difícil condensar até mesmo os aspectos elementares do que você precisa para saber inovar eficazmente em um único livro.

Mas eis a questão. Você pode dominar brilhantemente todos os segredos do ofício e ainda assim errar o alvo. A inovação real mistura ciência e arte. Se você conseguiu chegar até aqui, isso significa que passou por duas centenas de páginas sobre uma parte da inovação que é uma **ciência emergente**. Mas seria um erro de omissão imenso de nossa parte não lhe falar sobre uma peça fundamental dessa arte.

Isso tem a ver com sua **mentalidade**. Os segredos do ofício lhe dizem o que **fazer**. A mentalidade lhe diz o que **pensar**.

PENSE COMO UM PIRATA

Toda iniciativa de inovação pode ser auxiliada se você pensar como um pirata. Sendo beligerante e destemido, improvisando algo do nada, sendo obstinado, comprometido e anticonvencional. É quase certo que você espera e pretende surpreender e acertar um alvo mais forte, mais bem guarnecido e mais distante. Se houver regras, não jogue de acordo com elas. Aliás, você deve sentir um regozijo especial por miná-las. Essas são as qualidades que todo inovador deve ter.

Pense em desenvolver sua iniciativa como se fosse construir um navio de pirata, que seja furtivo, manejável, rápido como relâmpago e um tanto amedrontador. Assim que seu navio estiver pronto para zarpar, comece a navegar sob o manto das brumas obscuras em uma noite sem luar e siga a rota direta que desemboca no porto seguro de seu concorrente. Ali, um pouco antes do alvorecer, em um momento calculado para ser o máximo possível disruptivo, trave uma guerra selvagem. Utilize qualquer tática e habilidade que precisar. **Não capture reféns**.[1]

Essa mentalidade revela-se fundamental, independentemente do que você estiver desenvolvendo. Você pode estar em busca de uma solução para resolver o problema da fome no mundo, criando os alimentos fortificados com os micronutrientes mais sofisticados e tentando encontrar alternativas para os agricultores de Bangladesh ou da África Subsaariana cultivá-los e formulá-los.[2] Você concretizará mais habilmente qualquer objetivo nobre se **pensar como pirata**.

---

[1] Apenas para esclarecer, trata-se de uma metáfora. Não gostamos dos piratas reais tanto quanto qualquer outra pessoa. Interprete isso não literalmente, mas apenas para captar a ideia de que você precisa pensar e agir anticonvencionalmente sempre que desenvolver, testar ou lançar iniciativas de inovação arrojadas.

[2] A propósito, uma ideia brilhante. Os alimentos com micronutrientes salvam vidas e promovem enormemente a saúde. A Fundação Gates formou uma parceria com o Programa Mundial de Alimentos e com várias grandes empresas de alimentos para transformar esse ideal em realidade e divulgou um investimento de US$ 100 milhões nesse programa. Até o momento.

A Khan Academy encontra-se diante da missão de mudar a educação. Mas observe a abordagem de Salman Khan: sua organização não governamental oferece aulas *on-line*, gratuitamente, para qualquer pessoa. Seis anos depois de o primeiro vídeo ter sido carregado no YouTube, os estudantes estavam realizando mais de dois milhões de exercícios por dia. Ao mesmo tempo, a Khan Academy está trabalhando no momento com as escolas existentes para descobrir como utilizar melhor as aulas em vídeo com os estudantes. *Nota bene* (preste atenção): ele não está interessado em integrar os vídeos no currículo existente; as escolas de visão utilizam esses vídeos para oferecer um tipo de educação totalmente diferente. O modo de pensar radical de Khan e sua disposição para enfrentar um sistema educacional profundamente enraizado já está tendo um impacto mais amplo sobre o mundo: os vídeos estão sendo distribuídos na Índia, na Etiópia e na América Latina. Khan é um pirata global dos tempos modernos.

Dr. Dean Ornish há três décadas está às voltas com uma pergunta de pesquisa: **"O que precisamos fazer para desfrutar de uma vida mais longa e mais saudável?"**. Ele criou o Instituto de Pesquisa em Medicina Preventiva para desenvolver evidências clínicas sobre os efeitos de diferentes escolhas de vida. Se sua pesquisa abrisse caminho para uma pílula para isso, ela valeria bilhões. Em vez disso, ele divulga seus princípios, ajudando a desenvolver um sistema para reverter as quatro doenças mais caras para o sistema de saúde no mundo. A mentalidade obstinada desse extraordinário médico pirata abriu caminho para o desenvolvimento do primeiro programa de estilo de vida já coberto pelo Medicare — para que assim os médicos pudessem aprender a utilizá-lo.

Ou tome como exemplo Paul Farmer, vencedor do "Gênio MacArthur" e fundador da organização Partners in Health. Farmer tinha um objetivo simples, utilizar todos os meios disponíveis para ajudar as pessoas a se restabelecerem. A declaração de missão de sua organização afirma: "Faremos o que for necessário. Do mesmo modo que faríamos se um membro de nossa família — ou nós mesmos — estivéssemos doentes." Ao adaptar culturalmente hábitos básicos de saúde, para que assim eles funcionassem em lugares como Lesoto, Malavi e Haiti, Farmer acabou criando uma organização que emprega mais de 11.000 pessoas em centros de saúde e hospitais em 12 países ao todo. Seu espírito flamejante e inflexível de pirata gerou resultados inacreditáveis.[3]

Em 1993, o fazendeiro Will Allen, de Milwaukee, juntou-se com uma organização local — a Growing Power — para oferecer trabalho para adolescentes urbanos cronicamente desempregados — com o objetivo de torná-los agricultores orgânicos. Desde então, a Growing

3   O livro *Mountains Beyond Mountains*, de Tracy Kidder, é uma bela obra sobre os primeiros dias da jornada de Farmer. Recentemente, Farmer e a Partners in Health construíram o Mirebalais Hospital, um hospital-escola completo no Haiti e o maior projeto de reconstrução nesse país desde o devastador terremoto de 2010.

Power expandiu-se para Chicago para criar fazendas urbanas como a Altgeld Gardens, que emprega 150 adultos e 40 jovens em risco dos bairros locais. Todas as unidades da Growing Power procuram criar um futuro de ciclo fechado e sustentável que oferece excelentes produtos agrícolas e melhor qualidade vida aos jovens. Essa ideia é tão atraente e expansível, que toda área urbana do mundo poderia adaptá-la. Contudo, foi o espírito audaz de Allen que na verdade fez com que isso ocorresse.

Os segredos de ofício ajudam-no a executar corretamente uma tarefa. Uma mentalidade ousada o ajuda a executar as tarefas corretas.

A inovação é extremamente importante para ser deixada aos covardes e tímidos. Quando realizada corretamente, ela reverbera de uma maneira impressionante. Ela soluciona problemas difíceis em relação aos quais dezenas de boas equipes antes de você apostaram tudo. Ela surpreende os concorrentes, fascina os clientes e reinventa áreas inteiras. Esperamos que você considere os segredos de ofício revelados neste livro uma ferramenta indispensável. Contudo, imagine-se como um pirata e construa você mesmo o navio mais impressionante que puder conduzir. Em seguida, ice as velas e zarpe!

PARTE SETE

APÊNDICE

COLOCANDO OS PRINCÍPIOS EM PRÁTICA

Transcenda este livro para criar sua própria revolução em inovação.

AGRADECIMENTOS

Durante três décadas, nossos colegas ficaram obcecados por encontrar as fronteiras da inovação eficaz. Dez de nós somos professores adjuntos no famoso Instituto de Design em Chicago, uma proeminente escola de pós-graduação global de *design*. Isso nos ajuda a escolher e cultivar um fluxo constante de jovens colegas talentosos. Ao todo, mais de 400 pessoas já trabalharam na Doblin ao longo dos anos, um número bastante grande para ser mencionado aqui, e muitas delas fizeram contribuições importantes para a ciência emergente de eficácia em inovação. Somos gratos a todas elas e agradecidos por seu trabalho.

Vários indivíduos foram particularmente essenciais para a concretização das descobertas originais do modelo 10TI em 1998. Vijay Kumar, um dos principais metodologistas de *design* do mundo, que publicou recentemente um livro influente de sua autoria, utilizou diversos métodos consistentes, concebidos por ele mesmo, para conduzir suas pesquisas.[1] Outros colaboradores disciplinados e talentosos foram Jeff Barr, Ewan Duncan, John Pipino, Tomoko Ichikawa e Peter Laundy; os dois últimos conduziram importantes trabalhos de *design* que tornaram os conceitos convincentes e compreensíveis.

Reaplicamos a ciência analítica ao modelo 10TI em várias conjunturas decisivas. Mais especificamente, alguns bibliotecnomistas brilhantes, como Marilyn Brda, Tracey Lemon e Matthew Robison, nos ajudaram a desenvolver algoritmos de busca para que utilizássemos o modelo 10TI diagnosticamente nos "panoramas de inovação" apresentados na parte Quatro, por exemplo. Outros, como Ben Jacobson, Kim Erwin, Katie McGlenn, Tom Mulhern e Todd McCullough, nos ajudaram a adaptar nosso modelo aos programas dos clientes.

Ainda como parte deste trabalho, desenvolvemos um algoritmo fundamental não descrito neste livro que revela os níveis básicos de iniciativa de inovação em qualquer área, em todas as categorias do modelo 10TI. Esse trabalho, conduzido por Henry King e Matt Locsin, gerou o Índice de Intensidade de Inovação (Innovation Intensity Index — I^3), uma ferramenta surpreendente que esperamos que, com o passar do tempo, torne-se importante para os analistas setoriais e financeiros.

Como a Doblin passou a fazer parte da Monitor e, mais recentemente, da Deloitte, houve um investimento significativo na ciência analítica do século XXI para esse trabalho. Bansi Nagji, na época diretor da unidade de inovação da Monitor, viu a importância do modelo 10TI e nos estimulou a realizar uma análise e desenvolvimento mais aprofundados. Três pessoas de nossa equipe, Ryan Pikkel, Brian Quinn e Helen Walters, promoveram uma competição interna de *design* para refinar, testar, aprofundar e reestruturar esse modelo em 2011. Dentre os colaboradores

---

1 *101 Design Methods* e uma compilação meticulosa e esclarecida sobre métodos de *design*. Um livro fundamental há muito tempo esperado e publicado pela Wiley.

dessa versão mais recente estão Steven Babitch, Clint Barth, Audrey Clarke, Colin Drylie, Jessie Gatto, YiLeng Lee, Tom Nassim, Samantha Ruiz, Ruth Schmidt, Hillary Schuster e Eli Weinberg.

Alguns indivíduos, como Jarrod Cady, Amelia Dunlop, Angelo Frigo, Darrel Hayes, Dustin Kress e Eli Robinson, ajudaram a conduzir uma análise que ampliou nosso conhecimento a respeito do que determina o sucesso das inovações, particularmente sobre como elas funcionam dentro de uma organização.

Outros colegas nos ajudaram em nossas intensas iniciativas para produzir este livro que se encontra em suas mão, como Jenny Collins, Jonathan Copulsky, Jeanne Gatto, Jesse Goldhammer, Katie Joyce, Eamonn Kelly, Erik Kiaer, Sarah King, John Leach, Matt Lopez, Melissa Quinn, Amar Singh, Harpreet Singh, Geoff Tuff, Jeff Tull, Erik van Crimmin e Jeff Wordham. Somos gratos também a vários indivíduos de todas as empresas que nos permitiram reproduzir as imagens e histórias contidas neste livro; a Richard Narramore e à sua equipe na Wiley, por nos ajudar a planejar e publicar este livro; e a Natasha Jen, Jeffrey Waldman e Jin Kwang Kim, bem como à talentosa equipe de *design* da Pentagram, por aprimorar esteticamente este livro e facilitar sua leitura.

Nas mãos de todos esses colegas talentosos e dedicados, a inovação finalmente está revelando seus segredos e sendo reinventada como uma ciência consistente. Enquanto professores e alunos, fazemos perguntas arriscadas, e depois nos esforçamos para respondê-las com fatos, métodos e pesquisas. Contudo, grande parte do que torna a Doblin um laboratório especial são nossos extraordinários clientes. É o trabalho do cliente, no mundo real, com prazos urgentes e o imperativo de produzir conceitos que prosperem no redemoinho de mercados competitivos, que impede que nos tornemos intelectuais acadêmicos.

Tendo em vista o grande número de pessoas qualificadas que estão afluindo para essa área, um padrão é claro: este livro é apenas um dos indícios de que atualmente a inovação é uma disciplina profissional enraizada, com todas as particularidades comuns — história, crítica e teoria, mais uma profusão de fronteiras acadêmicas e aplicadas. Se você achou este livro útil, junte-se a nós. Estamos apenas no princípio de mudanças profundas diretamente nesse campo e em inúmeras outras áreas em que a inovação eficaz está catalisando e precipitando mudanças em ritmo acelerado. No mundo inteiro, os problemas são reais, as apostas são altas e as respostas acadêmicas abstratas são fundamentalmente insatisfatórias. Portanto...

Precisaremos inovar!

BIBLIOGRAFIA DE INOVAÇÃO

Inúmeros livros sobre inovação são publicados anualmente (ou será que isso seria apenas uma impressão?). Alguns deles merecem ser lidos. Apresentamos aqui alguns de nossos livros favoritos que foram publicados ao longo dos anos. Aqueles que estão marcados com uma estrela devem integrar a biblioteca de qualquer inovador seriamente comprometido.

CLÁSSICOS DE INOVAÇÃO: FUNDAMENTOS BÁSICOS ÚTEIS

★ Thomas S. Kuhn, *The Structure of Scientific Revolutions* (University of Chicago Press, 1962)
http://tentyp.es/PZHbre

★ Everett M. Rogers, *Diffusion of Innovations* (Free Press of Glencoe, 1962)
http://tentyp.es/T6MMjx

Peter F. Drucker, *Innovation and Entrepreneurship* (Harper & Row, 1985)
http://tentyp.es/Rgnfjx

★ Clayton M. Christensen, *The Innovator's Dilemma* (Harvard Business School Press, 1997)
http://tentyp.es/RgmLdb

Harvard Business Review on Innovation (Harvard Business School Publishing, 2001)
http://tentyp.es/VBiYL6

Clayton M. Christensen, Michael E. Raynor, *The Innovator's Solution* (Harvard Business School Press, 2003)
http://tentyp.es/PZHxhL

Henry Chesbrough, *Open Innovation* (Harvard Business Review Press, 2003)
http://tentyp.es/WqOyut

Roger L. Martin, *The Opposable Mind* (Harvard Business School Press, 2007)
http://tentyp.es/TG9BJj

★ Roger L. Martin, *The Design of Business* (Harvard Business School Press, 2009)
http://tentyp.es/RgnoTW

★ Steven B. Johnson, *Where Good Ideas Come From* (Riverhead, 2010)
http://tentyp.es/OG7MNj

ESTRATÉGIA DE INOVAÇÃO: FORMULAÇÃO, PADRÕES E ESCOLHAS

★ James M. Utterback, *Mastering the Dynamics of Innovation* (Harvard Business School Press, 1994)
http://tentyp.es/UHJLIM

Andrew Hargadon, *How Breakthroughs Happen* (Harvard Business School Press, 2003)
http://tentyp.es/SAss8E

Jamshid Gharajedaghi, *Systems Thinking* (Butterworth-Heinemann, 2005)
http://tentyp.es/PBBPjJ

Michael J. Mauboussin, *Think Twice* (Harvard Business School Press, 2009)
http://tentyp.es/R1gGAM

★ John Mullins, Randy Komisar, *Getting to Plan B* (Harvard Business Review Press, 2009)
http://tentyp.es/OG7K7Y

Matt Ridley, *The Rational Optimist* (Harper, 2010)
http://tentyp.es/Rgq4B6

INOVAÇÃO EM DESCOBERTA: CIÊNCIA SOCIAL E DA COMPUTAÇÃO

INOVAÇÃO EM *MARKETING*: DESENVOLVENDO MARCAS E MERCADOS

Vijay Govindarajan, Chris Trimble, *The Other Side of Innovation* (Harvard Business Review Press, 2010)
http://tentyp.es/T4jz3e

Joshua M. Epstein, Robert L. Axtell, *Growing Artificial Societies* (The MIT Press, 1996)
http://tentyp.es/REvLL8

★ Joshua M. Epstein, *Generative Social Science* (Princeton University Press, 2006)
http://tentyp.es/QUMkTK

Dan Ariely, *Predictably Irrational* (HarperCollins, 2008)
http://tentyp.es/SAtq4w

Richard H. Thaler, Cass R. Sunstein, *Nudge* (Penguin, 2009)
http://tentyp.es/QK2nmW

Albert-László Barabási, *Bursts* (Dutton Adult, 2010)
http://tentyp.es/Sva82z

★ Michael Nielsen, *Reinventing Discovery* (Princeton University Press, 2011)
http://tentyp.es/SLl1aW

Chip Heath, Dan Heath, *Made to Stick* (Random House, 2007)
http://tentyp.es/R1p1Va

Kevin Maney, *Trade-Off* (Crown Business, 2009)
http://tentyp.es/SLuQWc

★ Youngme Moon, *Different* (Crown Business, 2010)
http://tentyp.es/Wr3NUg

REDES DE INOVAÇÃO: PLATAFORMAS, MODELAGEM E EFEITOS DE CONEXÃO

★ James Surowiecki, *The Wisdom of Crowds* (Doubleday, 2004)
http://tentyp.es/QLPky4

Henry Chesbrough, Wim Vanhaverbeke, Joel West, *Open Innovation: Researching a New Paradigm* (Oxford University Press, 2006)
http://tentyp.es/RgDzR2

Jeff Howe, *Crowdsourcing* (Crown Business, 2008)
http://tentyp.es/REx3G1

Len Fisher, *The Perfect Swarm* (Basic Books, 2009)
http://tentyp.es/OG2Bgl

★ Clay Shirky, *Here Comes Everybody* (Penguin, 2009)
http://tentyp.es/O8BKrJ

★ Kevin Kelly, *What Technology Wants* (Viking, 2010)
http://tentyp.es/T4jvR6

★ Clay Shirky, *Cognitive Surplus* (Penguin, 2010)
http://tentyp.es/UjzyBo

★ David Weinberger, *Too Big to Know* (Basic Books, 2012)
http://tentyp.es/S99ZNu

MÉTODOS DE INOVAÇÃO: TÉCNICA, PROPRIEDADE INTELECTUAL E EFICÁCIA

★ Lawrence Lessig, *The Future of Ideas* (Random House, 2001)
http://tentyp.es/QLXypS

Carl Franklin, *Why Innovation Fails* (Spiro Press, 2003)
http://tentyp.es/VBDMCn

C.K. Prahalad, *The Fortune at the Bottom of the Pyramid* (Wharton School Publishing, 2005)
http://tentyp.es/SLA9oJ

Henry Chesbrough, *Open Business Models* (Harvard Business Review Press, 2006)
http://tentyp.es/O8FoSk

Lawrence Lessig, *Code 2.0* (Basic Books, 2006)
http://tentyp.es/T4hS5P

David Silverstein, Philip Samuel, Neil DeCarlo, *The Innovator's Toolkit* (Wiley, 2008)
http://tentyp.es/Wr7OTH

- ★ Atul Gawande, *The Checklist Manifesto* (Metropolitan, 2009)
  http://tentyp.es/O8FgSU

- ★ Alexander Osterwalder, Yves Pigneur, *Business Model Generation* (Wiley, 2010)
  http://tentyp.es/QLVtKS

- ★ Peter Sims, *Little Bets* (Free Press, 2011)
  http://tentyp.es/O8GEF7

- ★ Vijay Kumar, *101 Design Methods* (Wiley, 2012)
  http://tentyp.es/TndbIH

INOVAÇÃO EM FILANTROPIA: SETORES SOCIAIS

Jim Collins, *Good to Great and the Social Sectors* (HarperCollins, 2005)
http://tentyp.es/SGiXjO

Paul Polak, *Out of Poverty* (Berrett-Koehler Publishers, 2008)
http://tentyp.es/UHPA2x

Katherine Fulton, Gabriel Kasper, Barbara Kibbe, *What's Next for Philanthropy* (Monitor Group, 2010)
http://tentyp.es/SGjxOq

- ★ Abhijit V. Bannerjee, Esther Duflo, *Poor Economics* (PublicAffairs, 2011)
  http://tentyp.es/VzswU8

Salman Khan, *The One World Schoolhouse* (Twelve, 2012)
http://tentyp.es/TkhnnX

NOTAS E DADOS DE PESQUISA

As histórias apresentadas neste livro foram extraídas diretamente das empresas que as originaram, algumas vezes de *sites* de mídia e informações da imprensa e também de artigos contemporâneos na mídia nacional e internacional. Organizamos essas notas por capítulo, por meio de referências ao texto principal deste livro, ressaltando o assunto pertinente em azul. Não se trata de uma catalogação exaustiva das várias fontes que consultamos ao longo de nossas pesquisas para este livro. Na verdade, o objetivo é lhe apresentar recursos e conteúdos de referência adicionais. Incluímos os *links* quando possível, sabendo que infelizmente vários deles perderão a validade com o passar do tempo. Contudo, esperamos que isso lhe ofereça um ótimo ponto de partida para suas leituras, de modo que você possa prosseguir e criar sua própria revolução em inovação.

PREFÁCIO

Em agosto de 2012, 10% dos norte-americanos aprovaram o trabalho que estava sendo realizado pelo Congresso; 83% desaprovaram efetivamente: http://tentyp.es/WEj5rv.

A Associação Americana de Diabetes tem todas as estatísticas e dados que em algum momento você possa desejar ler a respeito dessa doença: http://tentyp.es/SenGgB.

Esther Duflo diretora do J-PAL Global — Abdul Latif Jameel Poverty Action Lab. Leia mais sobre seu trabalho: http://tentyp.es/Uzw4dC.

David Weinberger é pesquisador sênior no Centro Berkman de Internet e Sociedade da Universidade Harvard. *Too Big to Know* foi publicado pela Basic Books em 2012: http://tentyp.es/T7f7R2.

Leia mais sobre a Doblin — inclusive os escritos de Jay Doblin de 30 anos atrás que ainda hoje podem ser considerados quase que misteriosamente prescientes — em nosso *site*: http://tentyp.es/WElr9K.

PARTE UM
CAPÍTULO 1: REPENSANDO A INOVAÇÃO

Clayton Christensen ressaltou que todos os anos 30.000 novos produtos de consumo são lançados — e 95% deles são malsucedidos. *Clay Christensen's Milkshake Marketing*, de Carmen Nobel, *HBS Working Knowledge* (Harvard Business School, 14 de fevereiro de 2011): http://tentyp.es/QjZd7x.

Jack Welch foi citado no *Jack Welch & the G.E. Way: Management Insights and Leadership Secrets of the Legendary CEO*, de Robert Slater (Nova York; McGraw-Hill, 1998): http://tentyp.es/Pdy2c3.

Detalhes sobre o pedido da Kodak de reestruturação empresarial pelo Capítulo 11 são apresentados em http://tentyp.es/SuOZn7.

"Toda tecnologia que terá um impacto significativo nos próximos dez anos já está pelo menos dez anos obsoleta", afirmou Bill Buxton em *The Long Nose of Innovation*, *BusinessWeek*, 2 de janeiro de 2008. http://tentyp.es/Syt3TI.

Para obter uma descrição adorável sobre o trabalho de vários cientistas, como Dmitri Mendeleev, a respeito da tabela periódica, consulte o artigo *Best Invention; Everything in Its Place*, de Oliver Sacks, *The New York Times*, 18 de abril de 1999. http://tentyp.es/SyxbTG.

PARTE DOIS
CAPÍTULO 2: O MODELO DEZ TIPOS DE INOVAÇÃO (10 TI)

Obviamente, você pode ler mais a respeito do modelo 10TI e sobre seu desenvolvimento inicial e evolução posterior (bem como obter mais informações sobre outros trabalhos e ideias) em nosso *site*: http://tentyp.es/SBQrX1.

CAPÍTULO 3: MODELO DE NEGÓCIO

"Um dos principais objetivos de minha invenção é oferecer um barbeador seguro com o qual a necessidade de afiar e assentar o fio da navalha seja eliminada", afirmou King C. Gillette na solicitação de patente para seu *design* de aparelho de barbear em 1904: http://tentyp.es/13aVEER.

Obtenha informações mais detalhadas sobre os procedimentos ProvenCare da Geisinger em http://tentyp.es/XgEiYE.

"Assumir o controle de suas ferramentas ajuda a proteger sua empresa contra os custos ocultos", promete o anúncio *on-line* do programa Tool Fleet Management da Hilt: http://tentyp.es/Y3nce2.

"Eliminando os cancelamentos de reserva, exigindo o pagamento antecipado e variando o preço de acordo com o horário e o dia, conseguimos criar um fluxo de clientes previsível e constante", tal como se lê na resposta da seção Perguntas Frequentes do *site* do restaurante Next: http://tentyp.es/PECnW6.

"Não estávamos com medo de nos canibalizar", afirmou Rolv Erik Ryssdal, diretor executivo (CEO) do Schibsted Media Group sobre a decisão de desmembrar o FINN.no. *Norway's Schibsted: No. 3 in Online Classifieds*, *Bloomberg BusinessWeek*, 14 de outubro de 2010. http://tentyp.es/SOWVvW.

CAPÍTULO 4: REDE

O prêmio de US$ 10 milhões Ansari X-Prize foi concedido à empresa Scaled Composites em 4 de outubro de 2004: http://tentyp.es/OtJAfy. A Netflix concedeu US$ 1 milhão à equipe *BellKor's Pragmatic Chaos* em 21 de setembro de 2009: http://tentyp.es/Wcfz5D.

A Target apresenta uma atraente cronologia interativa *on-line* em seu *site*, que acompanha a evolução da empresa desde suas origens no início dos anos de 1900 até o presente: http://tentyp.es/UykN8a.

Encontre *press release* de 2011 que anuncia a junção da GSK com a WIPO Re:Search em http://tentyp.es/QkM4id.

Leia mais sobre as iniciativas da Natura para desenvolver redes colaborativas com colegas ao redor do mundo em http://tentyp.es/Yu4Bba.

Para obter mais detalhes sobre a parceria entre a Toshiba e a UPS Supply Chain Solutions, consulte *The Next Delivery? Computer Repairs by UPS*, de Geoffrey James, *Business 2.0 Magazine*, 1º de julho de 2004. http://tentyp.es/T5zzC8.

Theresa Howard apresenta alguns antecedentes úteis sobre o crescimento das franquias de Howard Johnson em *Howard Johnson*, *Nation's Restaurant News*, 1996.

CAPÍTULO 5: ESTRUTURA

John Mackey publicou uma postagem de *blog*, *Creating the High Trust Organization*, 9 de março de 2010, http://tentyp.es/VF6z98. Para uma análise aprofundada (embora até certo ponto defasada) da estrutura radical da Whole Foods, leia *Whole Foods Is All Teams*, de Charles Fishman, *Fast Company*, 30 de abril de 1996. http://tentyp.es/VF6Dpj.

Leia mais sobre a organização interna da W. L. Gore em http://tentyp.es/SS1JoO.

A Southwest acrescentou 88 aeronaves Boeing 717 à sua frota com a aquisição da AirTran em maio de 2011. Para obter mais informações e dados numéricos sobre essa companhia aérea, consulte http://tentyp.es/OYAcCi.

Por meio de seu trabalho *Organização Clínica Unificada* (*Unified Clinical Organization*) para integrar suas tecnologias e serviços, a Trinity Health divulgou uma redução na permanência dos pacientes no hospital e nas readmissões. Os custos relacionados aos casos de septicemia diminuíram em mais de US$ 3 milhões nos primeiros oito meses do ano fiscal de 2011. Consulte o relatório anual de 2011 da empresa para obter mais detalhes: http://tentyp.es/WuSwCr.

Uma excelente história sobre a estrutura da Fabindia foi escrita por nossos colegas Nikhil Prasad Ojha, Parijat Ghosh, Sarah Stein Greenberg e Anurag

Mishra: *Weaving Scale into Handicrafts*, *Business Today*, 30 de maio de 2010. http://tentyp.es/UITDvD.

CAPÍTULO 6: PROCESSO

"O processo de produção, do início ao fim, leva apenas de duas a três semanas", afirmou Suzy Hansen em seu artigo sobre a Zara, escrito para a *New York Times Magazine*. *How Zara Grew Into the World's Largest Fashion Retailer*, 9 de novembro de 2012: http://tentyp.es/12bPkkU.

O finado C. K. Prahalad escreveu brilhantemente sobre a Hindustan Unilever no livro *The Fortune at the Bottom of the Pyramid* (Wharton School Publishing, 2009): http://tentyp.es/Rioq1H. Vale a pena ver também outro livro, de Sumantra Ghoshal, Gita Piramal e Sudeep Budhiraja: *World Class in India: A Casebook of Companies in Transformation* (Penguin Books Australia, 2001): http://tentyp.es/QVZqjb.

O FastFleet da Zipcar economizou para a cidade de Washington, DC, US$ 1 milhão e possibilitou que o gerente se desfizesse de uma frota de 300 carros. Consulte http://tentyp.es/Riouia para obter mais informações.

Um livro clássico sobre a Toyota e seu sistema de produção "enxuta" é *The Machine that Changed the World*, de James P. Womack, Daniel T. Jones e Daniel Roos (Free Press, 2007): http://tentyp.es/RSY3PU.

A IKEA foi fundada por Ingvar Kamprad na Suécia em 1943. Leia mais sobre a evolução da empresa em http://tentyp.es/VyZecZ.

CAPÍTULO 7: DESEMPENHO DE PRODUTO

Sam Farber escolheu o nome OXO por sua simetria: "seja na horizontal, na vertical, de cabeça para baixo ou de trás para a frente, sempre se lê 'OXO'". http://tentyp.es/UITRTq.

"Muitas pessoas desistem quando o mundo parece estar contra elas, mas é esse o momento em que você deve se esforçar um pouco mais", comentou James Dyson em relação à sua longa batalha para introduzir seu aspirador no mercado: http://tentyp.es/PXhSVW.

Você pode escolher até três cores para personalizar seu M&M, e a Mars oferece proveitosamente uma biblioteca exclusiva de *clip art* para você escolher imagens: http://tentyp.es/R3uwCO.

O TurboTax garante uma busca de mais de 350 deduções e créditos para declaração de imposto de renda e também realiza milhares de verificações de erro antes de você enviar sua declaração. Além do QuickBooks e Quicken, atualmente o TurboTax e o carro-chefe da Intuit, que divulgou um volume de receitas de US$ 3,9 bilhões em 2011: http://tentyp.es/Q1lgjl.

O processo de fabricação do Corning® Gorilla® Glass envolve a troca de íons e sal derretido a uma temperatura de 400°C. A extraordinária história de seu desenvolvimento (e dos intercâmbios da empresa com Steve Jobs, da Apple, ao longo de sua inclusão no *iPhone*) é apresentada em *Glass Works: How Corning Created the Ultrathin, Ultrastrong Material of the Future*, de Bryan Gardiner, *Wired*, 24 de setembro de 2012. http://tentyp.es/SHPxBV.

CAPÍTULO 8: SISTEMA DE PRODUTO

"Sabemos que não somos a maior marca de automóvel e não queremos ser. O que de fato desejamos fazer é oferecer uma alternativa exclusiva e melhor que seja certa para os novos consumidores de automóveis do presente." Essa era a ideia que estava por trás da campanha veiculada para a marca *Scion* em setembro de 2012. Para personalizar os carros *on-line*: http://tentyp.es/Q1lI6Z.

O *Firefox* é um *software* de código aberto gratuito e aproximadamente 40% de seu código é escrito por voluntários: http://tentyp.es/Unw9S7.

As opções Lunchables incluem tirinhas de frango, *pizza* de prato fundo, sanduíches, *nuggets* de frango e o que se conhece por *cracker stackers* (bolachas recheadas com queijo e presunto). Há também combinações de lanches para adultos de pão com fatias de carne e *cheddar* ou *roast beef* e presunto com mel e *creme crackers*: http://tentyp.es/PEE3yW.

A Elfa fornece produtos para a Container Store desde a década de 1970; esse gigante do varejo adquiriu formalmente a empresa em 1999. Mais informações sobre como esse sistema funcionar podem ser encontradas em http://tentyp.es/WcgMKg.

CAPÍTULO 9: SERVIÇOS

Happy Feet faz uma análise fascinante sobre a cultura da Zappos, escrito por Alexandra Jacobs, *The New Yorker*, 14 de setembro de 2009: http://tentyp.es/QP5dUy. Em 1º de junho de 2010, a revista *Inc.* publicou *Why I Sold Zappos*. Nesse artigo, o fundador da empresa, Tony Hsieh, escreveu sobre o comprometimento da empresa para com o atendimento: "Na Zappos, queremos que as pessoas nos liguem. Acreditamos que desenvolver interações pessoais e emocionais com nossos cliente é a melhor maneira de oferecer um excelente atendimento": http://tentyp.es/QA8QPI.

Em torno de 350 pessoas se beneficiaram com o programa de garantia contra perda de emprego da Hyundai durante seus dois anos de vigência, de acordo com uma matéria de Peter Valdes-Dapena veiculada no *Money on March*, da CNN, em 30 de março de 2011: http://tentyp.es/PeVFH4.

You're going to like the way you look. I guarantee it ("Você vai gostar de sua aparência. Eu garanto"). Uma frase de efeito para todos os tempos, cortesia do fundador da Men's Wearhouse, George Zimmer. Para obter mais detalhes sobre a loja e seus serviços: http://tentyp.es/Oangrk.

Conheça mais da história da 7-Eleven no Japão em http://tentyp.es/RRnlNH.

A Sysco oferece também outros serviços aos clientes, como uma ferramenta de análise nutricional *on-line* denominada Sysco eNutrition: http://tentyp.es/SBVXqu.

CAPÍTULO 10: CANAL

O ator George Clooney foi escolhido pelos membros do Nespresso Club como seu embaixador de marca predileto em 2005. Para obter mais informações sobre as iniciativas de marca da empresa, consulte http://tentyp.es/T9Rddo.

Em 2012, a Nike renovou sua loja em Chicago, chamando-a de Nike Chicago. O *Chicago Tribune* veiculou um artigo de Corilyn Shropshire sobre essa remodelação, *Nike Gives Its 2-Decade-Old Chicago Flagship a Makeover and New Name*, 27 de setembro de 2012: http://tentyp.es/Trjmga.

Em 2012, a M-Pesa procurou reformular sua atribuição de marca de serviço de transferência de dinheiro para algo mais voltado para uma opção de estilo de vida. "Os clientes da M-Pesa não precisam ficar na fila dos caixas eletrônicos nem pagar suas contas", afirmou Bob Collymore, diretor executivo da Safaricom. "Firmamos parcerias estratégicas que possibilitam que você acesse suas finanças no conforto do lar ou do escritório, pressionando apenas um botão": http://tentyp.es/PEErND.

Uma das melhores coisas sobre o Whispernet da empresa Amazon? Ele não depende de *WiFi*, o que significa que você nunca precisará encontrar um ponto de acesso: http://tentyp.es/R3v1MZ.

Obtenha mais informações sobre a marca Xiameter da Dow Corning em http://tentyp.es/U7OQEB.

CAPÍTULO 11: MARCA

Richard Branson é um autor prolífico e já escreveu vários livros divertidos mas informativos e criteriosos que valem a pena ser lidos. Alguns dos títulos são *Like a Virgin: Secrets They Won't Teach You at Business School* (Portfolio Trade, 2012), http://tentyp.es/VKHU4n, e *Screw Business As Usual* (Portfolio Hardcover, 2011), *http://tentyp.es/RNIkoy*.

Os supermercados da cadeia Trader Joe's evitam os sistemas PA (endereço público) usuais. Em vez disso, eles utilizam um sistema de alertas do "tipo ilha": um sinal de campainha para indicar que alguém precisa abrir um novo caixa; dois sinais de campainha para indicar que um cliente tem algum questionamento no caixa; três sinais para indicar que a necessidade da presença do gerente: http://tentyp.es/UnwPqx.

O diretor de *marketing* da Intel, Dennis Carter, foi uma personalidade importante para o desenvolvimento da estratégia de *marketing Intel Inside*, inclusive pela melodia de cinco tons criada em 1995. Para obter mais informações sobre a história original, consulte http://tentyp.es/RGvHdK.

A Associação Americana de Cardiologia fez um levantamento de dados de vendas dentro das lojas e constatou que o selo Heart-Check "incrementava as vendas em 5% em média quando os produtos certificados eram ressaltados com uma promoção de etiquetas de pendurar na prateleira e mensagens distribuídas no caixa": http://tentyp.es/QP5QNV.

O *blog* da Method é atualizado regularmente com conteúdos que refletem a atitude peculiar e amigável da empresa. Tal como um dos redatores ressalta, a filosofia da empresa é "apresentar a você sua dose semanal de estranheza": http://tentyp.es/PXiDym.

CAPÍTULO 12: ENVOLVIMENTO DO CLIENTE

John Seely Brown fez uma excelente apresentação

que mostrou parte de sua ideia sobre o significado mais aprofundado do *World of Warcraft* na Conferência de Estratégias realizada no Instituto de Design do Instituto de Tecnologia de Illinois (ITT) em 2011: http://tentyp.es/PXiHyb.

Um dos melhores motivos para iniciar uma empresa é satisfazer uma comichão que ninguém mais está conseguindo. Foi isso que Aaron Patzer fez em 2005, quando percebeu que estava prestes a enfrentar uma tarde de contabilidade monótona e entorpecedora. Dois anos depois, ele criou o mint.com; dois anos depois disso, a Intuit mais do que depressa adquiriu esse serviço por US$ 170 milhões. O relato de Patzer sobre esse percurso pode ser encontrado em http://tentyp.es/SyDj4M.

Em 2013, a Fab tinha mais de 11 milhões de membros em 26 países e já havia trabalhado com mais de 10.000 parceiros em *design*. Em 2012, ela vendeu 4,3 milhões de produtos em um ritmo de 5,4 produtos por minuto. Para obter mais fatos e números, consulte o *kit* de imprensa da empresa: http://tentyp.es/PEEI3I.

De acordo com o dito popular da Foursquare, os *mayorships* surgiram depois que um amigo caçoou dos cofundadores da empresa por terem ficado acampados no lado de fora da cafeteria Think Coffee em Manhattan: http://tentyp.es/VF8E4R.

A venda quase instantânea de todos os ingressos da WWDC da Apple levou várias pessoas a vender ingressos no câmbio negro por meio do eBay e Craigslist.

Em 2011, a *Computerworld* divulgou que alguns ingressos chegaram a custar US$ 4.599 — quase o triplo do preço regular: http://tentyp.es/SOZM81.

PARTE TRÊS
CAPÍTULO 13: VÁ ALÉM DOS PRODUTOS

"Embora exista uma função para manter um produto continuamente atual, os gerentes de marca relutam em experimentar algo genuinamente novo. E, quando eles experimentam algo novo, com frequência não conseguem gerar receitas e lucros incrementais porque o produto talvez não tenha uma proposição de valor redefinida ou nova." Foi isso o que Pat Conroy, Anupam Narula e Siddharth Ramalingham escreveram a respeito do fracasso da inovação centrada no desempenho de produto em *A Crisis of the Similar: Consumer Products* (Deloitte, 2011). Para ler esse relato, registre-se em http://tentyp.es/OaGE7I.

Benjamin Klein e Joshua D. Wright fazem um exame do panorama inacreditavelmente tortuoso das taxas de espaço de prateleira dos supermercados em *The Economics of Slotting Contracts*, *The Journal of Law & Economics*, agosto de 2007: http://tentyp.es/Q1Ciy3.

A Feira Internacional de Eletrônicos de Consumo (International CES) é realizada anualmente em Las Vegas, para atender ao setor de tecnologia de consumo global. Segundo estimativas, em 2013 a feira alcançou US$ 209 bilhões apenas nos EUA: http://tentyp.es/117LB89.

Antes de ser tornar diretor executivo da Apple, Tim Cook era diretor executivo de operações (COO) da empresa, "responsável por todas as vendas e operações mundiais da empresa, incluindo o gerenciamento de ponta a ponta da cadeia de suprimentos, das iniciativas de vendas e do atendimento e suporte da Apple em todos os mercados e países", tal como sua biografia corporativa apresenta. http://tentyp.es/PFaAVv.

"A posição da Apple de vender dezenas de milhões de *iPods* lhe possibilita selecionar a dedo os componentes por preços que muitos concorrentes não conseguem igualar. A Apple percebeu especificamente que a determinação favorável do preço dos componentes foi um fator fundamental para a lucratividade da empresa nos últimos trimestres." Prince McLean, *Apple Buying up Available Flash RAM Supplies for Next iPhone*, *Apple Insider*, 18 de fevereiro de 2009: http://tentyp.es/PFaEVl.

A 25ª bilionésima música vendida na loja iTunes da Apple foi *Monkey Drums* (Goksel Vancin Remix), de Chase Buch. Ela foi comprada por Phillip Lüpke, da Alemanha: http://tentyp.es/11RksqC.

A Aktion Plagiarius estima que 10% do comércio mundial é fraudulento, o que representa um prejuízo anual mundial de 200 a 300 bilhões de euros. Jessie Scanlon escreve um excelente artigo sobre essa questão: *And The Best Knockoff Is... BusinessWeek*, 8 de fevereiro de 2008. http://tentyp.es/RtL3QN. Para ver os ganhadores anteriores e inscrever-se para o prêmio anual Plagiarius, visite http://tentyp.es/QYhWaT.

Durante seus primeiros 30 dias de atividade, o Amazon.com atendeu a pedidos de clientes em 50 Estados e 45 países — todos enviados da garagem do fundador, Jeff Bezos. Uma visão geral sobre a Amazon está disponível em http://tentyp.es/OaGUnb.

Em seu livro *Screw It, Let's Do It*, Richard Branson revelou que internamente seu apelido era "Dr. Yes", devido à sua incapacidade de dizer **não** às pessoas. "Sempre tentei encontrar motivos para fazer algo quando isso me parece uma boa ideia, e não para não fazer", escreveu ele: http://tentyp.es/VFLIm7.

"Começamos com o consumidor, reavaliamos o projeto e finalmente chegamos à fabricação. A fabricação torna-se um meio para a finalidade de serviço de atendimento." Henry Ford, citado em *The People's Tycoon: Henry Ford and the American Century*, de Steven Watts (Vintage, 2006): http://tentyp.es/SPwy9i.

"Quase meio século antes de Ray Kroc ter vendido um hambúrguer McDonald's, Ford já havia inventado o sistema de franquia para concessionárias para vender e oferecer serviços de manutenção dos carros. Do mesmo modo que toda política é local, ele sabia que os serviços tinham de ser locais. Os representantes da Ford, apelidados de '*road men*', tornaram-se um componente familiar do cenário norte-americano. Por volta de 1912, havia 7.000 revendedoras no país." Assim escreveu Lee Iacocca sobre seu ex-chefe, Henry Ford. Iacocca, Obviamente, como ficou notório, Iacocca posteriormente reestruturaria a Chrysler. *Driving Force: Henry Ford*, *Time*, 7 de dezembro de 1998. http://tentyp.es/QYijSP.

Ten Things We Know to Be True, do Google, ainda está disponível em http://tentyp.es/S5YgDQ.

A matéria de Bharat Mediratta redigida por Julie Bick sobre a política dos 20% de tempo da empresa Google merece ser lida: *The Google Way: Give Engineers Room*, *The New York Times*, 21 de outubro de 2007. http://tentyp.es/VFMYFD.

Visite o Search Engine Graveyard (Cemitério de Mecanismos de Busca) para uma visão salutar sobre quantos estavam experimentando o espaço de busca *on-line* na década de 1990: http://tentyp.es/ShjhG2.

"Estou incrivelmente entusiasmada por colaborar com a Zagat e trazer o poder do mecanismo de busca Google e do Google Maps para seus produtos e usuários e trazer sua inovação, sólida reputação e riqueza de experiências para nossos usuários", escreveu a então vice-presidente da empresa Google, Marissa Mayer, em 2011: http://tentyp.es/PXLBy8.

O primeiro Google Doodle figurou na página principal do mecanismo de busca Google em 1998, criado para possibilitar que os visitantes soubessem que os executivos haviam ido ao Festival Burning Man. Agora a empresa tem uma equipe de criação de *doodles* para novos eventos e comemorações: http://tentyp.es/RiMpxO.

A carta redigida por Bill Gates em 1976 aos aficionados e entusiastas conclui: "Gostaria de receber cartas de qualquer um que deseje acertar as contas.": http://tentyp.es/RGPudd.

O *site* corporativo do McDonald's apresenta uma lustrosa cronologia interativa para descrever o lançamento de várias opções de seu cardápio, personagens e campanhas de propaganda: http://tentyp.es/Pfbo93.

Para obter uma versão oficialmente aprovada da história da Lexus, consulte *The Lexus Story*, de Jonathan Mahler e Maximilian Potter (Melcher, 2004): http://tentyp.es/ShvwCw. Eiji Toyoda é citado em *Lexus: The Relentless Pursuit* (Wiley, versão atualizada e publicada em 2011), escrita pelo jornalista Chester Dawson: http://tentyp.es/V5S51E.

CAPÍTULO 14: A FORÇA DOS NÚMEROS

A incapacidade de melhorar consistentemente e incansavelmente o conhecido é uma das rotas certas para o fracasso. Um recurso difícil de encontrar e que aborda mais a fundo essa questão é *Why Innovation Fails: Hard Won Lessons for Business*, de Carl Franklin (Spiro Press, 2003): http://tentyp.es/UT8VIM.

Uma edição de quinto aniversário de *The Fortune at the Bottom of the Pyramid,* do finado C. K. Prahalad, foi publicada em 2009 (Wharton School Publishing): http://tentyp.es/TaCTvx. Vale a pena ver também o livro *The New Age of Innovation*, de Prahalad e M. S. Krishnan (McGraw-Hill, 2008): http://tentyp.es/RkazJ7.

Jonathan Byrnes examinou como a Dell descobriu

os segredos do estoque *just-in-time* em *Dell Manages Profitability, Not Inventory*, Harvard Business School Working Knowledge, junho de 2003. http://tentyp.es/QYjyRY.

Dentre as demais inovações tecnológicas da FedEx encontra-se o satélite Command and Control para estabelecer um sistema de operações em Memphis, que é descrito como "o maior empreendimento UNIX no mundo comercial": http://tentyp.es/QL8Mhu.

O grupo LEGO comprou sua primeira máquina de modelagem por injeção plástica em 1946. Ela custou 30.000 coroas dinamarquesas (cerca de 5.000 em dólares atuais). As receitas da empresa naquele ano foram de 450.000 coroas dinamarquesas (em torno de US$ 78.000). Para saber mais sobre a história e evolução da empresa: http://tentyp.es/PD59Mh.

Mais sobre a história da Method encontra-se em *Making Meaning: How Successful Businesses Deliver Meaningful Customer Experiences*, de Steve Diller, Nathan Shedroff e Darrel Rhea (New Riders, 2006): http://tentyp.es/QvBPGj. A Method também oferece uma profusão de detalhes sobre seus processos e produtos em seu *site* corporativo: http://tentyp.es/QL8PKs.

PARTE QUATRO
CAPÍTULO 15: CUIDADO COM AS LACUNAS
Utilizamos regularmente o modelo 10TI para conduzir análises internas para nossos clientes. Levamos muito a sério a confidencialidade dos clientes e, por isso, embora nossa análise ilustrativa seja extraída de trabalhos reais, atribuímos outro nome a essas iniciativas. Seguindo a tendência das *memes* de gato na *Web* (LOLcats), rebatizamos essas empresas com o nome de várias raças de gato. Você percebeu?

CAPÍTULO 16: CONTESTE AS CONVENÇÕES
"Devemos colocar o dinheiro dos acionistas em risco em um mercado que se encontra no mínimo a cinco anos de distância de se tornar comercial?", perguntou Jim Keyes, diretor executivo da Blockbuster, em entrevista a Rick Aristotle Munarriz. "Acho que não." *Blockbuster CEO Has Answers*, Motley Fool, 10 de dezembro de 2008: http://tentyp.es/135t08i.

"Embora os negócios da Blockbuster enfrentem desafios significativos, estamos ansiosos por trabalhar com seus funcionários para restabelecer a Blockbuster como uma das principais marcas em entretenimento de vídeo." Esse foi o comentário de Tom Cullen, da DISH Network EVP, ao anunciar que a DISH estava adquirindo a empresa Blockbuster, então falida: http://tentyp.es/XJxpdP.

Fundada em 1992, a Palm foi comprada e vendida repetidamente e dividida e reformada. Em 2010, a HP comprou a empresa por US$ 1,2 bilhão (http://tentyp.es/UDSvyI), mas fechou a divisão que produzia o *hardware* que utilizava o sistema operacional WebOS da Palm. Neste exato momento, sua última encarnação parece levar o nome Gram, subsidiária da HP. Para uma recapitulação concisa da história da empresa, consulte *Meet Gram, HP's New Name for the Company Formerly Known as Palm*, de Arik Hesseldahl, *All Things D*, 15 de agosto de 2012: http://tentyp.es/QdeYfV.

A tecnologia Bluetooth nasceu em um laboratório da Ericsson em Lund, na Suécia. Após dez anos de seu lançamento, ela foi incorporada em dois bilhões de dispositivos. Em 2012, seu inventor, dr. Jaap Haartsen, foi indicado como inventor do ano pelo Departamento Europeu de Patentes: http://tentyp.es/Pb72A0.

O StarTAC da Motorola era o menor e mais leve celular disponível em 1996. Em 2010, a revista *Time* incluiu esse telefone em uma lista dos melhores e mais influentes dispositivos desde 1923: http://tentyp.es/QQX9pk.

A matéria de Bob Parks sobre Philippe Kahn, que enviou a primeira fotografia móvel de sua filha recém-nascida em 1997 e que desenvolveu a infraestrutura de rede LightSurf, vale a pena ser lida: *The Big Picture*, Wired, outubro de 2000: http://tentyp.es/PTu20G.

A "consumerização" de TI e seu impacto sobre o setor de telecomunicações, particularmente sobre a Research in Motion, é memoravelmente detalhada no artigo *Blackberry Season*, de James Surowiecki, *The New Yorker*, 13 de fevereiro de 2012: http://tentyp.es/UDT3ok.

O Centros de Controle e Prevenção de Doenças incluiu dados de prontuários médicos eletrônicos em um relatório publicado em 2010 (http://tentyp.es/V5Xm9w). Os outros dados apresentados nessa seção foram extraídos de dois estudos publicados pelo Instituto IMS de Informática para a Saúde: *The Use of Medicines in the United States: Review of 2010*, http://tentyp.es/NVmgHw, e *Searching for Global Launch Excellence*, http://tentyp.es/PKNa3h.

Consulte também *Transforming Commercial Models to Address New Health Care Realities*, um relatório técnico de nossos colegas Jeff Wordham e Sheryl L. Jacobson que examina como mudanças fundamentais no sistema de saúde estão transformando a forma como as empresas farmacêuticas empreendem seu trabalho. *Monitor Perspectives*, novembro de 2011: http://tentyp.es/WMTJVQ.

Eliel Saarinen é citado, dentre outros, por Anne D'Alleva, em *How to Write Art History* (Londres: Laurence King, 2010): http://tentyp.es/RiMWQk.

"O belo espaço interno não se parece em nada com um hospital", continuou Bill Taylor em seu artigo sobre o Henry Ford West Bloomfield Hospital para o Management Innovation Exchange. "Mais de 2.000 plantas e árvores formam uma alameda nas 'ruas' curvas adornadas por várias lojas (que vendem produtos contra insônia, dietas mais saudáveis etc.), dando a impressão de ser o vilarejo de férias mais saudável do mundo." http://tentyp.es/VSJGNi.

CAPÍTULO 17: RECONHECIMENTO DE PADRÕES

Se alguma vez um livro sobre inovação mereceu ser agraciado com o epíteto de "clássico", esse livro é *The Innovator's Dilemma*, de Clayton Christensen. Uma nova edição foi publicada em 2011 pela HarperBusiness: http://tentyp.es/QZnCPB.

O *site* corporativo da American Girl apresenta muitos fatos e números importantes: http://tentyp.es/PTuzjg. Doris Hajewski redigiu um relato encantador sobre o entusiasmo gerado pela American Girl: *Middleton, Wis., Doll-Maker Gets Makeover but Keeps Historical Roots*, Knight Ridder Tribune Business News, janeiro de 2004. http://tentyp.es/SJVHWv. Pleasant T. Rowland escreveu sua história em *A New Twist on Timeless Toys*, um ensaio inserido em *Success*, de Tony Zhou (2004): http://tentyp.es/ScGFby.

Um dos autores deste livro, Larry Keeley, escreveu um ensaio mais extenso sobre a estratégia da Nike em torno de suas lojas, publicado em *They Say They Want a Revolution: What Marketers Need to Know as Consumers Take Control* (compilado por Paul Matthaeus, iUniverse, 2003): http://tentyp.es/U72llr.

Três artigos/estudos de caso da Escola de Negócios de Harvard são extremamente informativos sobre todas as coisas relacionadas à Nike: Nike, Inc. in the 1990s: New Directions (25 de abril de 1995): http://tentyp.es/RF3Wjt; Nike, Inc. — Entering the Millennium (16 de março de 2001): http://tentyp.es/S4NKL1; e Knight the King: The Founding of Nike (24 de junho de 2010): http://tentyp.es/T1SKRp.

Phil Knight compartilhou suas impressões sobre os acontecimentos na Nike em *High Performance Marketing: An Interview with Nike's Phil Knight*, Harvard Business Review, julho–agosto de 1992: http://tentyp.es/Qdgfn3.

Um breve estudo de caso sobre a campanha *Just Do It* foi publicado pelo Centro de Pesquisa Aplicada: http://tentyp.es/RfVNSs. Veja também o *site* da empresa, que oferece muitas informações sobre a história e evolução da empresa, bem como citações feitas por seus executivos: http://tentyp.es/RcSGuL.

PARTE CINCO
CAPÍTULO 18: DECLARE A INTENÇÃO

O discurso de JFK prossegue: "Na verdade, não será um homem indo à Lua — se fizermos essa avaliação positivamente, será uma nação inteira. Porque todos nós devemos trabalhar para colocá-lo lá", http://tentyp.es/RcT1O3. Como você pode imaginar, a Nasa tem toneladas de documentos, entrevistas e informações sobre a excepcional década que se seguiu depois que o presidente apresentou seu desafio: http://tentyp.es/RaBFT4.

A missão da Zipcar é bastante simples: "Tornamos a vida mais gratificante, sustentável e financeiramente viável. Nós melhorarmos os estilos de vida urbanos maximizando o recurso mais precioso de nossos membros — o tempo." Para obter mais informações sobre a filosofia da empresa, consulte http://tentyp.es/Wqr37u. Para obter detalhes sobre sua aquisição pelo Avis Budget Group, consulte o *press release* de 2 de janeiro de 2013: http://tentyp.es/Y31Ak6.

"A *Amazon Web Services* oferece uma plataforma de infraestrutura de nuvem altamente confiável, escalonável e de baixo custo que capacitou centenas de milhares de empreendimentos privados, governamentais e de empresas novas em 190 países ao redor mundo", ostenta a visão geral *on-line* sobre a empresa: http://tentyp.es/OaGUnb.

Em *The HBR Interview: "We Had to Own the Mistakes"*, o diretor executivo da Starbucks, Howard Schultz, falou sobre retornar à empresa de café em 2008 para, tal como o escritor Adi Ignatius ressalta, "retomar as rédeas em meio a uma crise". *Harvard Business Review*, julho de 2010, http://tentyp.es/YkCOYN.

O estudo sobre o gerenciamento de um portfólio de iniciativas de inovação entre vários níveis de ambição, realizado por nossos colegas Bansi Nagji e Geoff Tuff, foi publicado na *Harvard Business Review* em maio de 2012. *Managing Your Innovation Portfolio*, http://tentyp.es/PwOg3o.

Matthew E. May escreveu convincentemente sobre os acontecimentos na Toyota, sobre o objetivo da empresa de inovar continuamente e sobre seu pomposo sistema de produção, em *The Elegant Solution* (Free Press, 2006), http://tentyp.es/TmKqat.

Alan Kay cunhou a frase "programação orientada a objetos" em 1967. Tal como ele explicou posteriormente em *e-mail*, ele a imaginou como "uma arquitetura de programação", http://tentyp.es/TdvtaP.

A tenente Grace Murray Hopper encontrou uma mariposa (*bug*) presa no computador Mark II Aiken Relay em 1947, o que levou os cientistas de computação a dizer jocosamente que precisavam "*debug*" (depurar) suas máquinas. Veja uma fotografia de seu *log* (com a mariposa intrusa anexada), agora exposta no Museu de Computação do Centro de Assuntos de Guerra em Superfície da Marinha, em Dahlgren, Virgínia: http://tentyp.es/SKOV2e.

CAPÍTULO 19: TÁTICAS DE INOVAÇÃO

Para comprar um de nossos conjuntos de Cartões de Táticas de Inovação, criados por Ryan Pikkel e contendo 112 táticas distintas, identificadas quando este livro estava sendo redigido, envie-nos um *e-mail*: tentypes@doblin.com.

CAPÍTULO 20: UTILIZANDO O LIVRO DE JOGADAS DE INOVAÇÃO

O livro *What's Mine is Yours: The Rise of Collaborative Consumption*, de Rachel Botsman e Roo Rogers, HarperBusiness, 2010 (http://tentyp.es/TeBwvL), e o *site* do livro http://tentyp.es/Tvo7Sq citam vários exemplos desse jogo na prática.

An Expert Perspective on Open Innovation é uma entrevista de Wyatt Nordstrom ao ex-diretor de inovação aberta na GlaxoSmithKline (GSK) Consumer Healthcare, Helene Rutledge, Maven Research, http://tentyp.es/QZSGOK.

Robert Wolf, da GSK, foi citado em *A Prescription for Profit*, publicado na revista *HQ*: http://tentyp.es/RnTRK2. Você pode também pesquisar a lista de assuntos abertos atuais no portal de inovação aberta da GSK. Em 2012, as questões de interesse incluíam controle da dor para pessoas idosas e um material que pode proteger os dentes contra o ácido dos alimentos: http://tentyp.es/SqJTnA.

Em seu artigo *P&G Asks: What's the Big Idea?*, Jena McGregor também apresentou detalhes sobre os assim chamados empreendedores de tecnologia da Procter & Gamble, "mais de 75% dos escoteiros da inovação posicionados em pontos longínquos do planeta". *BusinessWeek*, 4 de maio de 2007: http://tentyp.es/XcReMZ.

Para obter mais informações sobre consumo colaborativo, consulte *Community Structure and Collaborative Consumption: A Routine Activity Approach*, de Marcus Felson e Joe L. Spaeth, *American Behavioral Scientist*, março de 1978: http://tentyp.es/PVOISw.

Para obter mais informações sobre a filosofia e os princípios da Zipcar, dê uma olhada no *site* da empresa: http://tentyp.es/QvogGM. O relatório anual de 2011 da Zipcar também contém algumas informações úteis sobre a abordagem interna e a configuração da administração da empresa: http://tentyp.es/QKtDPd.

Mais de dez milhões de hospedagens foram reservadas por meio da Airbnb no início de 2013. Para obter mais detalhes sobre as táticas e a abordagem da empresa, consulte *Airbnb at a Glance*, http://tentyp.es/WMVD90, e o conteúdo *on-line* da empresa *Trust & Safety Center*. http://tentyp.es/QaWBJv.

O livro *Free*, de Chris Anderson, é um texto fundamental sobre a jogada de serviços com base gratuita. Ele foi publicado pela Hyperion em 2010: http://tentyp.es/TtLtWb.

"O LinkedIn é um serviço gratuito, mas as pessoas pagam taxas especiais para coisas como acesso às informações profissionais de uma pessoa; esses assinaturas especiais geraram US$ 23,9 milhões [em 2011]", escreveu Quentin Hardy em *LinkedIn Wants to Make More Money From Job Recruiters*, The New York Times, 18 de outubro de 2011: http://tentyp.es/WZGphb.

No terceiro trimestre de 2012, a Zynga tinha 311 milhões de usuários ativos mensais. Baixe o relatório anual completo de 2011 da Zynga, que oferece inúmeros *insights* interessantes sobre o mundo do jogo *on-line*, inclusive esta confissão do diretor executivo e fundador da empresa, Mark Pincus: "Temos uma curta história operacional e um novo modelo de negócio, o que nos impede de avaliar eficazmente nossas perspectivas futuras. Nosso modelo de negócio baseia-se no oferecimento de jogos que podem ser jogados gratuitamente. Até o momento, apenas uma pequena porcentagem de nossos jogadores pagam por artigos virtuais." http://tentyp.es/ShIyBc.

O livro *Surfing on the Edge of Chaos*, de Richard Pascale, foi publicado pela Crown Business em 2001: http://tentyp.es/RI9InK. O artigo de Thomas Petzinger sobre o novo sistema inteligente da Cemex foi publicado na *Fast Company* em março de 1999: *In Search of the New World (of Work)*, http://tentyp.es/RnV2cm. Ao mesmo tempo, o artigo *Bordering on Chaos*, de Peter Katel, para a revista *Wired*, também é uma boa leitura sobre "ver a teoria da complexidade na prática" através do negócio da Cemex's: http://tentyp.es/SUpOle.

O *site* do hospital de Olhos Aravind apresenta uma respeitável descrição dos acontecimentos nessa organização: http://tentyp.es/UPAo3A. Consulte também o *white paper* de Angel Diaz Matalobos, Juan Ponse e Stephan Pahls: *The McDonald's of Health Organizations: Lean Practices at Aravind*, junho de 2010: http://tentyp.es/VKO7NH.

O texto promocional da empresa descreve o OnPoint Solutions da GE Aviation como um serviço "para clientes que preferem uma solução mais customizada, abrangente e duradoura para atender às necessidades de negócio e a objetivos de custo de propriedade". http://tentyp.es/NVgh5t.

Para obter mais informações sobre os sistemas inteligentes da Johnson Controls, veja os detalhes sobre seu serviço Performance Contracting, http://tentyp.es/VUls6u, bem como sobre seu *site* exclusivo, Make Your Buildings Work (http://tentyp.es/UDVnMd), que inclui uma calculadora de eficiência de energia para ajudar os clientes a avaliar possíveis economias.

J. K. Rowling apresentou mais detalhes sobre seu processo de composição literária em uma entrevista de 2001 publicada pela *Scholastic*. Ela fala particularmente sobre o projeto dos livros ligados à série Harry Potter ("*in-story*"), que apresentam garatujas dos jovens bruxos Harry Potter e Ron Weasley. "Sempre escrevi o que penso e sinto", diz ela. "Os professores que lerem isso não ficarão contentes por eu estar dizendo isso, mas você ficaria, não?" http://tentyp.es/OtDEEI. Em 2008, Rowling apareceu na lista da *Forbes* de *Os Bilionários do Mundo*. http://tentyp.es/Sh91IF.

Para obter detalhes sobre algumas das parafernálias de Harry Potter que podem ser suas por um preço, veja a loja da Universal Orlando: http://tentyp.es/TemO8t. Para obter detalhes sobre a receita bruta do filme *Harry Potter*, examine o *site* Box Office Mojo: http://tentyp.es/PKGDp9.

A patente da P&G correspondente às "soluções de ciclodextrinas não complexas para controle de odor em superfícies inanimadas" (a tecnologia utilizada na marca Febreze) foi solicitada em 1994 e concedida em 3 de fevereiro de 1998: http://tentyp.es/OtDL36. Além disso, o *The Wall Street Journal* publicou o artigo *Febreze Joins P&G's US$1 Billion Club* em março de 2011 para falar sobre a popularidade do produto em termos de *cross-branding*: http://tentyp.es/TMxP7j.

Para examinar os dados brutos por trás da Kickstarter, como estatísticas sobre cada uma das 13 diferentes categorias de projeto do *site* de financiamento, consulte http://tentyp.es/V5HJyP. Em consonância com o espírito de transparência da empresa, a página é atualizada diariamente.

Craig Newmark escreveu em seu *blog* pessoal sobre a criação do Craigslist: "Estamos entre as dez plataformas *Web* em língua inglesa mais visitadas do planeta. Na verdade, não por minha causa

— realmente não tenho muita queda para os negócios —, mas porque pelo menos fui inteligente o suficiente para contratar Jim Buckmaster para tocar o negócio e praticamente saí de cena." http://tentyp.es/SMIRda.

A Netcraft fez um levantamento junto a 666 milhões de sites em julho de 2012 para identificar os maiores servidores Web do mundo. O Apache tinha uma participação de 61,45%, a Microsoft tinha 14,62% e o Google, 3,44%: http://tentyp.es/QZUK9x.

A história da Threadless é bem contada por Max Chafkin em The Customer is the Company para a revista Inc., junho de 2008, http://tentyp.es/T24fZ5. As estatísticas da Threadless também são apresentadas em um estudo de caso, no livro Practically Radical: Not-So-Crazy Ways to Transform Your Company, Shake Up Your Industry, and Challenge Yourself, de William C. Taylor, HarperCollins, 2011: http://tentyp.es/SprVpR. Além disso, a empresa ganhou destaque em um estudo de caso de multimídia de Karim R. Lakhani e Zahra Kanji na Harvard Business Review: Threadless: The Business of Community, 30 de junho de 2008. http://tentyp.es/RNnkgz.

Jim Giles analisou detalhadamente tanto a Wikipédia quanto a Enciclopédia Britânica em Internet Encyclopedias Go Head to Head, Nature, 15 de dezembro de 2005, http://tentyp.es/VUneoi. (A Nature também refutou uma reclamação posterior da Britânica em um documento fascinante: http://tentyp.es/RbbEVs.) Consulte também a declaração de missão da Wikipédia: "Capacitar e envolver pessoas ao redor do mundo para coletar e desenvolver conteúdos educacionais sob licença gratuita ou em domínio público e disseminá-los eficazmente e globalmente." http://tentyp.es/RnWg7t.

Para obter exemplo de empresas que utilizam a Amazon Web Services (como Nasa, Netflix e News International), consulte http://tentyp.es/WMWO8q. Informações mais gerais sobre a AWS estão disponíveis em http://tentyp.es/S631NU, e detalhes sobre os parceiros estratégicos da Amazon se encontram em http://tentyp.es/TMzoC8. Informações sobre as patentes relacionadas a esse serviço, "para oferecer um mercado de serviços Web", estão disponíveis em http://tentyp.es/UyiwtE, bem como sobre a patente concedida em 2008, em http://tentyp.es/Qvsoqd.

Para examinar detalhes e estudos de caso sobre a CAT Logistics, hoje conhecida como Neovia, consulte http://tentyp.es/QjTY6m, e o artigo Growing B2B Services: Three Trends to Act Upon Now, de Jeneanne Rae, Carl Fudge e Colin Hudson, Innovation Management, 5 de março de 2012, http://tentyp.es/PKHKFp.

Para examinar um relato sobre o fato de a Apple ter se tornado a empresa mais valiosa do mundo, consulte a matéria de David Goldman para o programa CNN Money: http://tentyp.es/OlqKaF. Para obter estatísticas da própria Apple sobre inovação e criação de empregos, consulte http://tentyp.es/S63NKE.

Em uma entrevista de 2008 a Nick Wingfield, do The Wall Street Journal, o finado Steve Jobs fala sobre a estratégia de telefones da Apple: "A diferenciação dos telefones costumava girar em torno de rádios e antenas e coisas parecidas... Olhando mais à frente, acreditamos que os telefones do futuro serão diferenciados pelo software". ("iPhone Software Sales Take Off", http://tentyp.es/PIL1yf.) Rob Pegoraro, do The Washington Post, escreveu Apple's Taking 30 percent of App Store Subscriptions Is an Unkind Cut, 20 de fevereiro de 2011, http://tentyp.es/SIlwHQ.

A Apple falou sobre o novíssimo iTunes em setembro de 2012: http://tentyp.es/RnXnnF. O Chris Stringer, designer já antigo da Apple, falou sobre os hábitos de trabalho da equipe quando se apresentou como testemunha no caso Apple versus Samsung em 2012, tal como descrevem Ina Fried no artigo Apple Literally Designs Its Products Around a Kitchen Table, All Things D, 31 de julho de 2012: http://tentyp.es/UT25wF.

Para examinar estatísticas sobre a base instalada de telefones, inclusive sobre a atual predominância do Android nos EUA, consulte a análise Android is Winning — if You're Writing Apps for China. Elsewhere, Though..., de Charles Arthur, 16 de agosto de 2012, http://tentyp.es/QKw98i.

Todos os dados sobre o Foursquare provêm da própria empresa. Um bom lugar para começar é na página About ("Sobre") do site: http://tentyp.es/UDWv2j.

As respostas a perguntas frequentes sobre a Discovery e seu programa Vitality estão disponíveis em http://tentyp.es/XFmTod e os detalhes sobre os elementos básicos desse programa encontra-se em http://tentyp.es/RNnJzA.

Janet Moore falhou sobre a proposta de abertura de uma loja de aproximadamente 8.000 m² da Cabela's em Woodbury, Minnesota: *Cabela's, Other Outdoor Retailers Take Aim at Twin Cities*, Star Tribune, 9 de fevereiro de 2013: http://tentyp.es/12ucBdi.

Em outubro de 2012, o *menu* de US$ 210 do restaurante Alinea oferecia pratos como "*scallop acting like agedashi tofu*" ("*vieira ao estilo de agedashi tofu*"), "*squab inspired by Miro*" ("*squab inspirado em Miró*") e "*black truffle explosion*" ("*explosão de trufas pretas*"): http://tentyp.es/SPBIkN. Achatz também tem o cuidado de reconhecer seus colaboradores, como a CookTek, que fornece equipamentos, e Martin Kastner do estúdio Crucial Detail, que é o "*designer* e escultor": http://tentyp.es/VKQ78X.

O *site* da Harley-Davidson oferece muitas informações sobre o crescimento da empresa: http://tentyp.es/UDWNGs. A Harley também ostenta um museu de exposição de US$ 75 milhões, projetado em 2008 por James Biber, da Pentagram, e Michael Zweck-Bronner: http://tentyp.es/TrrrkT.

Mais informações sobre a Weight Watchers (Vigilantes do Peso), seus antecedentes e sua história, bem como sobre seu permanente objetivo de ajudar as pessoas a perder peso, encontram-se em *site* corporativo: http://tentyp.es/RNnO6m. Detalhes particulares sobre sua iniciativa de 2011 dirigida aos homens podem ser encontrados em http://tentyp.es/R4ecl1.

A declaração de missão completa da Patagonia diz: "Fabricar o melhor produto, não provocar nenhum dano desnecessário, utilizar os negócios para inspirar e implementar soluções para a crise ambiental", http://tentyp.es/QaXMbQ. A história sobre a criação da empresa encontra-se em http://tentyp.es/UPBn3H, enquanto os detalhes sobre a iniciativa Common Threads (Linhas em Comum) encontram-se em http://tentyp.es/WMY37p. Quanto ao *blog* da empresa, The Cleanest Line, consulte http://tentyp.es/R4eo3x.

Para examinar detalhes sobre o *sourcing* local do supermercado Whole Foods Market, veja sua declaração *on-line*: http://tentyp.es/SJXdrN. Uma história razoavelmente detalhada sobre os marcos da empresa está disponível em http://tentyp.es/TrrT2q. Além disso, o Whole Foods publicou *5-Step Animal Welfare Rating* a fim de instruir os consumidores sobre como sua carne é processada: http://tentyp.es/WMYjDC.

"Estamos tentando não aumentar o número de botões que o jogador precisa manipular", disse Satoru Iwata, presidente da Nintendo, em uma coletiva em 2006. "Estamos tentando não nos restringir por regras convencionais. Estamos procurando criar jogos que qualquer pessoa tenha oportunidade de jogar facilmente", http://tentyp.es/PTxJ6F.

Consulte as notas do Capítulo 12 para examinar algumas fontes úteis sobre o Mint.com. Ou assista a uma entrevista feita por J. D. Lasica com Aaron Patzer, diretor da empresa: http://tentyp.es/WMYmz8. Belinda Luscombe analisou a venda do *site* para a Intuit em um artigo na revista *Time*, *Intuit Buys Mint.com: The Future of Personal Finance?*, 15 de setembro de 2009. http://tentyp.es/UDXpvF.

PARTE SEIS
CAPÍTULO 21: MÃOS À OBRA
Joel Garreau citou Michael Shermer, editor-fundador da revista *Skeptic*, neste artigo do *The Washington Post*: *Science's Mything Links*, 23 de julho de 2001: http://tentyp.es/Spt7tt.

A *Fortune* mantém arquivos sobre os 50 anos das maiores corporações dos EUA: http://tentyp.es/QRhk51. O autor Jim Collins também escreve amplamente e agradavelmente sobre o que mantém as grandes empresas em livros como *Built to Last* (HarperBusiness, 2004): http://tentyp.es/T1R46L; e *Good to Great* (HarperBusiness, 2001): http://tentyp.es/QRhv0a.

Mark Zuckerberg integrou pela primeira vez a lista "Os Bilionários do Mundo", da *Forbes*, em 2008, o mais jovem dos 1.125 bilionários listados naquele ano. Consulte o artigo posterior para a revista, *The Evolution of Mark Zuckerberg's Wealth*, de Ryan Mac, 17 de maio de 2011: http://tentyp.es/RaA7qc.

CAPÍTULO 22: PATROCINADORES E AUTORES
Para obter mais informações sobre a filosofia de inovação e investimento de Jeff Bezos, é sempre útil acompanhar suas declarações aos acionistas. Veja o *link* para a divulgação de rendimentos e relatórios

anuais da Amazon: http://tentyp.es/S65B6w. Bezos também foi citado em uma transcrição de um *webcast* de 2011: http://tentyp.es/Qvwcrm.

Para examinar detalhes sobre a entrada da Amazon no setor de alta costura, consulte *Amazon Leaps Into High End of the Fashion Pool*, de Stephanie Clifford, *The New York Times*, 7 de maio de 2012, http://tentyp.es/OZQFWA.

Growth as a Process apresenta uma ampla discussão sobre inovação e sobre o programa *Imagination Breakthroughs* (*Rupturas da Imaginação*) com Jeffrey R. Immelt, diretor executivo da o General Electric, *Harvard Business Review*, junho de 2006: http://tentyp.es/SptWCy.

A IBM apresenta várias histórias sobre sua evolução corporativa em seu *site*: http://tentyp.es/UQOYgQ, e vários fatos e números podem ser encontrados em seus relatórios anuais. A versão de 2011 encontra-se em: http://tentyp.es/RTMhqA. Informações sobre patentes da IBM podem ser encontradas em http://tentyp.es/QW1Vlz.

Detalhes sobre os investimentos em inovação da IBM podem ser encontrados neste artigo conciso de Jeffrey M. O'Brien para a revista *Fortune*: *IBM's Grand Plan to Save the Planet*, 21 de abril de 2009, http://tentyp.es/QvxFOQ. "Há poucos anos, a IBM vendia PCs, unidades de disco e outros componentes básicos de computação. Agora ela está sendo promovida como um tipo de empresa visionária em tecnologia capaz de remodelar cidades em um piscar de olhos por meio de *softwares* analíticos e os consultores mais inteligentes do planeta", escreveu Ashlee Vance em *How IBM Wooed Wall Street*, *Bloomberg Businessweek*, 6 de março de 2012, http://tentyp.es/QKxZG7.

"Por que você não está fazendo nada com isso? Isso é o que há de melhor. Isso é revolucionário!" Assim teria dito Steve Jobs após uma visita ao Centro de Pesquisa de Palo Alto (PARC) da Xerox em 1979, de acordo com Malcolm Gladwell em *Creation Myth*, *The New Yorker*, 16 de maio de 2011: http://tentyp.es/Y6CL6I.

Consulte um gráfico que mostra o declínio e queda da Blockbuster em http://tentyp.es/PTyDjr.

CAPÍTULO 23: IMPLEMENTANDO INOVAÇÕES

"Não podemos simplesmente fazer um ajuste fino nos métodos atuais de prestação de serviços de saúde", escreveu o dr. Nicholas LaRusso, diretor-médico do Centro de Inovação da Mayo Clinic (http://tentyp.es/OROYfQ). "Isso exige uma inovação transformacional em praticamente tudo o que fazemos." A Mayo também realiza uma conferência anual relacionada a inovações em saúde, *Transform*, que vale a pena ser examinada se essa for sua área de atuação. (Em tempo: Larry Keeley integra o comitê consultivo externo do Centro de Inovação.)

O manual da Valve para os funcionários recém-contratados vale ser lido: http://tentyp.es/QQYOvc.

"No Hyatt Regency O'Hare em Chicago, agora nossos *hosts* móveis ficam posicionados na ponte aérea dos aeroportos, onde recebem os hóspedes, fazem o *check-in* e emitem as chaves dos quartos", escreveu Stacy Collett em *Ready, Set, Compete: The Benefits of IT Innovation*, *Computerworld*, 14 de janeiro de 2013: http://tentyp.es/XHSveu.

Adam Lashinsky apresentou uma descrição detalhada sobre a maneira de trabalhar da Apple (pelo menos na época de Steve Jobs) em *How Apple Works: Inside the World's Biggest Startup*, *Fortune*, 25 de agosto de 2011, http://tentyp.es/UDYvHS.

"Nossa empresa está oferecendo à atividade de negócios norte-americana um estudo de caso sobre como uma organização grande e burocrática pode mudar internamente sem destruir totalmente a cultura que a torna excelente", escreveu Brian Dumaine, da Procter & Gamble, em *P&G Rewrites the Marketing Rules*, *Fortune*, 6 de novembro de 1989, http://tentyp.es/TjEPID.

A história sobre a 3M, seu Freshness Index e sua abordagem em inovação é muito bem narrada nos livros *Corporate Creativity*, de Alan G. Robinson e Sam Stern (Berrett-Koehler Publishers, 1998), http://tentyp.es/T1e8BQ, e *Driving Growth Through Innovation*, de Robert B. Tucker (Berrett-Koehler Publishers, 2002), http://tentyp.es/RbdWE4. Os detalhes sobre o desempenho financeiro passado e atual da 3M obviamente são documentados pela SEC: http://tentyp.es/RVMO9U.

CAPÍTULO 24: EXECUÇÃO EFICAZ

Uma entrevista entre Charles Eames e Madame L'Amic, do Musée des Arts Decoratifs, é apresentada no livro *Eames Design* (Abrams, 1989), http://tentyp.es/TeoM8O.

O livro *The Checklist Manifesto*, do médico e jornalista Atul Gawande (reimpresso pela Picador, 2011) é envolvente e gratificante (tal como a maioria de seus escritos): http://tentyp.es/PDundv. Consulte também o *site* de Gawande para obter uma lista atualizada de seus artigos mais recentes: http://tentyp.es/Y6Mo5g.

Para examinar uma lista de projetos para os quais a Darpa tem procurando ativamente contribuições externas, como a solicitação de 2013 de "propostas de pesquisas multidisciplinares inovadoras para desenvolver e demonstrar rapidamente métodos sem contato para detectar explosivos incorporados ou acondicionados em meios opacos com elevado teor de água (por exemplo, água, lodo, carcaças de carne/animal) a distância", consulte http://tentyp.es/Y9qEUz.

O artigo *Planet Earth Calling Iridium: Can the Satellite Phone Service Achieve a Soft Landing?*, de David Barboza, examina os infortúnio do Iridium e foi publicado no *The New York Times*, 7 de setembro de 1999, http://tentyp.es/TXqxgN. Consulte também a postagem *No Business Plan Survives First Contact With A Customer*, no *blog* de Steve Blank, http://tentyp.es/RsIKjD.

Michael E. Porter, cofundador da Monitor, escreveu inúmeros livros sobre estratégia. *Competitive Strategy* (Free Press, 1998) é um de seus mais famosos, que atualmente já 60ª edição em inglês e já foi traduzido para 19 idiomas até o momento: http://tentyp.es/PbDHWf.

CONCLUSÃO...

Leia mais sobre o Programa Mundial de Alimentos das Nações Unidas e sua missão permanente de combater a fome no mundo inteiro em http://tentyp.es/WQOAi6. E examine mais informações sobre Bill e Melinda Gates e as iniciativas filantrópicas de sua fundação: http://tentyp.es/U5BUhl.

Para obter mais informações sobre a Khan Academy e sua promessa de oferecer "gratuitamente uma educação de excelência para qualquer pessoa em qualquer lugar", consulte http://tentyp.es/PDuZ2T. Consulte também *The One World Schoolhouse*, Salman Khan, do fundador dessa organização (Twelve, 2012): http://tentyp.es/TkhnnX.

O Instituto de Pesquisa em Medicina Preventiva é "um instituto de pesquisa sem fins lucrativos que realiza pesquisas científicas sobre a influência das escolhas de dieta e estilo de vida sobre a saúde e as doenças". Para obter mais informação sobre essa organização e seu fundador, dr. Dean Ornish, consulte http://tentyp.es/PIMnsE.

Paul Farmer ganhou o prêmio MacArthur Fellowship (também conhecido como Gênio MacArthur) em 1993. Ele usou o dinheiro do prêmio para criar a divisão de pesquisa e defesa da Partners In Health, o Instituto para a Saúde e Justiça Social. Atualmente, a Partners in Health assiste diretamente a 2,4 milhões de pessoas: http://tentyp.es/Rbe9aw.

"A Growing Power é uma organização nacional sem fins lucrativos e de fideicomisso de terras que apoia pessoas de diversas origens e o ambiente em que elas vivem, ajudando a oferecer acesso igualitário a alimentos saudáveis, de alta qualidade, seguro e financeiramente acessíveis para pessoas de todas as comunidades." Para obter mais detalhes sobre essa organização e seu fundador, Will Allen, ou premiado com o Gênio MacArthur, consulte http://tentyp.es/RtPv1Z.

CRÉDITOS DAS IMAGENS

As imagens exibidas neste livro são do acervo pessoal dos próprios autores ou são imagens protegidas por direitos autorais da iStockPhoto e Shutterstock que foram utilizadas com permissão. Algumas das exceções são:

PARTE UM

"Bactérias *Proteus* cultivadas em ágar verde-brilhante em uma placa de Petri", Fancy Photography/Veer.

PARTE TRÊS

"Corredor de um supermercado estocado de produtos", Chuck Keeler/Stone/Getty Images.

"Troféu do prêmio Plagiarius", cortesia da Aktion Plagiarius e.V.

"Modelo T preto de 1914 da Ford (EUA), visão lateral", Dave King/Dorling Kindersley/Getty Images.

"Linha de montagem do modelo T da Ford na Ford Motor Company, na fábrica da cidade de Oklahoma", "Concessionária de Automóveis da Ford" e "Multidão de candidatos fora da fábrica Highland Park após o anúncio sobre o dia de trabalho de cinco dólares", todas do acervo The Henry Ford.

Tela do mecanismo de busca Google e Google Doodles: Google.

Pacote Microsoft Office, cortesia Microsoft Archives.

Imagens dos restaurantes McDonald's e da Universidade Hambúrguer, cortesia do McDonald's.

"Caminhão DSC00519 do McDonald's", de William O. Slone.

Fachada e *lounge* da concessionária Jim Hudson Lexus: Clear Sky Images.

"Troféu Elite da Lexus", cortesia da Lexus.

"OpenRoad Lexus Cafe", cortesia da Kasian Architecture Interior Design e Planning Ltd.

"Visão panorâmica de uma orquestra", Kevin Jordan/Photodisc/Getty Images.

Logotipo e café da Ginger Hotels, cortesia da Ginger Hotels.

Notebook e embalagens caixa da Dell, cortesia da Dell © 2012 Dell Inc. Todos os direitos reservados.

Caminhão da FedEx, cortesia da FedEx. As marcas de serviço da FedEx foram utilizadas com permissão.

LEGO Minecraft Set, cortesia do grupo LEGO. LEGO, LEGOLAND e MINDSTORMS são marcas registradas do grupo de companhias LEGO. Utilizadas com permissão. © 2012 The LEGO Group, CUUSOO System e Mojang AB. Todos os direitos reservados.

Sabonete para as mãos da Method, cortesia da Method.

PARTE QUATRO

"Pássaros sobre um fio e um pássaro sozinho", Dusty Pixel Photography/Flickr/Getty Images.

Átrio do Henry Ford West Bloomfield e cozinha de demonstração, cortesia do Henry Ford Health System.

"Desmontagem de minha câmera", de Kelly Hofer.

"Mãe beijando sua filha bebê", Bobi/Flickr/Getty Images.

"Bebê dormindo", Floresco Productions/OJO Images/Getty Images.

"Simpático retrato de uma mãe com sua filha", Philippe Regard/The Image Bank/Getty Images.

Niketown NYC e Nike+: Nike Inc.

PARTE CINCO

"Lua cheia", Nasa/cortesia da nasaimages.org.

Cartões de Tática de Inovação e Livro de Jogadas de Inovação, Amar Singh.

PARTE SEIS

"Composição de ferro", Yagi Studios/Digital Vision/ Getty Images.

"Primeiro voo, 36 m em 12 s, 10h35min; Kitty Hawk, Carolina do Norte", cortesia da Biblioteca do Congresso.

SOBRE OS AUTORES

Larry Keeley, líder em inovação eficaz, reconhecido globalmente, tema que ele aborda como professor em instituições de ensino de *design* e de negócios e como palestrante, autor e pesquisador, é obcecado por compreender por que a maioria das inovações fracassa. Dedicou-se ao desenvolvimento dessa área enquanto ciência, e não como um exercício aplicado à criatividade. Em companhia de seu mentor Jay Doblin, ele fundou a Doblin em 1981 e desde 2013 é diretor da Monitor Deloitte, onde atua como líder inovador em nome da prática de inovação global da empresa.

Larry trabalha com desafios de inovação em 55 setores distintos e com várias das maiores empresas e organizações filantrópicas do mundo. Ele é membro da diretoria e professor adjunto do Instituto de *Design* de Chicago — a primeira faculdade de *design* nos EUA a oferecer pós-graduação nessa área. Faz também palestras em programas de educação para executivos na Escola de Administração Kellogg e é membro adjunto do corpo docente no principal programa de MBA e na Escola McCormick de Engenharia da Universidade Northwestern, onde leciona no programa Masters of Manufacturing Management. Larry foi membro sênior do Centro de Inovação em Negócios de Boston, integra o conselho consultivo externo da Mayo Clinic e é também membro do Chicago Public Radio, onde ajudou a desenvolver programas como *This American Life* e outros programas inovadores.

SOBRE OS AUTORES

Ryan Pikkel, estrategista em *design* na Doblin, é responsável por orientar clientes e equipes em programas de inovação a fim de articular e desenvolver soluções que possam beneficiar o cliente e o usuário final. Além disso, Ryan faz contribuições significativas para o desenvolvimento de processos e ferramentas próprios da Doblin — como o modelo 10TI, Táticas de Inovação e os cartões de tática correspondentes. Seu trabalho abarca vários setores, tendo ajudado a estabelecer recursos de inovação para clientes em Seul e Bombaim. Ryan também é membro adjunto do corpo docente do Instituto de Design do IIT, onde leciona sobre ferramentas e técnicas de inovação.

Brian Quinn, um dos líderes da Doblin, é responsável por desenvolver e supervisionar programas de inovação escalonados junto aos principais clientes e trabalha com eles para que inovem e se tornem inovadores mais eficazes. Ele ajuda a promover a liderança da empresa na área de desenvolvimento de capacidade de inovação e a implementar inovações para os clientes, e é um dos principais membros da equipe que continua aprimorando o modelo 10TI. Seu trabalho abrange vários setores, mas tem experiência principalmente em saúde. Brian trabalhou também como roteirista no setor cinematográfico e é fascinado pelo poder da narrativa.

Helen Walters é redatora, editora e pesquisadora na Doblin. Anteriormente editora de inovação e *design* na *BusinessWeek* (e posteriormente na *Bloomberg BusinessWeek*), ela começou a trabalhar na Doblin para ajudar a desenvolver estratégias editoriais, o que inclui seu trabalho neste livro. Ela também é membro da equipe que continua trabalhando no modelo 10TI. Embora contente por poder observar de perto o processo de inovação, Helen sacia sua grande queda para o jornalismo escrevendo e publicando regularmente em seu *blog*, *Thought You Should See This*, e enviando mensagens incessantemente pelo Twitter (@helenwalters). Além disso, Helen é blogueira ativa da conferência TED.

SOBRE A DOBLIN E A MONITOR DELOITTE

Fundada em 1981 em Chicago, a Doblin é uma das principais empresas de inovação voltadas para o *design*. Em 2013, a Doblin tornou-se um componente central da área de inovação da consultoria de estratégia global Monitor Deloitte. A combinação de amplas capacidades de estratégia com sofisticados métodos de inovação oferece um valor praticamente inédito aos clientes.

Com escritórios espalhados pelo mundo e um sólido quadro de profissionais globais que oferecem um conjunto radicalmente ampliado de serviços de inovação para clientes do mundo inteiro, a Monitor Deloitte ajuda os líderes a utilizar *insights* inovadores e anticonvencionais para tomar decisões em um mundo cada vez mais dinâmico, agir oportunamente e eficazmente e desenvolver uma vantagem duradoura e sustentável por meio da criação de capacidades internas de ponta.

A Doblin e a Monitor Deloitte continuam se estendendo para novos mercados e auxiliam empresas e organizações filantrópicas a fomentar o crescimento e a criar avanços revolucionários. Juntas, elas pretendem **mudar o mundo para melhor** por meio de colaborações de longo prazo com organizações e líderes comprometidos com o desenvolvimento de inovações arrojadas.

www.dvseditora.com.br